365
Cuentos
de la
Biblia

© 2024 Plutón Ediciones
www.plutonkids.es
Impreso en India

Contenido

Contenido

La creación del cielo y la tierra

Al principio de todo, solo había oscuridad. Dios dijo: "Hágase la luz", y así sucedió. Dios hizo la separación entre la luz y las tinieblas: llamó a la luz "día" y a la oscuridad "noche". Pero la tierra estaba sin forma y vacía, entonces Dios comenzó a crear cosas. Hizo la separación entre las aguas que estaban bajo el cielo y las aguas que estaban sobre el cielo. También ordenó que los ríos y los océanos tuvieran su propio curso. Creó varias hierbas y plantas que producirían semillas de diferentes especies. Creó árboles sin igual, que crecerían en la tierra, dando hermosos y variados frutos. Dios también creó las estrellas en el cielo, el sol para que gobierne el día y la luna y las estrellas para que iluminen la noche. Después de hacer todo esto, se sintió satisfecho, pues casi todo estaba listo. Entonces, Dios decidió crear a los seres vivos. Primero creó toda clase de peces y animales marinos, llenando abundantemente los lagos, ríos y océanos; luego hizo toda clase de aves para que volaran en los cielos. Creó a cada uno según su especie, para que se poblaran y multiplicaran sobre la tierra; también creó el ganado, los reptiles, las bestias de la tierra y animales de todos los tamaños y especies. El Creador, después de haber hecho todas estas cosas, estaba muy contento. Miró su creación y exclamó: "¡Todo esto es muy bueno!".

La creación del hombre y la mujer

2 de enero

Dios quería completar la obra de la creación haciendo otra criatura viviente: un ser especial, formado a su imagen y semejanza. Cuidadosamente, formó al hombre del polvo de la tierra y le dio vida. Lo llamó Adán, y lo puso en un hermoso jardín lleno de árboles, arroyos, animales y plantas hermosas. Dios llamó a este lugar el Jardín del Edén. Dejó a Adán allí para que arara y cuidara el jardín, y también para que diera un nombre a todos los seres vivos. Pronto Adán nombró a todas las bestias, a las aves del cielo, a todos los animales del campo y a los peces de las aguas. Dios había creado muchos árboles de varias clases, y muchos de ellos tenían frutos. Le dijo a Adán que podía tomar lo que quisiera para alimentarse, pero que no comiera los frutos del Árbol del Conocimiento del Bien y del Mal. Le advirtió: "Adán, si comes el fruto de ese árbol, morirás". Todo era hermoso y perfecto: había animales, plantas, árboles y ríos, pero el Señor se dio cuenta de que a Adán le faltaba compañía, pues conocía todas las necesidades de su creación. Fue entonces cuando hizo que Adán se durmiera profundamente, y, mientras dormía, Dios tomó una de sus costillas y de ella creó a la mujer, Eva. Así, Adán ya no estaría solo: tendría a Eva como compañera. Los dos caminaron alegremente por el inmenso jardín, hablaron con Dios y se ocuparon de todo allí. Eran felices y vivían en un lugar maravilloso, creado por su amoroso Señor Dios.

La tentación

3 de enero

En el paraíso también vivía la serpiente, que era una de las criaturas de Dios. Satanás, el enemigo de Dios, era muy inteligente, y fue al Jardín del Edén en forma de serpiente, para destruir la paz y la armonía que el Señor había creado. Un día, la serpiente le preguntó a Eva: "Dios dijo que podías comer todos los frutos de los árboles que están plantados en el jardín, ¿no es así?". "Sí, menos los de aquel árbol. Si comemos su fruto, moriremos", respondió ella, señalando el Árbol del Conocimiento del Bien y del Mal. Pero la serpiente le dijo que aquello no era cierto, y le explicó: "Si comen de esa fruta, serán como Dios: conocerán el bien y el mal". Eva miró entonces, con cierta desconfianza, aquella hermosa y tentadora fruta, y pensó que tan solo un pequeño mordisco la haría muy sabia. Probó un pedazo de la fruta y, le dio a Adán otro poco para que fuese sabio también. Sin embargo, nada de lo que la serpiente le había dicho se hizo realidad: Adán y Eva se sintieron culpables por haber hecho algo malo, pues los dos habían desobedecido a su Creador. Más tarde, cuando el día estaba terminando, Dios fue a buscarlos en el jardín. Los llamó, pero no aparecieron. Los dos se habían escondido entre los árboles, porque se habían dado cuenta de que estaban desnudos. Tomaron algunas hojas y cubrieron sus cuerpos. Dios siguió buscando y llamando: "Adán, ¿dónde estás?". Entonces, muy lentamente, ambos salieron del lugar donde se estaban escondiendo. "Teníamos miedo, porque sabemos que hicimos algo muy malo: probamos el fruto del único árbol que estaba prohibido, Señor", dijo Adán.

El resultado de la desobediencia

Dios estaba muy decepcionado y triste con ambos por haberlo desobedecido. Adán le dijo a Dios que todo había sido culpa de Eva, la compañera que él mismo le había dado. "Fue Eva la que me dio el fruto de ese árbol, y por eso comí", explicó, tratando de inventar una excusa por su falta. Pero Eva tampoco quería asumir la responsabilidad, diciendo: "Fue la serpiente la que me engañó, y yo comí". Como habían desobedecido a Dios, ya no podían seguir viviendo en el maravilloso Jardín del Edén. A partir de ese momento, ambos serían expulsados. Tendrían que plantar y trabajar duro si querían comida. Fue esta desobediencia la que causó que la tierra produjera, desde ese momento, malezas y espinas. Adán y Eva tendrían que trabajar muy duro para procurarse el sustento, y los días serían agotadores. Y, como Dios había dicho, un día morirían. Dios los expulsó del jardín y, para que nadie se acercara al Árbol del Conocimiento del Bien y del Mal, puso allí ángeles y una espada de fuego que giraba en todas las direcciones.

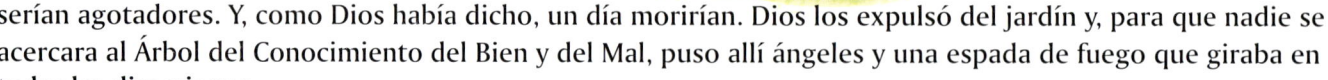

El nacimiento de Caín y Abel

Después de salir del Jardín del Edén, Adán y Eva tuvieron su primer hijo, al que llamaron Caín. Poco después, Eva se embarazó de nuevo y tuvo otro niño: Abel. Ambos se hicieron adultos, pero eran muy diferentes entre sí. Abel se convirtió en un pastor de ovejas, era un hombre que confiaba en Dios, lo amaba y lo respetaba; mientras que Caín se convirtió en granjero, y no tenía un corazón muy amable. Un día, ambos decidieron dar un regalo a Dios. Caín le ofreció algo que había cultivado en su tierra, pero Dios conocía su corazón, y sabía que era muy orgulloso e incluso obstinado. Abel, su hermano, ofreció una de sus ovejas como regalo al Señor. Dios también conocía su corazón, y por eso aceptó feliz el regalo de Abel, pero no aceptó el de Caín, porque se dio cuenta de que no le había sido dado con amor. Caín estaba furioso con Dios, y hasta en su rostro lo demostraba. Dios le preguntó: "Caín, ¿por qué estás tan enojado? Si tienes un buen corazón y te comportas de la manera correcta, serás feliz y yo recibiré tus regalos". Pero Caín no quería obedecer a Dios: estaba celoso y sentía envidia de su hermano Abel. Había mucha ira en su corazón.

Caín mata a Abel

Caín sabía que Abel había complacido a Dios con su regalo y por eso se rebeló. En su corazón, solo había espacio para el odio, un odio que crecía cada día contra su hermano. Dios quiere que los hermanos y hermanas se lleven bien, y ese era, ciertamente, el deseo de Abel también, pero en el corazón de Caín no había lugar para el amor. Un día, Caín invitó a su hermano a ir al campo con él y, cuando tuvo una buena oportunidad, lo mató sin pensarlo mucho. Caín dejó el cuerpo de su hermano en el campo y se fue. Pero Dios lo sabía todo, y le preguntó: "Caín, ¿dónde está tu hermano?". "¡No lo sé! ¡No lo sé! ¿Por qué? ¿Necesito cuidarlo a cada momento?", respondió Caín. Dios sabía que Caín había matado a Abel, y por eso quería explicaciones. "La voz de la sangre de Abel clama por mi justicia, ¡por este terrible acto serás maldecido!", le dijo Dios, "deja esta tierra inmediatamente: de hoy en adelante, nada de lo que plantes crecerá, y vivirás vagando por el mundo". Desafortunadamente, Caín había desobedecido a Dios, al igual que sus padres. Había elegido un camino equivocado que nunca lo haría feliz.

Dios anuncia el diluvio a Noé

Habían pasado muchos años desde la época de los dos hermanos. El mal había seguido extendiéndose: varios hombres y mujeres elegían desobedecer a Dios, la gente vivía lejos de Él, hacía lo que quería, y en sus corazones habitaba la maldad. Dios intentó, de diferentes maneras, hablar con ellos, pero nadie le escuchó.

La tierra estaba corrompida y llena de maldad. Solo había un hombre que temía a Dios: Noé. Un día, Dios le dijo a Noé lo que tenía que hacer: "No puedo salvar al mundo, porque hay mucha maldad y corrupción en él. Enviaré una gran inundación en la que todo será destruido, pero tú harás un arca gigante y te salvarás con tu familia". Noé obedeció a Dios e hizo todo de acuerdo a las instrucciones del Señor: el arca sería lo suficientemente grande como para albergar a Noé, su esposa, sus tres hijos y sus nueras. También haría divisiones dentro de ella, donde llevaría dos animales de cada especie creada por Dios, para que luego pudieran reproducirse y repoblar la tierra. Noé hizo todo lo que Dios le pidió.

Noé construye el arca

Noé y su familia pronto se pusieron a trabajar. Hicieron todo de acuerdo a las instrucciones de Dios: Noé tomó buena madera e hizo compartimentos, habitaciones y jaulas para colocar a los animales. La gente que pasaba y veía la construcción se reía, se burlaba y hacía bromas sobre el arca, sobre Noé y sobre su familia. Él les respondía que obedecieran a Dios, que dejaran de hacer cosas malas, pero las personas no querían escucharlo: seguían llevando una vida equivocada. A Noé le tomó casi cien años terminar de construir el arca. Cuando estuvo lista, comenzó a reunir a los animales: un macho y una hembra de cada especie. Dios quería salvar a estos animales del diluvio, así que les había pedido a Noé y a su familia que los pusieran a todos dentro del arca. Noé puso suficiente comida dentro del arca, pues tendrían que sobrevivir a bordo por muchos días. Entonces, Dios le dijo: "Vamos, Noé, es hora de que todos empiecen a subir al arca".

Y, tras siete días, la lluvia empezó a caer con fuerza. Llovió día y noche, sin parar. Las aguas comenzaron a inundar todo sobre la faz de la Tierra. Pasó mucho tiempo y, con la enorme cantidad de agua, solo el arca de Noé y sus habitantes permanecieron a salvo de la inundación.

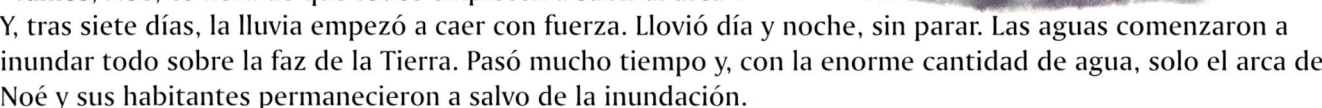

El cese de las aguas de la inundación

Las aguas del diluvio permanecieron ciento cincuenta días en la tierra. Solo entonces, lentamente, empezaron a descender. Día tras día fueron bajando hasta que, de repente, la gran embarcación se detuvo sobre las montañas del Ararat. Aun así, Noé, su familia y los animales no pudieron bajar a tierra. Tuvieron que esperar otras seis semanas, hasta que finalmente Noé abrió la ventana del arca y soltó un cuervo, que se fue volando. Luego soltó una paloma, para ver si encontraba tierra firme. La paloma voló, pero después de un tiempo regresó al arca, pues no había encontrado un lugar para aterrizar. Noé esperó otros siete días y decidió liberar la paloma una vez más: el animal voló fuera de la vista, atravesando los cielos, pero más tarde regresó, llevando en su pico una hoja de olivo. Cuando la soltó una vez más, tras otra semana, la paloma no volvió al arca. Esta era una buena señal: así sabían que la tierra estaba lo suficientemente seca para que pudieran desembarcar y vivir normalmente de nuevo. Entonces, Dios le dijo a Noé: "¡Sal del arca con tu familia y todos los animales! ¡No habrá más inundaciones!".

El pacto de Dios con Noé

Todos estaban felices de salir del arca. Los animales y los pájaros podían ahora encontrar un nuevo hogar, construir nidos, comer hierba fresca, finalmente vivir en paz y poblar la tierra. Todos habían permanecido casi nueve meses dentro del arca. Una vez en tierra, Noé y su familia construyeron un altar para ofrecer sacrificios a Dios y mostrarle su gratitud por haberlos salvado del diluvio. Dios los bendijo, y le dijo a Noé y a sus hijos Sem, Cam y Jafet: "Gente de la tierra, tengan muchos hijos". Entonces, Dios hizo un pacto con Noé, diciéndole: "Nunca más habrá un diluvio que destruya la tierra y a los seres vivos. Este arcoíris será la señal de la alianza entre todos los que viven en la tierra y yo". Y añadió: "Cuando aparezcan nubes de lluvia en la tierra, poco después aparecerá un arcoíris que les recordará mi pacto. No tienes que temer: el hermoso y colorido arcoíris estará en las nubes, yo lo veré y recordaré mi promesa". ¡Qué poderoso es Dios!

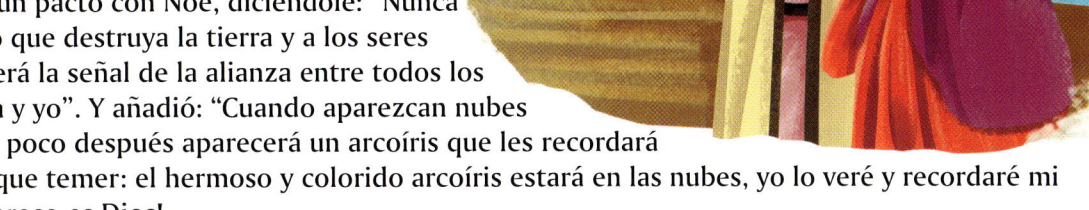

La confusión de idiomas

Noé y su familia obedecieron el mandamiento de Dios y tuvieron muchos hijos e hijas. Tiempo después, la tierra ya estaba poblada de nuevo. Algunos de estos descendientes fueron prudentes y obedecieron a Dios, pero otros decidieron construir una ciudad que tendría una enorme torre: querían que la torre tocara los cielos. Dios se entristeció, pues no le gustaba que aquellos quisieran seguir sus propias ideas y no estuvieran dispuestos a obedecerle. Todos los que trabajaban en la construcción de la torre hablaban el mismo idioma, así que, entonces, el Señor decidió confundir las lenguas, para que nadie pudiera entenderse. Esto generó una gran confusión y, como resultado, se vieron obligados a dejar de construir la inmensa torre y su ciudad. Las personas se fueron reuniendo en pequeños grupos entre los que hablaban la misma lengua y se fueron a vivir a distintos lugares, dejando la torre y la ciudad abandonadas. La ciudad donde había empezado todo fue llamada Babel, porque Dios había mezclado todos los idiomas para que la gente no pudiera entenderse más. ¡El único camino que nos lleva al cielo es el camino del amor a Dios y a todas las personas!

Dios llama a Abram

Había un hombre llamado Abram, que era descendiente de Noé y que vivía en una ciudad con su familia. Abram amaba mucho a Dios. Mientras que muchos de sus vecinos adoraban a otros dioses, él permanecía firme en su fe al verdadero Dios. Un día, Dios le habló: "Abram, toma a tu esposa, a tu sobrino Lot y tus bienes, y vete de esta tierra. Te llevaré a un nuevo lugar llamado Canaán. Bendeciré y te daré esta nueva tierra, que será tuya, de tu familia y de tus descendientes para siempre". Y, como el Señor Dios había ordenado, Abram siguió sus instrucciones con completa confianza y obediencia. Muchos peligros y dificultades surgirían durante el viaje, y muchas cosas tendrían que dejar atrás, ya que el camino era largo. Aun así, Abram confió en Dios: tomó sus pertenencias, sus sirvientes, cargó sus mulas y camellos y se puso en camino hacia Canaán.

Abram deja que Lot elija la tierra

Abram, su esposa Sarai, Lot y todos los sirvientes viajaron un largo camino hacia la tierra de Canaán. Abram y Lot tenían muchas posesiones, muchos bueyes, vacas, ovejas, camellos y asnos. También tenían sirvientes que se ocupaban de todo. Cuando llegaron a la tierra prometida, sus animales comenzaron a comer los pastos, y rápidamente se dieron cuenta de que no habría suficiente pasto para todo el ganado. Abram y Lot tenían tanto ganado que pronto los sirvientes de cada uno comenzaron a pelear entre ellos por los pozos de agua, pues ambos querían saciar la sed de los animales de sus dueños. Un día, Abram le propuso a Lot: "Este es un país muy grande. ¿Qué tal si nos separamos? Será mejor si cada uno tiene su propio territorio, así tendremos suficiente agua y tierra para cada uno. Después de todo, somos como hermanos". Dios le había prometido la tierra de Canaán a Abram, sin embargo, Abram le dio a Lot la oportunidad de elegir la tierra que quería. ¡Fue un acto noble y generoso! Sin embargo, el corazón de Lot no era tan amable como el de Abram: escogió la mejor tierra, cerca del río Jordán, porque estaba bien regada y era muy hermosa. Entonces se despidieron: Lot se fue para el este, y Abram para el lado opuesto. Abram podría haberse opuesto a la petición de Lot, pero confiaba en Dios y sabía que su promesa no fallaría. Abram habitó así la tierra de Canaán, la tierra prometida, y Lot habitó las ciudades desde la llanura hasta Sodoma. Abram estaba agradecido con Dios, y lo alabó de corazón.

La guerra y la promesa de Dios

Poco después de que Lot se asentara en su territorio, comenzó una guerra. Lot y otros fueron tomados como prisioneros. Uno de ellos logró escapar y corrió a contarle lo sucedido a Abram, quien, rápidamente, salió a rescatar a su sobrino. Abram y sus hombres persiguieron a sus enemigos, los vencieron y se las arreglaron para traer a Lot de vuelta a salvo. Los otros prisioneros también fueron llevados a casa. Entonces, los reyes de Sodoma agradecieron a Abram por haber traído a Lot de vuelta y le ofrecieron pan, vino y riquezas. Sin embargo, había algo mucho más importante para Abram y Sarai. Querían tener hijos, pero Abram tenía miedo de que los dos fueran demasiado mayores para eso. Entonces, Dios se le apareció en una visión a Abram, diciendo: "Mira las innumerables estrellas del cielo. Les prometo que un día tendrán tantos hijos y descendientes como estas estrellas, que no se pueden contar. A tus descendientes les daré esta tierra". Aun sabiendo que sería casi imposible tener hijos a esa edad, Abram confió en la promesa de Dios. Pronto, él y Sarai tendrían un hijo. ¡El que confía en Dios nunca pierde la esperanza!

Agar, la criada egipcia

15 de enero

Había pasado mucho tiempo y Sarai no podía tener hijos. A pesar de la promesa de Dios, todavía no había quedado embarazada, por lo que empezó a desesperarse y a dudar del Señor. Sarai tenía una criada egipcia llamada Agar y, en aquella época, era común que una mujer que no podía tener hijos le ofreciera a su marido alguna criada como segunda esposa. Entonces, si la criada tenía un hijo con su empleador, aquel niño sería su legítimo heredero. Esto fue lo que hicieron, y Agar se embarazó. Abram todavía tenía a Sarai como su esposa: las amaba mucho a ambas y a su hijo por nacer también. Pero Sarai trataba muy mal a Agar, porque estaba celosa de ella y del hijo que esperaba, y Agar tuvo que huir. El ángel del Señor la encontró y le dijo: "Vuelve a tu ama ahora. Dios te protegerá". Agar hizo exactamente lo que Dios le dijo. Tiempo después dio a luz a un hijo y lo llamó Ismael.

El nombre de Abram y Sarai, y la visita de tres hombres

16 de enero

Después del nacimiento de Ismael, Dios le habló a Abram de nuevo. Le recordó la promesa que le había hecho: "Bendeciré a tu hijo", pero Abram pensó que el Señor estaba hablando de Ismael. Entonces, Dios le dijo de nuevo que Sarai tendría un hijo suyo y que su nombre sería Isaac. Cuando Abram tenía noventa y nueve años, Dios le dijo: "Yo soy el Dios Todopoderoso. Serás el padre de muchas naciones, así que tu nombre será Abrahán de ahora en adelante. De tu descendencia saldrán reyes y muchas naciones, y todos tendrán mi bendición". Luego añadió: "Cambiaré el nombre de Sarai por el de Sara, ya que ella te dará un hijo. También la bendeciré enormemente, porque será una madre de naciones y reyes". Un día, cuando Abrahán estaba sentado tranquilamente a la puerta de su tienda, vio a tres hombres que se acercaban a él. Salió corriendo a su encuentro para que se sintieran bienvenidos, y pronto los invitó a cenar. Abrahán ordenó a sus siervos que trajeran agua para que se lavaran los pies. También le dijo a Sara: "¡Haz pasteles, tenemos visitas!", y

siguió ordenando a sus sirvientes que prepararan una deliciosa ternera para los viajeros. Estos le dijeron a Abrahán: "El año que viene, en esta época, Sara tendrá un hijo propio". Abrahán se sorprendió. ¿Cómo podían estar tan seguros? Sara también escuchó su conversación, y pensó que los hombres estaban bromeando con Abrahán, por lo que empezó a reírse. "¿Por qué se ríe Sara?" preguntó uno, "para Dios no hay nada imposible, ¡nada en absoluto!". Dios había anunciado a través de estos hombres que su promesa pronto se haría realidad. Abrahán comprendió entonces la grandeza de Dios y lo que sucedería. El Señor mismo le había hablado a través de esos viajeros.

Lot está advertido

Tras la comida, los hombres se fueron, pero Abrahán los acompañó a la ciudad de Sodoma. Dios quiso revelar su plan a Abrahán: "La gente que vive en Sodoma y Gomorra es muy mala y ha pecado mucho", le dijo Dios, "están totalmente alejados de mí, haciendo todo lo que está mal, por lo que destruiré estas ciudades". Abrahán sabía que Lot y sus parientes vivían en Sodoma, así que le pidió a Dios que les perdonara la vida a Lot y a su familia. Dios, en su infinito amor y justicia, envió dos ángeles para advertir a Lot de lo que sucedería. Este estaba sentado a la puerta de Sodoma, y rápidamente los ángeles le dijeron lo que Dios estaba planeando: debía irse inmediatamente con su familia. Su esposa y sus dos hijas estaban tomando mucho tiempo en alistarse para marcharse, así que los ángeles tomaron de la mano a Lot, a su esposa y a sus dos hijas, y salieron apresuradamente de la ciudad. "Corran, salven sus vidas y no miren atrás", les ordenaron. Todos empezaron a correr hacia la llanura, manteniendo los ojos fijos hacia el frente. Pero, desafortunadamente, la esposa de Lot los desobedeció y miró atrás hacia Sodoma. Inmediatamente, fue transformada en una estatua de sal.

La destrucción de Sodoma y Gomorra

Mientras Lot y sus hijas corrían desesperadamente, el cielo comenzó a oscurecerse. El sol se puso cuando Lot entró en Zoar. El fuego despiadado se apoderó de Sodoma y Gomorra: el cielo parecía haberse convertido en llamas. ¡Fue una verdadera tragedia! Lot, afortunadamente, estaba a salvo. También estaba muy agradecido con Dios, y feliz de haberle obedecido después de la advertencia de los ángeles. Él y sus dos hijas fueron de Zoar a las montañas y se resguardaron en una cueva segura. Abrahán se levantó temprano a la mañana siguiente y vio todo el humo y el fuego sobre Sodoma y Gomorra. Con ojos tristes, reflexionó sobre el destino de aquel lugar. Sabía perfectamente por qué estaba pasando todo aquello.

El nacimiento de Isaac

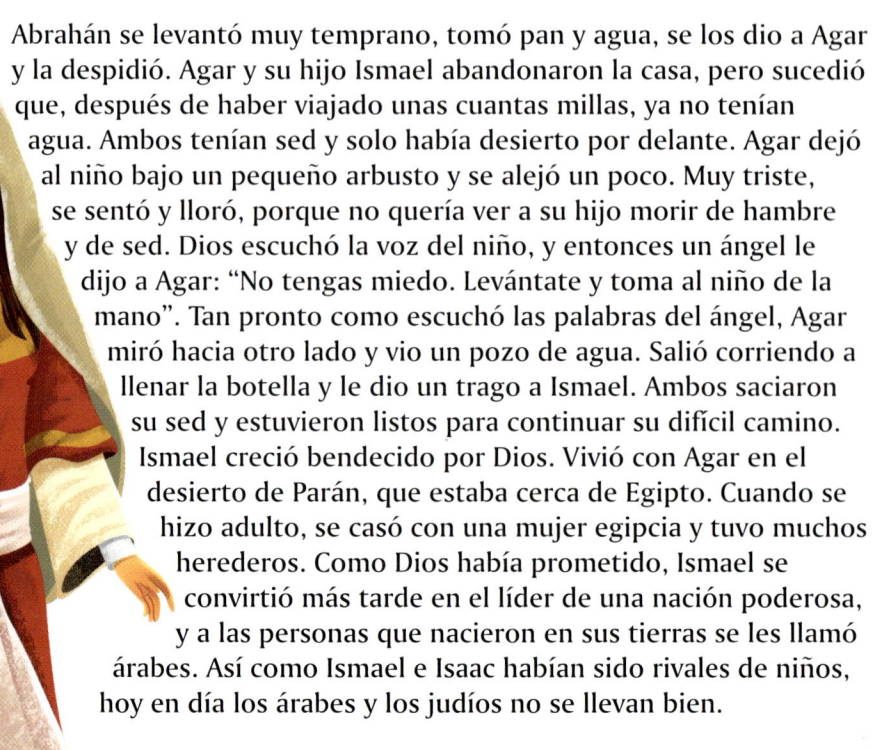

Abrahán engendraría un hijo con Sara, y más tarde tendría nietos y bisnietos que serían conocidos como judíos y que vivirían en la tierra prometida, llamada Israel. Como Dios había prometido, Sara dio a luz a su hijo. Abrahán llamó al niño Isaac, como el Señor había dicho. El nombre Isaac significa "risa", y Dios quiso que se llamara así porque Sara se había reído cuando escuchó que tendría un hijo en su vejez. Con la llegada del bebé, también hubo mucha alegría y risas en la casa de Abrahán. Sara quería mucho a su hijo y como madre lo protegía mucho. Pero un día Ismael, el medio hermano de Isaac, se burló de él, y a Sara no le gustó nada. De hecho, estaba muy enojada y fue a hablar con Abrahán, su esposo. "Quiero que envíes a Agar e Ismael lejos de aquí. Ismael no será tu heredero como Isaac", le dijo. Pero a Abrahán no le gustó mucho esta petición, ya que Ismael era también su hijo. Lo amaba y no quería enviarlo lejos. Dios le dijo a Abrahán: "No te preocupes por Ismael. Yo me ocuparé de él y de su madre. Haré una gran nación con el hijo de esta sierva, porque también es tu hijo". Con esto, Abrahán se tranquilizó e hizo la voluntad de Sara. La confianza en Dios trae mucha tranquilidad y seguridad.

La despedida de Agar e Ismael y el plan de Dios

Abrahán se levantó muy temprano, tomó pan y agua, se los dio a Agar y la despidió. Agar y su hijo Ismael abandonaron la casa, pero sucedió que, después de haber viajado unas cuantas millas, ya no tenían agua. Ambos tenían sed y solo había desierto por delante. Agar dejó al niño bajo un pequeño arbusto y se alejó un poco. Muy triste, se sentó y lloró, porque no quería ver a su hijo morir de hambre y de sed. Dios escuchó la voz del niño, y entonces un ángel le dijo a Agar: "No tengas miedo. Levántate y toma al niño de la mano". Tan pronto como escuchó las palabras del ángel, Agar miró hacia otro lado y vio un pozo de agua. Salió corriendo a llenar la botella y le dio un trago a Ismael. Ambos saciaron su sed y estuvieron listos para continuar su difícil camino. Ismael creció bendecido por Dios. Vivió con Agar en el desierto de Parán, que estaba cerca de Egipto. Cuando se hizo adulto, se casó con una mujer egipcia y tuvo muchos herederos. Como Dios había prometido, Ismael se convirtió más tarde en el líder de una nación poderosa, y a las personas que nacieron en sus tierras se les llamó árabes. Así como Ismael e Isaac habían sido rivales de niños, hoy en día los árabes y los judíos no se llevan bien.

Dios exige una prueba de fe

21 de enero

Isaac creció, y Sara y Abrahán amaban mucho a su hijo. Abrahán estaba muy agradecido con Dios por haberle dado un hijo, a pesar de que ambos eran bastante viejos, y su amor por Isaac crecía cada día. Abrahán era un hombre temeroso de Dios, pero el Señor quiso poner a prueba su fe, así que le dijo: "Quiero que lleves a Isaac, este hijo que tanto amas, a la tierra de Moriah y lo ofrezcas como sacrificio en uno de los montes, que yo te señalaré". En un acto de fe sin igual, Abrahán se levantó temprano en la mañana y, mientras confiaba en su Dios y en su plan divino para Isaac, fue con el niño al monte. Abrahán cargó su burro, tomó a dos siervos y a Isaac, y cortó leña para el sacrificio. El inocente Isaac, muy obediente y servicial, ayudó a su padre a llevar la madera al lugar apropiado para montar el altar. Sin embargo, se dio cuenta de que faltaba un cordero para ser sacrificado. Curioso, le preguntó a su padre: "¿Dónde está el cordero?", y este le respondió: "Bueno, hijo mío, el Señor proveerá". Abrahán, con aspecto triste, ató a su hijo y lo puso sobre el altar. Sacó el cuchillo y, cuando estaba a punto de usarlo, escuchó la voz de Dios a través de un ángel, que le dijo: "¡Abrahán, Abrahán! ¡No le hagas nada a tu hijo! Has dado suficientes pruebas de que tienes una fe muy grande y verdadera en Dios". Obediente y muy feliz, Abrahán recuperó a su hijo del altar. De repente, vio un carnero atrapado por los cuernos entre los arbustos. Lo mató y lo puso en el altar como ofrenda a Dios, en lugar de Isaac.

Abrahán le dice a Isaac que busque una esposa

22 de enero

Sara, la madre de Isaac, vivió hasta ser muy anciana. Vio a su hijo crecer hasta convertirse en un hombre, y luego murió. Abrahán, que también era muy viejo, decidió que era hora de que Isaac tuviera una esposa, así que ordenó a su criado que fuera a buscar una esposa para su hijo. La mujer que escogiera tendría que ser especial y hermosa. Le pidió a su criado que no buscara mujeres en Canaán: no quería que su hijo Isaac se casara con una mujer de aquellas tierras, pues su idea era conseguir una nuera en su tierra natal, una mujer que amara y adorara al Dios de Abrahán e Isaac. Fue bajo estas condiciones que el sirviente fue enviado a

buscar una joven esposa y llevarla ante Isaac. "Y si la mujer no está dispuesta a hacer un viaje tan largo o a venir a vivir a esta tierra extraña, ¿qué haré? ¿Debo llevarle a Isaac?". Abrahán respondió: "¡No, en lo absoluto!". Sabía en su corazón que el plan de Dios era que Isaac se quedara en Canaán y que una gran nación naciera de él. "Bueno, si la muchacha no quiere venir contigo, entonces estás libre de la obligación que yo te he dado", dijo Abrahán a su sirviente, quien tomó diez camellos de su amo, los cargó de comida y regalos, y partió inmediatamente a la ciudad de Nahor. Los padres siempre quieren lo mejor para sus hijos, ¡y Dios es igual!

El encuentro con Rebeca

El sirviente se dirigió hacia la tierra de Abrahán y, cuando estaba pronto a llegar, puso los camellos a descansar fuera de la ciudad, cerca de un pozo donde había algunas chicas sacando agua. Mientras los animales descansaban, él sirviente oró: "Oh, Señor Dios de mi amo Abrahán, ayúdame a encontrar la esposa adecuada para Isaac". Pronto vio que muchas chicas daban de beber a los viajeros en un gesto de amabilidad, y pensó: "Alguna de estas muchachas vendrá a ofrecerme agua para beber y para los camellos, y ella será la esposa elegida por Dios para Isaac". Poco después, una amable chica se acercó a él y, sin demora, el sirviente le preguntó: "¿Podría darme un poco de agua?". La chica le dio rápidamente una jarra de agua fresca. "¿Necesitan agua sus camellos, señor?", le preguntó, y volvió a sumergir la jarra en el pozo para sacar más agua. Vertió suficiente en el abrevadero para los camellos, y repitió el gesto hasta que todos bebieron. El sirviente, asombrado, supo que Dios había escogido a esa joven y la había puesto delante de él. Se armó de valor y le preguntó su nombre. La joven respondió alegremente: "Me llamo Rebeca, soy hija de Bethuel, soy descendiente de la familia de Nahor". El sirviente apenas podía creerlo: Nahor era el hermano de Abrahán. La chica recibió del sirviente un collar y pulseras como regalo. Inmediatamente, el sirviente le preguntó si podría hablar con su padre. Quería permiso para llevarla a Canaán: ella sería la esposa de Isaac.

Rebeca e Isaac se casan

Con el permiso de Rebeca, el criado de Abrahán fue a su casa. Allí habló y explicó todo lo que había sucedido. Padre e hija escucharon atentamente: aquel hombre era un siervo de Abrahán y había pedido a Dios que le mostrará la futura esposa de su amo, Isaac. El sirviente también explicó cómo Rebeca se acercó a él y le ayudó en el pozo, dando de beber a sus camellos y a sí mismo. La familia de Rebeca preparó comida y la ofreció al sirviente, quien declaró: "Me gustaría tomar a Rebeca como esposa de mi amo Isaac. ¡Debo irme pronto!". Tanto el padre como el hermano de Rebeca se dieron cuenta de que todo lo sucedido era parte del plan de Dios. Estuvieron de acuerdo: Rebeca debía casarse con Isaac. Le preguntaron si quería ir, a lo que ella respondió rápidamente: "¡Sí, lo haré!". El sirviente le dio alegremente joyas de plata, oro y vestidos a Rebeca, y también dio regalos a sus familiares. Estaba más que satisfecho y agradecido de que Dios le hubiera mostrado la mujer adecuada. La familia la bendijo y se despidieron de ella. El sirviente, Rebeca y algunos de sus sirvientes partieron al día siguiente, pues tenían un largo viaje por delante. En camello, viajaron durante unos días hasta llegar a Canaán. Isaac había salido por la tarde a orar al campo, y desde lejos vio que el sirviente regresaba y que había una joven con él. Rebeca también vio a Isaac e inmediatamente preguntó al sirviente: "¿Quién es ese hombre que viene al campo a recibirnos?", a lo que el otro respondió: "¡Ese chico es mi amo Isaac!". Pronto, Rebeca se cubrió la cara con el velo, como era costumbre en ese momento, pues se consideraba una señal de respeto. Los dos jóvenes se encontraron, hablaron mucho y se conocieron bien. Un hermoso amor nació entre Isaac y Rebeca. Más tarde, Dios bendijo su matrimonio, y así Rebeca se convirtió en esposa y compañera de Isaac. Dios le había prometido a Abrahán que muchos nietos nacerían de Isaac y Rebeca.

Los gemelos Esaú y Jacob

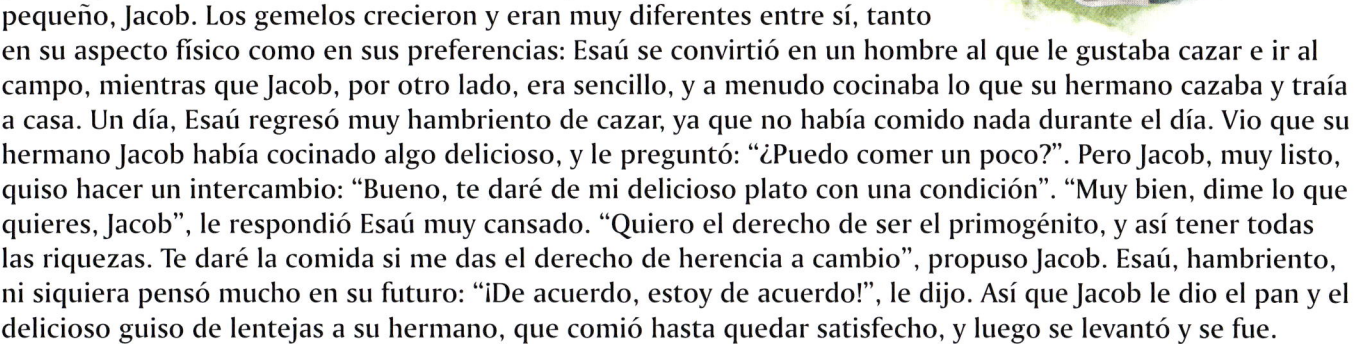

Cuando Isaac se casó con Rebeca, tenía cuarenta años. Pero había un problema: pronto se dio cuenta de que no sería posible que Rebeca tuviera hijos. Él, con fe, oró y pidió a Dios que le diera herederos. ¡Imaginen la alegría de Isaac cuando Rebeca finalmente quedó embarazada! Su fe había dado resultados, y pronto se dieron cuenta de que estaba embarazada de gemelos. ¡Qué felicidad! Según las costumbres de la época, el primer niño en nacer tendría más privilegios materiales, recibiría más tierras y dinero en herencia. Cuando llegó el nacimiento y Rebeca dio a luz al primer gemelo, lo llamaron Esaú. Minutos después nació su hermano pequeño, Jacob. Los gemelos crecieron y eran muy diferentes entre sí, tanto en su aspecto físico como en sus preferencias: Esaú se convirtió en un hombre al que le gustaba cazar e ir al campo, mientras que Jacob, por otro lado, era sencillo, y a menudo cocinaba lo que su hermano cazaba y traía a casa. Un día, Esaú regresó muy hambriento de cazar, ya que no había comido nada durante el día. Vio que su hermano Jacob había cocinado algo delicioso, y le preguntó: "¿Puedo comer un poco?". Pero Jacob, muy listo, quiso hacer un intercambio: "Bueno, te daré de mi delicioso plato con una condición". "Muy bien, dime lo que quieres, Jacob", le respondió Esaú muy cansado. "Quiero el derecho de ser el primogénito, y así tener todas las riquezas. Te daré la comida si me das el derecho de herencia a cambio", propuso Jacob. Esaú, hambriento, ni siquiera pensó mucho en su futuro: "¡De acuerdo, estoy de acuerdo!", le dijo. Así que Jacob le dio el pan y el delicioso guiso de lentejas a su hermano, que comió hasta quedar satisfecho, y luego se levantó y se fue.

Una trampa para Isaac

Isaac se estaba haciendo bastante viejo y apenas podía ver, así que mandó llamar a Esaú, pues quería bendecir a su hijo mayor. "Hijo mío, soy muy viejo y me gustaría bendecirte. Sé que no viviré mucho más tiempo", le dijo. Le pidió a Esaú que fuera al campo y cazara algo, con lo que luego debía hacer una comida especial para su padre. Rebeca escuchó todo lo que Isaac le dijo a Esaú, y también recordó que Dios le había dicho que el hijo menor serviría al mayor. Como ella sentía un afecto especial por Jacob, planeó una trampa: mientras Esaú estaba de cacería, Rebeca envió a Jacob a que le trajera dos buenas cabras. Con ellas hizo un guiso especial que le gustaba mucho a Isaac. Y, como la visión de su esposo era muy mala, le dijo a Jacob: "Llevarás el alimento a tu padre en lugar de Esaú, y él te bendecirá y te hará heredero". "Pero, madre, Esaú y yo no nos parecemos: él es un hombre muy peludo, y yo no. ¡Papá sospechará cuando me toque, y no tendré su

bendición!", le respondió Jacob. Pero Rebeca estaba decidida: envió a Jacob a ponerse algunas de las ropas de Esaú y a atar pieles de cabra en sus brazos, manos y cerca de su cuello. "¿Quién está ahí?", preguntó Isaac, incapaz de ver bien. "Soy yo, tu hijo mayor. ¡Traje la comida que preparé con lo que he cazado, papá!", mintió Jacob. Isaac se sorprendió de que Esaú hubiera regresado tan rápido de la cacería, pero se comió la deliciosa comida. "Es extraño, Esaú, tu voz se parece mucho a la de Jacob", le dijo, así que empezó a manosear a su hijo, pero notó que era muy peludo. Un padre nunca merece ser engañado. ¡El que engaña a su padre engaña a Dios!

Esaú descubre que Jacob ha recibido su bendición

A pesar de sospechar que algo no estaba bien, Isaac se comió el guiso. ¡Estaba realmente delicioso! Cuando terminó de comer, preguntó una vez más: "¿Eres realmente mi hijo Esaú?". Y Jacob mintió de nuevo: "¡Sí, lo soy!". Entonces, Isaac le ordenó que se acercara, y lo bendijo. Jacob besó a su padre y, una vez más, Isaac se equivocó: creyó oler a Esaú, ya que Jacob llevaba la ropa de su hermano. Jacob se fue y poco después volvió Esaú, quien preparó un gran guiso con la caza que había traído. Estaba muy feliz de poder llevarle la comida a su padre. Cuando fue ante Isaac, diciéndole que había llegado y preparado la deliciosa comida, Isaac tembló: entendió que había dado la bendición a su hijo menor, no a Esaú. Esaú estaba muy enojado, incluso sentía odio hacia su hermano Jacob por robar su bendición. "Cuando pueda, me vengaré de mi hermano", dijo en voz alta. Alguien lo oyó y corrió a decírselo a Rebeca, que, asustada, encontró una manera de advertir a Jacob del peligro en el que se encontraba. La mentira siempre trae consigo mucha inquietud. ¡Es muy difícil vivir tras una mentira!

La visión de la escalera de Jacob

Isaac no quería que sus hijos se casaran con mujeres de Canaán. Mandó llamar a Jacob, que era soltero, lo bendijo y le ordenó que volviera a la tierra de sus antepasados para encontrar una esposa que alabara y amara al verdadero Dios. Así que Jacob partió hacia Harán, el lugar de nacimiento de la familia de los antepasados de Rebeca, su madre. Sabía que había hecho mal las cosas con su hermano, pero ahora estaba dispuesto a hacerlas bien. Llegó a un lugar para pasar la noche: el sol ya se había puesto y estaba cansado, así que decidió tomar una piedra y usarla como almohada. Pronto se quedó dormido, y soñó con una escalera que comenzaba en la tierra y llegaba a los cielos. También había muchos ángeles que bajaban y subían aquella escalera, y escuchó a Dios decir: "Yo soy el Señor Dios de Abrahán e Isaac. Esta tierra será toda tuya y de tus descendientes. Siempre estaré contigo, y un día volverás aquí". Cuando Jacob despertó de su sueño, sintió la presencia de Dios en ese lugar. En agradecimiento, tomó la piedra que había sido su almohada y derramó aceite sobre ella. Llamó a aquel lugar Betel, es decir, "la casa de Dios". También hizo una promesa: "El Señor Dios será mi dios por siempre y para siempre, y le daré la décima parte de todo lo que obtenga". Recordar dar gracias a Dios por todo en la vida y dedicarle parte de lo que uno tiene es un signo de verdadero amor.

Las dos hijas de Labán

Jacob siguió viajando hacia los pueblos del este. Justo antes de Harán encontró un pozo, y vio que había otras personas allí. Les preguntó si conocían a Labán, el hijo de Nahor. "Sí, lo conocemos bien. Esa es Raquel, su hija", le dijeron a Jacob, señalándole una chica. A Raquel le gustaba cuidar las ovejas de su padre, y se acercó al pozo porque quería dar de beber a los animalitos. Jacob la ayudó sin demora, quitando la piedra que servía de tapa al pozo y dando agua a las ovejas. Le dijo a Raquel que era pariente de su padre y, muy conmovido, la besó en la mejilla. Este gesto significó la aparición de una simpatía especial. Feliz, Raquel corrió a casa y le contó a su padre lo que había pasado. Labán fue a conocer a Jacob: abrazó y besó al chico y pronto lo llevó a su casa. Jacob se quedó con la familia de Labán durante todo un mes, y se acordó que Jacob recibiría un salario y trabajaría para Labán. Estaba muy enamorado de Raquel, y le dijo a su padre: "Trabajaré para ti durante siete años, Labán, pero a cambio quiero tener a Raquel como mi esposa. ¡La amo!". Labán aceptó el matrimonio, y Jacob pensó: "Siete años pasarán tan rápido como unos pocos días. Haré cualquier cosa por ella. ¡Quiero mucho a Raquel!". Durante siete años, Jacob ayudó y trabajó duro para Labán. Tan pronto como pasó el plazo establecido, Jacob quiso casarse y Labán hizo un gran festín. Sin embargo, el día de la boda tomó a su hija Lía y se la dio a Jacob. Cuando amaneció, Jacob se dio cuenta de que se había casado con la hermana de Raquel. En aquel momento, era la costumbre que la hija mayor se casara primero, no la menor. Jacob le preguntó a Labán: "¿Por qué me hiciste esto? ¡Quiero a Raquel!", y Labán le explicó que la costumbre era que la hija mayor se casara antes que la menor. Le dijo que podría casarse también con Raquel (en aquellos tiempos esto era posible) si trabajaba para él otros siete años. Como Jacob amaba mucho a Raquel y no le quedaba otra opción, decidió aceptar la propuesta de su suegro. Amaba a Lía, pero amaba mucho más a Raquel, y sabía que el amor vale mucho más que cualquier sacrificio. ¡Fue el mejor regalo que Dios nos dio! ¡Quien tiene amor tiene un tesoro!

Dios ordena a Jacob que regrese a la tierra de sus padres

Finalmente, Jacob y Raquel pudieron casarse, y Jacob fue un buen marido para ambas hermanas, sus esposas. Pronto, Lía pudo tener hijos, pero la pobre Raquel no. Solo después de mucho, mucho tiempo, Dios escuchó su petición y pudo tener un hijo. El niño estaba sano, y ella le puso el nombre de José. Jacob realmente quería volver al pueblo natal de sus padres, pero su suegro quería que se quedaran con ellos, y le dijo: "Jacob, ¡dime cuánto quieres ganar y te lo daré!". Pero Jacob tenía otros planes para él y su familia, así que le respondió: "Cuidaré de tu rebaño, Labán, pero tomaré para mí todos los que son trillados y salpicados, ese será mi salario". De esta forma, el rebaño de Jacob creció y se hizo fuerte. A Labán y a sus hijos aquello no les gustó mucho, y empezaron a tratar a Jacob con menos afecto que antes. Pero Dios no olvidaba lo que había prometido en Betel. El ángel del Señor dijo a Jacob en un sueño: "Toma el rebaño al que tienes derecho, y vete con tu familia a la tierra de tus padres. Vuelve a Canaán". Jacob y su familia se fueron sin decirle nada a Labán: tomaron todo lo que les pertenecía y se encaminaron a la montaña de Gilead. Cuando Labán se enteró de que se habían ido, decidió perseguirlos, pero Dios le pidió a Labán que no hiciera nada contra Jacob.

Jacob llega a Canaán

Aunque Jacob deseaba mucho regresar a su tierra natal, todavía tenía miedo de su hermano Esaú. Sabía que Esaú seguía muy resentido por su mentira, así que le envió un mensajero proponiéndole hacer las paces. El mensajero no tardó mucho en volver con una noticia para Jacob: "Fuimos a ver a tu hermano Esaú, y viene con cuatrocientos hombres a recibirte". Jacob estaba muy asustado y también muy angustiado. En su desesperación, oró y pidió a Dios que le ayudara y también decidió enviarle a Esaú muchos animales de su rebaño, en un intento por apaciguar la ira de su hermano. Todavía angustiado, decidió llevar a sus esposas, sus sirvientas y sus once hijos a un lugar seguro. De esa manera, su familia estaría a salvo. Jacob se quedó solo esperando lo peor. Durante la noche, alguien vino a atacarlo, y los dos se pelearon toda la noche. Finalmente, el desconocido, viendo que era difícil ganar la pelea, empezó a golpear más fuerte. A pesar de que estaba herido, Jacob no se rindió. "¿Cómo te llamas?", le preguntó el desconocido. "Jacob", fue la respuesta. Y el forastero añadió: "Desde hoy tu nombre será Israel, porque has luchado como un príncipe con Dios y no has cedido". Jacob le preguntó el nombre al desconocido, pero aquel no respondió: solo bendijo a Jacob y se fue. Reflexionando, Jacob concluyó que había visto a Dios cara a cara, y que el Señor le había perdonado la vida. Dios nunca desea el mal a nadie. ¡Él siempre se esfuerza porque el bien esté del lado de sus hijos en la tierra!

La reunión de Esaú y Jacob

Al día siguiente, Jacob levantó los ojos y vio venir a Esaú, y con él a cuatrocientos hombres. Se adelantó hacia ellos y se inclinó en la tierra siete veces, hasta llegar a Esaú. Esaú ya no pudo contenerse: corrió a abrazar a su hermano, lo besó y los dos lloraron de alegría. El resentimiento había desaparecido. Pronto surgió la curiosidad, y Esaú quiso saber quiénes eran aquellos niños y mujeres que estaban con Jacob. "Estos son los hijos que Dios me ha dado por gracia", respondió Jacob, orgulloso. Sus hijos y las sirvientas también saludaron a Esaú. Solo entonces Jacob presentó a sus esposas: Lía y Raquel. "¿Por qué me enviaste todos esos animales?", preguntó Esaú. "Dios me ha bendecido mucho y quiero compartirlo contigo, hermano mío", le dijo Jacob. Estaba muy feliz y agradecido a Dios, y acababa de hacer las paces con su hermano mayor, así que Jacob fue a Siquem, donde levantó un altar al Señor. ¡El amor no debe desaparecer nunca entre hermanos! ¡Ese es el deseo de Dios!

La muerte de Raquel

2 de febrero

Dios le dijo a Jacob: "Ve a Betel y haz un altar donde me aparecí ante ti cuando te escapaste de tu hermano". En Betel, Dios le había prometido a Jacob que un día volvería a la tierra prometida. Dios siempre estaba vigilando a Jacob, y Jacob le dijo a su familia y a todos los que estaban con él que abandonaran la fe a los dioses extraños. "Construyamos un altar a Dios por todo el bien que ha hecho por mí", les dijo. Una vez más, Dios le habló a Jacob: "¡Tu nombre será Israel! De tu descendencia nacerán muchas naciones y reyes". Algún tiempo después, Raquel, que estaba embarazada de su segundo hijo, tuvo complicaciones en el parto y perdió la vida tan pronto como nació el niño, a quien Jacob llamó Benjamín. Una columna especial fue colocada en la tumba de su esposa Raquel. Jacob realmente la amaba con todo su corazón. ¡El amor es el sentimiento más hermoso que existe! ¡No tiene fin!

José, el hijo amado

3 de febrero

Jacob amaba a sus doce hijos, pero José, el hijo mayor de Raquel, recibía un afecto especial de su padre. Esto hizo que sus hermanos se pusieran muy celosos. Un día, José tuvo un sueño y se lo contó a sus hermanos: "¡Soñé que estábamos en el campo y que tu ganado se inclinaba ante el mío!". Con esto, José solo consiguió aumentar la furia de sus hermanos, quienes le desafiaron, preguntándole: "¿Crees, José, que nos gobernarás?". Poco después, José tuvo otro sueño. Vio que el sol, la luna y once estrellas se inclinaban ante él. Israel, sin embargo, lo reprendió diciendo: "¿Crees que tus hermanos y yo nos inclinaremos ante ti, José?". Todo esto hizo crecer la ira en el corazón de sus hermanos. Los celos entre hermanos no deberían existir nunca. ¡Los padres aman a todos sus hijos!

José es arrojado a un pozo

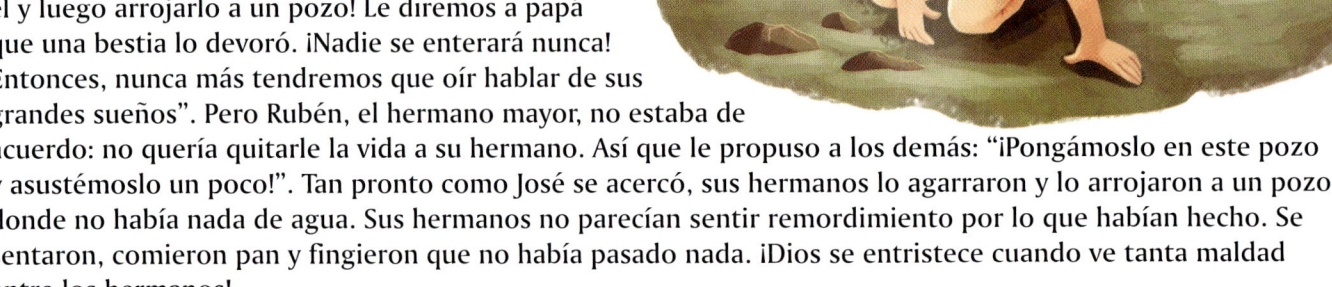

Los hermanos de José habían ido a los campos a cuidar los rebaños de su familia, y Jacob le pidió a José que fuera a buscar a sus hermanos, que debían estar cerca de Siquem. José los buscaba cuando encontró un hombre que le informó que sus hermanos y sus rebaños estaban en Dotán. Desde lejos, los hermanos de José pronto lo vieron venir. "Aquí viene el soñador", dijeron, burlándose, y planearon quitarle la vida. "¡Podemos acabar con él y luego arrojarlo a un pozo! Le diremos a papá que una bestia lo devoró. ¡Nadie se enterará nunca! Entonces, nunca más tendremos que oír hablar de sus grandes sueños". Pero Rubén, el hermano mayor, no estaba de acuerdo: no quería quitarle la vida a su hermano. Así que le propuso a los demás: "¡Pongámoslo en este pozo y asustémoslo un poco!". Tan pronto como José se acercó, sus hermanos lo agarraron y lo arrojaron a un pozo donde no había nada de agua. Sus hermanos no parecían sentir remordimiento por lo que habían hecho. Se sentaron, comieron pan y fingieron que no había pasado nada. ¡Dios se entristece cuando ve tanta maldad entre los hermanos!

José es vendido por sus hermanos

De repente, los hermanos de José vieron a un grupo de ismaelitas que iba camino a Egipto. Judá, uno de los hermanos, dio la idea de vender a José como esclavo a los viajeros. "¿De qué serviría hacer desaparecer a José

para esconder su cuerpo? Creo que sería más ventajoso si se lo vendemos a estos hombres". Los hermanos aceptaron la idea y sacaron a José del pozo. Al pasar los mercaderes, ofrecieron a José y lo vendieron como esclavo por veinte piezas de plata. Pero Rubén, más sensato, se entristeció cuando regresó y reflexionó sobre la ausencia de su hermano. Como signo de profunda tristeza, se rasgó sus propias ropas. Él, siendo el mayor de los hermanos, era el responsable de José. "¿Qué le diré a nuestro padre?", se preguntó, desesperado. Después de pensar y hablar un rato, los demás, sin ninguna tristeza, mataron una cabra y con su sangre mancharon las ropas de José para fingir que lo había matado un animal salvaje. Volvieron a casa y le mostraron a Jacob el abrigo de José: su padre lo reconoció y no tuvo ninguna duda de que su hijo había sido atacado por una bestia. "¡Lloraré hasta el día en que me entierren!", exclamó. Nadie podía consolarlo, ni siquiera sus hijos. En su desesperación, permaneció de luto por la muerte de su amado hijo durante mucho tiempo. Cuánto dolor una persona es capaz de causar a otra. ¡Dios también siente ese dolor!

6 de febrero

José va a la cárcel injustamente

Cuando los mercaderes llegaron a Egipto, vendieron a José a Potifar, un oficial y capitán de la guardia que protegía al faraón, rey de Egipto. Dios, sin embargo, siempre estuvo con José. Pronto, su amo vio que era un hombre trabajador y confiable: todo lo que hacía José era bien hecho y provechoso. La esposa de Potifar vio que José era un buen administrador y también muy guapo, por lo que se enamoró del joven. Él permaneció indiferente a sus actitudes de conquista, y se negó a aceptar el afecto de la esposa de su amo porque sabía que aquello estaba mal. Un día, la mujer mintió a su marido, acusando a José de haberla ofendido. Potifar creyó la historia de su esposa y se puso furioso, por lo que envió a José a prisión. ¡Fue todo muy injusto! Pero José sabía que Dios nunca lo abandonaría: confiaba plenamente en él. Y Dios estaba con José, incluso dentro de la triste prisión. Dios nunca abandona a aquellos que realmente lo aman y actúan sin maldad.

7 de febrero

José interpreta dos sueños

Dios fue tan bueno y generoso que José, aunque estaba en prisión, fue bendecido. Hasta el carcelero le tenía mucho cariño. Una vez, el faraón se enfadó mucho con dos de sus empleados: el mayordomo y el panadero, y los envió a prisión. Cuando llegaron, el carcelero los puso a ambos en el lugar donde estaba José. Pasaron muchos días en prisión y, una noche, tanto el panadero como el mayordomo tuvieron extraños sueños. José notó que los dos estaban perturbados por lo que habían soñado. "Dios puede interpretar todos y cada uno de los sueños", les dijo con confianza, "si me cuentan el sueño, estoy seguro de que puedo ayudarles". El mayordomo comenzó: había soñado que estaba parado frente a un viñedo, y que de él salían tres ramas con flores que pronto se convirtieron en hermosos racimos de uva. Luego, el mayordomo exprimió las uvas en una copa y las puso en la mano del faraón. José, después de escucharlo todo bien, le dijo: "En tres días el faraón te sacará de la cárcel y volverás a tu trabajo". Luego le tocó al panadero: "Vi tres canastas de pan blanco en mi cabeza. También vi pájaros comiendo de la cesta más alta". Desafortunadamente, la interpretación no fue una buena noticia: José, muy triste, le dijo al panadero que en tres días el faraón lo enviaría a la horca. Pasados los tres días, el faraón hizo una gran fiesta de cumpleaños. Ese día, ambos sueños se hicieron realidad, tal como Dios le había revelado a José. Parece que algunos hombres tienen grandes poderes, pero, en realidad, ¡son los poderes de Dios prestados a los hombres!

José interpreta los sueños del faraón y sale de la cárcel

Después de que el mayordomo fue liberado, José permaneció en prisión por otros dos años. Un día, el faraón tuvo un misterioso sueño que le dejó muy preocupado. Mandó llamar a todos los sabios y adivinos de su país y les contó lo que había soñado, pero ninguno pudo descifrar el sueño o encontrar un significado razonable. El mayordomo, viendo la tristeza del faraón y que nadie era capaz de interpretar sus sueños, le habló de José. Le contó el sueño que había tenido en prisión y cómo José había adivinado lo que sucedería. "Su Majestad, ese hombre en prisión puede ayudarle", le dijo, "todo lo que dijo José sobre mi sueño sucedió, hasta el más mínimo detalle". El faraón mandó llamar a José, así que lo sacaron de prisión y lo llevaron ante él, quien le preguntó: "¿Es verdad que puedes interpretar mis sueños?". "Bueno...", respondió José, "yo, por mí mismo, no puedo, pero mi Dios te dará el significado de estos sueños". El faraón le contó a José todo el sueño: "Había siete vacas gordas saliendo del río, y luego aparecieron también siete vacas delgadas y feas. Las vacas flacas devoraban a las vacas gordas y hermosas. Vi siete ovejas buenas y también siete flacas, y de repente las ovejas flacas devoraron las buenas". José le dio la interpretación: "Habrá siete años de abundante cosecha y abundancia, y poco después siete años de hambre en toda la tierra. No habrá comida, y muchos pasarán hambre. Será un tiempo en el que la tierra no producirá nada". Lo importante no son los sueños en sí mismos, ¡sino el trabajo de la gente para evitar problemas futuros!

José es el nuevo gobernador de Egipto

El faraón se sintió aliviado al saber que Dios le había mostrado todo lo que sucedería en los próximos años. Aun así, estaba muy preocupado por el pueblo de Egipto, pues no quería que su gente pasara hambre. "Debes elegir a alguien muy inteligente para que gobierne toda la tierra de Egipto. Y en estos siete años de abundancia, debemos ahorrar comida para que cuando lleguen los años de hambruna, todos tengan algo que comer", le dijo José al faraón. Decidido, este le respondió: "¡Dios te ha dado una gran habilidad! No hay nadie tan iluminado y sabio como tú en Egipto. Serás mi nuevo gobernador, y solo yo estaré por encima de ti. Serás el segundo al mando de todas las cosas". Le dio a José su propio anillo, como símbolo de la autoridad que ahora tendría, y también le dio ropas muy elegantes y un collar de oro. Como gobernador, José, muy

cuidadoso, comenzó a ejecutar su plan de guardar comida: ordenó que se almacenara una porción de toda la cosecha, que se usaría durante los siete años de hambruna. Dios estaba con José y el faraón lo sabía muy bien. Durante los siete años que siguieron hubo gran abundancia, y almacenaban tanta comida que pronto fue imposible de contar. Poco después, sin embargo, llegaron los años de hambruna. La gente y los animales de tierras lejanas venían a las tierras del faraón a pedir comida de sus reservas y, a cambio, entregaban verdaderos tesoros. ¡Sabían que la comida valía más que cualquier cosa! ¡Qué bueno es prestar atención a las advertencias de Dios!

Los hermanos de José van a Egipto

Hubo hambruna en todas las tierras. En Canaán, Jacob se enteró de que en Egipto había comida para todos, y habló de ello a sus hijos: "He oído que en Egipto hay mucha comida. Quiero que tomen los camellos y los burros, que vayan allí y compren comida antes de que nos muramos de hambre aquí". Así que los diez hermanos se encaminaron a Egipto a comprar trigo. Cuando llegaron, se enteraron de que todo estaba siendo administrado por el gobernador del faraón: si querían comprar trigo para llevar a casa, tendrían que hablar con él. "Somos de Canaán y también nos hemos quedado sin comida. Nuestro padre Jacob nos envió a comprar trigo para nuestra familia", dijeron al gobernador. José reconoció a sus hermanos, pero ellos ni siquiera se dieron cuenta de que era él, y no podían imaginar que aquel hombre era el hermano que habían vendido años atrás y que ahora era gobernador. "Creo que ustedes son espías y están aquí para ver todo lo que está pasando, ¿no?", les preguntó, para ponerlos a prueba. "No, mi señor, solo estamos aquí para comprar comida. La necesitamos. Somos hombres honestos, no espías. Éramos doce hermanos en total, pero uno está muerto y el más joven se quedó con nuestro padre en Canaán", respondió uno. José insistió: "Bueno, yo sigo creyendo que ustedes son espías, y por eso serán encarcelados. Solo uno regresará a Canaán, llevando trigo, y luego traerá a su hermano menor. Así probarán que son hombres buenos". Saber perdonar es difícil, pero es una actitud que Dios espera de todos.

José quiere al más joven, Benjamín

Los hermanos pasaron tres días en prisión. José fue a hablar con ellos de nuevo, pues había tenido otra idea: "Si son hombres realmente buenos, uno de ustedes se quedará aquí en Egipto, encarcelado, y los demás volverán con sus familias para llevarles comida. Pero quiero que todos regresen luego, trayendo a su hermano menor". Ellos sabían que habían hecho algo muy malo con su hermano en el pasado, así que pensaban que todo aquello les ocurría como castigo. "Hicimos algo muy malo con nuestro hermano José. Dios nos está castigando por eso", confesaron, y Rubén añadió: "Les pedí en ese momento que no hicieran nada contra él, ¿no es así? Ahora tenemos que pagar por el error que cometimos". Estaban hablando en su idioma y José, sin que ellos lo supieran, escuchó toda la conversación, se fue y lloró con tristeza. Luego regresó, le dijo a Simeón que se quedara en la cárcel y ordenó a los demás que volvieran a su tierra.

Los hermanos de José regresan a Egipto

Tan pronto como regresaron a Canaán con los alimentos, vieron que todavía había mucha hambre y ninguna señal de cosecha. En poco tiempo, todo lo que habían traído para comer se acabó. Jacob, viendo que todos tenían hambre, pidió a sus hijos que regresaran a Egipto para conseguir más. Sin embargo, Judá le respondió: "Padre, te hemos contado lo que pasó. El gobernador nos acusó de ser espías y, para probar nuestra inocencia, pidió que Simeón fuera detenido como garantía. Solo nos dejó salir con comida porque sabía que tendríamos que volver para comprar más. Pero hizo una demanda más: debemos llevarnos a Benjamín con nosotros, o Simeón no será liberado". "¿Estás loco? Ya perdí a José, no sé si volveré a ver a Simeón, y ahora quieres llevarte a Benjamín", le respondió Jacob, muy angustiado. Judá, su hijo, prometió cuidar de Benjamín y responsabilizarse de cualquier cosa que le ocurriera. Así logró convencer a Jacob, y se pusieron nuevamente en marcha para Egipto. Llevaron regalos para el gobernador y más dinero para comprar comida. Tan pronto como José vio a sus hermanos de vuelta, se conmovió. Preparó un banquete y los llevó a todos a su casa. Los hermanos pensaron que el gobernador estaba haciendo esto por el dinero que él mismo había puesto en sus bolsas la última vez que estuvieron allí: creían que quería acusarlos de robo. "Trajimos algunos regalos y también el doble de dinero, porque no sabemos quién devolvió a nuestros sacos el dinero que pagamos la última vez. Nos gustaría comprar más comida", dijeron los hermanos, algo angustiados. "¡Muy bien!", respondió José, y a continuación les preguntó: "¿Este chico es, por casualidad, Benjamín, el hermano menor que dijeron que tenía?". "¡Sí!", exclamaron los hermanos. José, muy conmovido, tuvo que contenerse para no llorar ante sus hermanos de sangre. Se fue a su habitación y lloró de felicidad por haber visto a su hermano Benjamín, hijo de su madre, Raquel. Todos sus hermanos se sentaron a la mesa y comieron, bien atendidos, pero Benjamín estaba recibiendo mejor trato. Todavía no sabían que José era su hermano. Dios reserva grandes sorpresas para sus hijos, ¡aceptarlas con calma es también un signo de amor a Dios!

La copa de plata

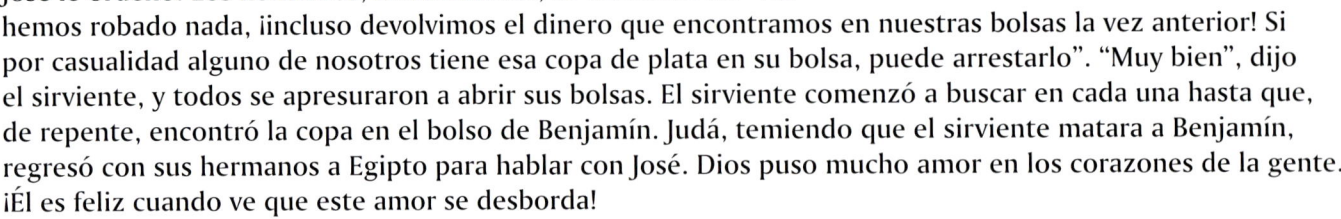

Al día siguiente, como lo había hecho la vez anterior, José ordenó a sus siervos que llenaran las bolsas de sus hermanos con comida y que volvieran a poner el dinero en cada bolsa. Además, les pidió que pusieran una copa de plata en la bolsa de su hermano menor. Así lo hicieron. Poco después, cuando los hermanos emprendieron el regreso a casa y ya estaban lejos de la ciudad, José le dijo a uno de sus sirvientes: "Ve tras esos hombres. Cuando los encuentres, pregunta: «¿Por qué han robado una copa de plata de mi amo?»". El sirviente hizo exactamente lo que José le ordenó. Los hermanos, aterrorizados, se defendieron: "No hemos robado nada, ¡incluso devolvimos el dinero que encontramos en nuestras bolsas la vez anterior! Si por casualidad alguno de nosotros tiene esa copa de plata en su bolsa, puede arrestarlo". "Muy bien", dijo el sirviente, y todos se apresuraron a abrir sus bolsas. El sirviente comenzó a buscar en cada una hasta que, de repente, encontró la copa en el bolso de Benjamín. Judá, temiendo que el sirviente matara a Benjamín, regresó con sus hermanos a Egipto para hablar con José. Dios puso mucho amor en los corazones de la gente. ¡Él es feliz cuando ve que este amor se desborda!

José se revela a sus hermanos

Judá sabía que su padre moriría de pena si no llevaba a Benjamín de vuelta a casa sano y salvo. Así que, humildemente, le pidió a José que dejara a su hermano vivir y regresar a Canaán. "Me quedaré en el lugar de Benjamín, por favor", le dijo Judá, pidiendo perdón, "nuestro padre moriría si algo le pasara a Benjamín. Por favor, déjelo volver". José ya no podía seguir ocultando sus sentimientos: allí estaban sus hermanos, y los amaba mucho en su corazón, aunque sufría a causa de su maldad. "Que todos mis empleados se vayan de aquí por un momento. Quiero hablar con estos hombres a solas", ordenó, con voz de autoridad. Tan pronto como los sirvientes se fueron, reveló su identidad a sus hermanos y lloró como nunca antes: "Yo soy José, su hermano, el que vendieron como esclavo a los mercaderes que iban a Egipto". José habló con sus hermanos y les pidió que no se sintieran tristes o culpables por lo que habían hecho: Dios tenía un gran propósito para su vida, lo había salvado de todos los peligros, incluyendo la maldad de ellos. "Estoy ahora en Egipto porque Dios me ha puesto aquí, así que nadie morirá de hambre. Pero la hambruna durará cinco años, y no quiero que sufran con ella, y menos aún mi querido padre y sus otros parientes". Así que José envió felizmente animales con comida, regalos y todo lo mejor para que sus hermanos regresaran a Canaán. Perdonar es uno de los actos más nobles. ¡El que perdona se parece mucho más a Dios!

Todo el mundo vivirá en Egipto

15 de febrero

Tan pronto como llegaron a Canaán, los hermanos le contaron todo a Jacob, que apenas podía creerlo. Casi se desmaya de emoción cuando se enteró de que José, su hijo amado, estaba vivo. Al principio, Jacob tuvo miedo de dejar la tierra prometida, pero Dios le habló por la noche: "¡Jacob, Jacob! Soy el Dios de tu padre, no tengas miedo de ir a Egipto. Será una gran nación, estaré contigo en Egipto, y seguramente volverás a Canaán más tarde". Así que Jacob, seguro de que estaba haciendo lo correcto, empacó todas sus pertenencias, reunió a su familia, sus hijos y sus posesiones y se dirigió a Egipto. Jacob envió a Judá por delante para avisar a José que llegarían pronto: estaban en tierras cercanas. José, muy feliz, no podía esperar. Fue directamente a encontrarse con su padre y los otros hermanos. La reunión de padre e hijo fue emocionante: los dos se abrazaron, se besaron y juntos lloraron de alegría después de tantos años. Jacob, satisfecho, le dijo a José: "Ahora puedo morir en paz. Sé que estás vivo, que estás bien y que Dios te ha bendecido de manera especial". Más tarde, José le contó al faraón todo lo que había sucedido. También le dijo que su padre, sus hermanos y todos sus rebaños habían abandonado Canaán por el hambre. José y cinco de sus hermanos pidieron al faraón permiso para quedarse en Goshen, a lo que este respondió: "José, puedes ponerlos a vivir en las mejores tierras. Son tu familia. Si quieren vivir en Goshen, que así sea". Y así sucedió. Jacob vivió hasta los ciento cincuenta años, y antes de morir bendijo a todos sus hijos. Luego hizo una última petición: "Me gustaría ser enterrado en Canaán, la tierra de mis padres". Tras hacer esta petición, Jacob murió. ¡Todas las historias de la vida son creadas por Dios! ¡En todas ellas, Él pone amor!

Los descendientes de Jacob como esclavos en Egipto

16 de febrero

Jacob, José y sus hermanos habían muerto ya, pero había muchos de sus descendientes en Egipto. Pasaron siglos. Los descendientes de Jacob, ahora llamados israelitas, se convirtieron en una nación poderosa. Los egipcios comenzaron a preocuparse y a temer a los numerosos israelitas. Con el paso del tiempo, un nuevo rey tomó el poder de Egipto. No conocía las cosas espléndidas que José había hecho por el pueblo egipcio muchos años antes, no le gustaban los israelitas e inmediatamente pensó en un plan para dominarlos. Hizo esclavos a los israelitas y los usó para construir grandes templos para los dioses egipcios. Aunque este nuevo faraón trató muy mal a los israelitas, estos se convirtieron en un pueblo cada vez más numeroso. El último de los faraones tuvo entonces una idea para que los israelitas no siguieran aumentando. Llamó a todas las parteras y les dijo, con autoridad: "No quiero que dejen vivir a ningún niño nacido de los israelitas, si es varón. Si es una niña,

el bebé puede vivir". Las parteras se encontraban en una situación difícil: creían en Dios y no les gustaba esa orden del faraón. "Su Majestad, la verdad es que las mujeres israelíes no son como las egipcias: no necesitan nuestra ayuda en el momento del nacimiento. Son muy fuertes y cuando llegamos a su casa, tienen ya a los bebés en sus brazos", dijeron. Pero, a medida que el pueblo aumentaba, el faraón se irritaba cada vez más. Entonces decidió poner en práctica su horrible idea. ¡Cuánta maldad puede haber en un corazón! ¡Eso pone a Dios muy triste!

El nacimiento de Moisés

La ley impuesta por el faraón era realmente cruel, nadie podía aceptar tal injusticia. Tiempo después, una pareja israelí tuvo un hermoso niño. La madre no podía aceptar el hecho de que su bebé tuviera que morir, y habría dado cualquier cosa por salvar su vida, así que se las arregló para esconderlo durante tres meses. Pero el bebé crecía, y cada día se hacía más difícil ocultarlo. Como la madre quería a toda costa salvar la vida de su hijo, hizo una canasta de juncos y planeó ponerla en el río. Hizo una cesta muy firme y fuerte para que no se hundiera, puso al niño dentro y lo llevó al río. Dejó la cesta cerca de las cañas y le dijo a Miriam, su hija mayor, que se mantuviera alejada y que observara qué pasaba. Pronto apareció un grupo de damas que acompañaban a la hija del faraón: solían caminar por allí y jugar en esas aguas. La hija del faraón vio la canasta en el agua del río Nilo y le dijo a una de sus sirvientas que fuera a buscarla. Cuando la abrió, vio con sorpresa a un niño llorando. "Pobrecito, debe tener hambre", dijo la princesa, y se conmovió. "Debe ser hijo de un hebreo", concluyó (los israelitas también se llamaban hebreos). Miriam, que era una chica muy inteligente, salió a su encuentro: "Princesa, conozco una dama hebrea que puede amamantar a este niño hasta que sea muy grande y fuerte". "Tráigala ante mí, señorita", le dijo la princesa. Y Miriam corrió a buscar a su madre. Así, la princesa le pidió a la mujer que cuidara al bebé hasta que fuera un poco más grande y le pagó por ello. Cuando el niño llegó a cierta edad, la mujer hebrea lo llevó ante la hija del faraón, y la princesa lo adoptó como si fuera su propio hijo. "Lo llamaré Moisés, porque lo he sacado de las aguas", declaró. Y Moisés fue criado como un príncipe.

¿Príncipe egipcio u hombre hebreo?

La princesa egipcia crio a Moisés como príncipe de Egipto. Nunca le había dicho a nadie sobre el origen del chico, pero sabía que era israelita y no le gustaba el trato que los egipcios daban a los hebreos. Todo el pueblo de Israel seguía siendo esclavo del faraón, y este maltrataba cada día más a los parientes de Moisés, que estaba muy triste por esta situación. Un día, Moisés vio a un egipcio herir a un hebreo. Desgraciadamente, salió a defender a los hebreos y terminó envuelto en un grave problema ante los tribunales egipcios, por lo que tuvo que huir a una tierra lejana. Tiempo después, una mañana soleada, se sentó cerca de un pozo, y pronto aparecieron siete muchachas para sacar agua y dar de beber al rebaño. Moisés, un hombre muy caballeroso, fue muy servicial y les ayudó, pero los pastores vinieron e intentaron echarlas. Moisés las defendió, y las chicas apenas podían creerlo. Tan pronto como llegaron a casa, le contaron a su padre, Reuel, sobre el desconocido que las había ayudado a sacar agua del pozo y que había salido a defenderlas. "¿Dónde está este hombre? ¡Díganle que venga!", ordenó el padre. Moisés fue bien aceptado allí y pronto se convirtió en el yerno de Reuel, casándose con Ziporá. Moisés se convirtió en un pastor de ovejas.

Dios habla a través de la zarza ardiente

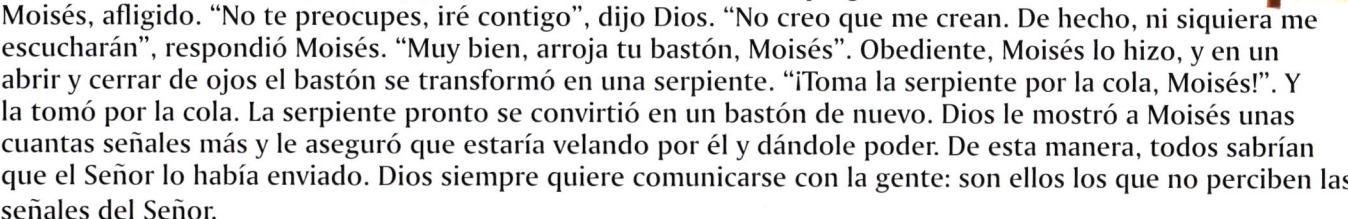

Moisés era dedicado y le gustaba cuidar de las ovejas de su suegro. Un día, condujo el rebaño a través del desierto hasta una colina llamada Horeb. De repente, un ángel del Señor apareció en medio de una zarza ardiente. Era difícil de creer. Moisés respiró profundamente, miró de nuevo y pensó para sí mismo: "¡Increíble! El arbusto está ardiendo, pero no está ni un poco quemado o arruinado". Entonces, Dios le habló: "¡Moisés, Moisés! Soy el Dios de Abrahán, Isaac y Jacob". Moisés, temblando de miedo, ocultó su rostro para no verlo, y el Señor continuó diciendo: "Yo sé las cosas horribles por las que están pasando los israelitas. Sé todo lo que pasa en Egipto. Quiero liberarlos de la esclavitud. Te elegí para que los lleves de vuelta a Canaán, la tierra prometida. Hablarás con el faraón". "Oh, Dios mío, no soy un hombre fuerte e inteligente; incluso soy medio tartamudo. ¿Quién soy yo para hablar con el faraón?", preguntó Moisés, afligido. "No te preocupes, iré contigo", dijo Dios. "No creo que me crean. De hecho, ni siquiera me escucharán", respondió Moisés. "Muy bien, arroja tu bastón, Moisés". Obediente, Moisés lo hizo, y en un abrir y cerrar de ojos el bastón se transformó en una serpiente. "¡Toma la serpiente por la cola, Moisés!". Y la tomó por la cola. La serpiente pronto se convirtió en un bastón de nuevo. Dios le mostró a Moisés unas cuantas señales más y le aseguró que estaría velando por él y dándole poder. De esta manera, todos sabrían que el Señor lo había enviado. Dios siempre quiere comunicarse con la gente: son ellos los que no perciben las señales del Señor.

Moisés y Aarón ante el faraón

Dios le habló a Aarón, el hermano de Moisés, para que fuera al desierto a encontrarse con su hermano. Tan pronto como los dos se encontraron, Moisés le contó a Aarón todo sobre el plan de Dios y las señales divinas que podría demostrar. "Contemos todo esto a los ancianos de Israel", dijeron ambos, y eso es lo que hicieron. Los israelitas creyeron, y se alegraron de que Dios enviara a alguien para salvarlos de la esclavitud; estaban tan agradecidos que se arrodillaron, se inclinaron y oraron a Dios. Solo entonces Moisés y Aarón fueron a hablar con el faraón, diciendo: "El Señor Dios de Israel dijo que liberen al pueblo". "¿Quién es este Dios? ¡No conozco al Señor Dios de Israel! Nunca los liberaré", respondió el faraón con firmeza. Y decidió, furioso, castigar más a los israelitas: ordenó a sus hombres que no les dieran paja para hacer ladrillos, así ellos mismos tendrían que buscar paja y asegurarse de que la producción no se detuviera. ¡Qué tarea tan agotadora! La gente tendría que trabajar el doble de duro. Muchos fueron a hablar con el faraón: "Por favor, clemencia, Majestad, no nos golpee, estamos trabajando tan duro como podemos", imploraban. Pero

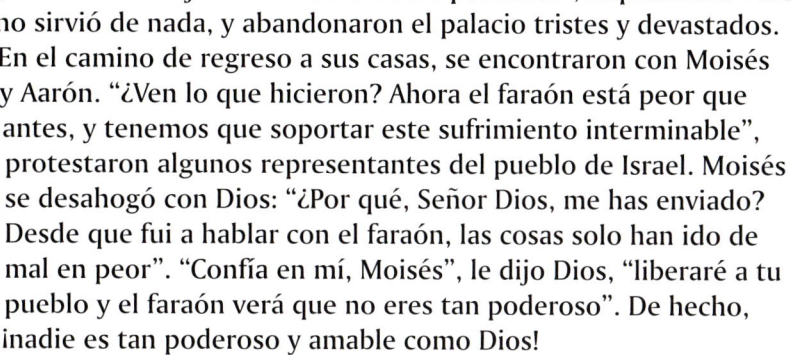

no sirvió de nada, y abandonaron el palacio tristes y devastados. En el camino de regreso a sus casas, se encontraron con Moisés y Aarón. "¿Ven lo que hicieron? Ahora el faraón está peor que antes, y tenemos que soportar este sufrimiento interminable", protestaron algunos representantes del pueblo de Israel. Moisés se desahogó con Dios: "¿Por qué, Señor Dios, me has enviado? Desde que fui a hablar con el faraón, las cosas solo han ido de mal en peor". "Confía en mí, Moisés", le dijo Dios, "liberaré a tu pueblo y el faraón verá que no eres tan poderoso". De hecho, ¡nadie es tan poderoso y amable como Dios!

Dios envía plagas a los egipcios

21 de febrero

El corazón del faraón era muy duro: no creía que Moisés y Aarón estuvieran hablando en el nombre de Dios. Estos fueron de nuevo a hablar con él, a decirle que tenía que dejar libre al pueblo de Israel. Ante el faraón, Moisés y Aarón hicieron exactamente lo que Dios les había enseñado: Aarón tiró su vara al suelo, y pronto se convirtió en una serpiente. El faraón ni siquiera se impresionó. Se negó a dejar libres a los israelitas. Entonces, el Señor Dios dijo a Moisés: "Ve al faraón y dile una vez más que debe liberar al pueblo de la esclavitud. Si se niega, levanta tu bastón y señala los ríos de Egipto: sus aguas se convertirán en sangre, los peces no podrán vivir y nadie podrá beber de ese río". Así lo hizo Moisés, pero el faraón seguía decidido a no dejar ir a los israelitas. Dios envió al faraón un nuevo mensaje a través de Moisés: "Dejen libres a los israelitas, de lo contrario el río Nilo se llenará de ranas". Al día siguiente había ranas por todas partes. Dentro, fuera, en los dormitorios, en las camas. Estaban en todos lados. El faraón, desesperado, llamó a Moisés y a Aarón: "Si le pides a tu Dios, estoy seguro de que quitará las ranas. Prometo que liberaré a la gente y todos ustedes podrán irse". Al día siguiente, las ranas ya no estaban. Pero el faraón no era un hombre de palabra: cuando vio que todo estaba bien, prohibió al pueblo que se fuera. Dios envió otra advertencia: ¡piojos! Piojos y más piojos por todas partes. ¡Qué locura! Aun así, el faraón no se rindió. El Señor, entonces, dejó que moscas de todos los tamaños invadieran la ciudad: aparecieron enjambres en la casa del faraón y sus sirvientes. ¡Pero la terquedad continuó! Dios envió su quinta advertencia: una plaga para los animales. Debido a ello, todo el ganado egipcio desapareció. Pero, incluso así, el corazón del faraón no se rendía. Luego vino otra advertencia: esta vez sería la gente misma la que sufriría. El sarpullido se esparcía sobre la piel de todos los egipcios, y pronto se convirtieron en heridas horribles y dolorosas. La séptima advertencia divina fue que se pudrieran todas las cosechas. Aun así, el faraón no creía en el poder de Dios. ¡Qué terco! Luego vinieron más cosas malas sobre Egipto. Algunas personas no quieren entender el poder de Dios, y sufren más que todos los demás por ello.

Dios envía la última plaga

22 de febrero

Como si tales desgracias no fueran suficientes, el faraón permaneció terco e incrédulo en Dios. Luego, un viento del este sopló fuertemente durante una noche y un día entero. Cuando amaneció, el viento trajo miles de langostas, que llenaron el aire hasta tal punto que parecía de noche a plena luz del día. Las langostas se comieron todo el verde que veían delante: árboles, plantaciones… Todo fue arrasado en pocos segundos. El faraón se apresuró a enviar a buscar a Moisés y a Aarón de nuevo. "He pecado contra su Dios. Les pido que me perdonen y que le pidan al Señor Dios que detenga esta horrible plaga. Si lo hace, dejaré que la gente se vaya", prometió. Pero, una vez más, no fue sincero y pronto olvidó su promesa. Entonces, Dios hizo que una densa oscuridad sobrevolara Egipto por tres días. El faraón dijo, vencido: "Salgan de esta tierra, ¡pero todo tu ganado se quedará aquí!". Moisés no estaba de acuerdo. Una vez más, el faraón les prohibió salir de Egipto. Por lo tanto, una última señal de Dios era necesaria. El Señor advirtió, a través de Moisés: "A medianoche, todos los primogénitos de Egipto morirán. Ni siquiera el hijo del faraón podrá salvarse. Habrá una gran pena, y todos llorarán por sus hijos". Por supuesto, Dios haría esto con gran tristeza. Ante tal terquedad y maldad, era necesario actuar con dureza. Ningún hijo israelí moriría, pues Dios lo protegería, y solo entonces el faraón aprendería a respetar a los demás. Habiendo sido advertido, sin embargo, el faraón no creyó: ordenó a Moisés y a Aarón que salieran del palacio y no dejó ir a los israelitas. A veces el mal no tiene remedio y, en tales casos, el Padre debe ser severo.

La primera Pascua

Dios dio órdenes claras a Moisés y a Aarón. Los dos reunieron a los principales representantes de los israelitas y les transmitieron las instrucciones del Señor Dios: todos los israelitas debían protegerse esa noche. Moisés les explicó que cada padre de familia en Israel debía tomar un cordero y matarlo, y la sangre de este cordero debía ser esparcida en la parte superior de cada puerta principal y en las otras entradas de la casa. Entonces, el cordero debía ser asado y comido esa noche, lo que para ellos sería como un festín. Los restos debían ser quemados. Moisés les dijo: "Cuando el ángel de Dios pase por la noche buscando a los primogénitos, verá la sangre en las puertas y sabrá que ustedes son del pueblo de Israel. Entonces pasará de largo sin herir a sus hijos". Aquella fiesta pasó a llamarse Pascua, que significa: "Dios pasó por la casa y no hirió a ningún primogénito de Israel". A partir de esa noche, cada año la gente debía recordar ese evento y luego celebrar la Pascua, para recordar que el Señor los salvó del faraón malvado. Hasta el día de hoy, los judíos celebran la Pascua. En esta fecha enseñan a sus hijos a conmemorar lo que sucedió esa noche hace miles de años.

La salida de Egipto

Los israelitas fueron obedientes e hicieron todo lo que Dios les pidió: comieron pan sin levadura, hornearon y comieron el cordero con hierbas amargas, y confiaron en Dios completamente. Moisés también había advertido que todos debían estar listos para viajar. Deberían llevar zapatos y ropa adecuados para el viaje, que sería largo y difícil. A medianoche, la señal de Dios se hizo realidad. Tal como Dios dijo, sucedió, y todos lloraron mucho. El faraón pronto mandó a llamar a Moisés y Aarón: sabía lo que les había pasado a los primogénitos egipcios esa noche. Dios había enviado tantas señales previas, y él las había ignorado todas. Desafortunadamente, Dios tuvo que demostrarle, de una vez por todas, que Él es el Señor Todopoderoso de todo y de todos. El faraón se dio cuenta de que no podía luchar contra Dios. "Salgan de aquí. Quiero que tú y tu pueblo se alejen de mi pueblo", les dijo el faraón, muy enojado, "¡salgan de Egipto ahora mismo!". Los egipcios, queriendo deshacerse de los israelitas, les dieron muchas joyas y ropas solo para que se fueran pronto. Y se fueron ese mismo día: Dios los guió a través de Moisés. Quedó muy claro para todo el pueblo egipcio que el Señor había sacado a los israelitas de allí. Se dirigieron a la tierra prometida, como era la voluntad de Dios. ¡No hay nadie que pueda ir en contra de la voluntad de Dios!

Dios guía a la gente a través del desierto y del Mar Rojo

25 de febrero

El pueblo de Israel era muy numeroso. Moisés y Aarón guiaron a los israelitas como Dios les había ordenado. Dios había escogido su propio camino: no era el más corto, pero Él sabía lo que hacía. Caminaron y caminaron por el sendero del desierto, cerca del Mar Rojo. También se llevaron los restos de José para que un día fuera enterrado en la tierra prometida. Sin embargo, en Egipto, el faraón pronto se dio cuenta de que sin sus esclavos no podría construir tantos templos y bellas mansiones. Ya estaba arrepentido de haberlos dejado ir, así que no lo pensó dos veces y ordenó a su ejército que siguiera a los israelitas a través del desierto y los trajera de vuelta al trabajo. Días después, el pueblo vio desde lejos a los guerreros egipcios que venían hacia ellos. Desconfiados, olvidaron todo lo que Dios había hecho para liberarlos, y comenzaron a temblar y a llorar de miedo. Moisés, sin embargo, dijo con autoridad: "No teman. Ustedes verán por ustedes mismos lo que Dios hará a esta gente malvada. Estos egipcios no volverán a molestar a nadie, ¡Dios nos salvará!". Todavía asustados y sin confianza, los israelitas esperaron y obedecieron a Moisés. Vieron el polvo que el ejército del faraón estaba levantando en el desierto al acercarse a ellos. Todos parecían asombrados y nerviosos. Finalmente, impacientes, se quejaron con Moisés: "¿Por qué nos has traído aquí para morir? Ahora estamos en el desierto y los egipcios nos matarán. No tenemos a donde correr, ¡más allá están las aguas del Mar Rojo! ¡No escaparemos!". Dios le dijo a Moisés: "Envía al pueblo adelante y tú, Moisés, levantarás tu bastón y lo apuntarás hacia el mar". Moisés, sin saber exactamente lo que sucedería, creyó plenamente en Dios. ¡El Señor nunca abandona a los que le aman!

Cruzando el Mar Rojo

26 de febrero

Moisés no lo pensó dos veces: hizo exactamente lo que Dios le pidió. Levantó su bastón y lo extendió sobre las aguas del Mar Rojo. En un abrir y cerrar de ojos, todos comenzaron a ver el maravilloso camino de escape: un fuerte viento del este hizo que el mar se dividiera, dejando un pasaje seco para que escaparan con seguridad. "¡Mira! ¡El mar se está dividiendo, podemos pasar en tierra firme!", dijeron, asombrados. Pronto el pueblo se puso en marcha, cruzando el mar, siempre guiados por Moisés. Los egipcios los siguieron, tratando de llegar a los israelitas en una loca carrera. Pero Dios tenía que proteger al pueblo israelí, por lo tanto, nada ayudó a los egipcios: ni carros, ni caballos, ni sus poderosos ejércitos. Dios mostró su poder, dificultando el acercamiento a los egipcios. Cuando Dios ordenó a Moisés que extendiera nuevamente su mano hacia el mar, sabía que libraría a su pueblo para siempre de esos enemigos opresivos. Todos los israelitas ya habían cruzado el mar y estaban a salvo, y las aguas volvieron a su curso normal cuando amaneció. Los egipcios, con todos sus caballos y carros, no pudieron alcanzarlos. El pueblo vio, amó y creyó en el Señor. Felices como siempre, felices de haber sido salvados, todos tenían un motivo especial para celebrar la victoria. Hicieron una hermosa canción que decía: "Cantaré al Señor, porque él triunfó gloriosamente. El Señor es mi fuerza y mi canción".

Dios envía codornices y maná

Ahora que eran libres de los egipcios, los hebreos tenían que afrontar un largo y duro viaje para llegar a la tierra prometida. No pasó mucho tiempo antes de que el agua comenzara a agotarse. Llegaron a cierto lugar y solo encontraron agua amarga, de la que no se podía beber. El pueblo comenzó a quejarse ante Moisés: "¡Tenemos sed, Moisés! ¡Y esta agua es imposible de beber!". Moisés oró, y Dios le dijo lo que debía hacer. En obediencia, Moisés vio un árbol y lo arrojó a las aguas, que se volvieron dulces, y todos pudieron beber a voluntad. Pero la gente olvidó rápidamente cómo Dios los había ayudado, y pronto la comida empezó a agotarse también. Inmediatamente, comenzaron a quejarse de nuevo ante Moisés: "Moriremos aquí, sin comida. Hubiera sido mejor si nos hubiéramos quedado en Egipto. Allí, al menos, teníamos algo para comer". Entonces, Dios le dijo a Moisés: "Enviaré pan del cielo, y el pueblo saldrá y recogerá una porción para cada día. También tendrás carne. Por la tarde enviaré codornices. Sabrás que el Señor Dios te ha sacado de la esclavitud de Egipto. También sabrás que siempre estaré dispuesto a ayudarte". Así, temprano en la mañana, el pueblo vio el maná, que era el pan especial provisto por Dios para ellos. Todos los días, Dios los alimentaba. Las aves también bajaban del cielo para que pudieran comer su carne. Dios ciertamente proveería comida para los otros días, solo tenían que creer. Al sexto día se les dio una tarea especial: recoger suficiente comida para dos días, ya que en el sábado solo debían dedicarse a alabar y dar gracias a Dios.

Dios hace brotar agua de la roca

Sin embargo, la caminata a través del desierto debía seguir. Surgieron obstáculos, fue realmente todo muy difícil. Cuando se detuvieron para acampar cerca del Monte Horeb, no había más agua para la gente y el ganado. Nuevamente los israelitas comenzaron a quejarse y a lamentarse ante Moisés por la falta de agua. Estaban cegados por las dificultades y, en vez de pedir con fe la ayuda de Dios, se quejaban. "Queremos agua, tenemos sed. No queremos morir en este desierto. ¿Por qué nos sacaron de Egipto para venir aquí y morir así?". Todo el mundo solo hacía una cosa: quejarse. Moisés, casi sin saber qué decir al pueblo y qué hacer ante tanta falta de fe, clamó a Dios: "¿Qué hago con este pueblo, Señor? ¡Pronto me apedrearán!". Dios le respondió: "Escoge a algunas personas mayores y más experimentadas, toma tu bastón y diles que te sigan al monte Horeb". Así sucedió, y allí Moisés encontró una enorme roca, que tocó con su bastón. Al instante, el agua comenzó a brotar clara y refrescante. Con esto, Dios había demostrado al pueblo de Israel una vez más que solo Él es el verdadero Dios y que solo Él puede suplir las necesidades de todos.

Moisés observa desde la montaña

Pronto surgió un nuevo problema: en ese lugar vivía un pueblo dirigido por Amalek, y querían enfrentarse a los israelitas en batalla. Entonces, Moisés llamó a Josué, un comandante de su pueblo, y le dijo: "Josué, escoge a los hombres que juzgues mejores para luchar contra Amalek y su pueblo. Estaré en la cima de la montaña mientras tú estás en la batalla. El bastón de Dios estará en mi mano". Josué obedeció las instrucciones, tomó a los hombres para formar un ejército y se fue a la guerra.

Dios protegería al pueblo israelí a cualquier precio. Y así, Moisés, Aarón y Hur subieron a la montaña para ver la batalla. Cuando Moisés levantó la mano con su bastón, el ejército de Israel avanzó. Mientras bajaba la mano, Amalek y su ejército ganaron terreno. A medida que pasaban las horas, Moisés se cansó de levantar el brazo para que Josué y el ejército de Israel se mantuvieran a la cabeza de la batalla. Así que Aarón y Hur, muy astutos, se dieron cuenta del problema y tomaron una piedra para que Moisés se sentara. Mientras tanto, Hur y Aarón ayudaron a sostener las manos de Moisés en alto, una a cada lado, hasta que el día terminó. El ejército israelí había derrotado a sus enemigos. ¡Dios había derrotado a los enemigos y le había dado al pueblo la victoria de una manera única otra vez! En gratitud, Moisés construyó un altar a Dios en ese lugar, y pronunció las siguientes palabras: "¡Dios es mi bandera!". ¡Dios estaba muy feliz ante tanta fe y amor!

Dios le habla a Moisés en el Monte Sinaí

El pueblo israelí pasó cuarenta años caminando por el desierto. Dios siempre estaba con ellos, proveyéndoles y mostrándoles el camino. Finalmente, llegaron a la tierra prometida. Jetro, el suegro de Moisés, salió a su encuentro, trayendo a sus hijos y a la esposa de Moisés. Sin demora, Moisés también corrió, besó y abrazó a sus queridos parientes. Entraron en la tienda, y Moisés les contó todo lo que había sucedido. También contó cómo Dios había demostrado su amor, liberándolos de los enemigos, dándoles agua y comida y guiándolos a través de los peligros del desierto. Su gente era muy numerosa y, por supuesto, siempre había problemas que resolver. Tan pronto como había alguna diferencia, disputa o confusión, todos corrían hacia Moisés en busca de una solución. Jetro, un hombre experimentado, pronto notó que toda esta situación estaba desgastando a Moisés. Había muchos problemas que debían ser resueltos por una sola persona, así que decidió hablar con él: "Moisés, yerno mío, te daré un consejo: hay mucha gente, y sé que es extremadamente difícil dirigir y manejar todo por ti mismo. ¿Qué tal si eliges algunos líderes entre ellos, para que se ocupen de los problemas menores? Tú seguirías siendo responsable de los asuntos más difíciles. Elige hombres capaces, obedientes a Dios, honestos y no codiciosos. De esta manera, tú manejarás todo mejor y con más organización". Moisés siguió el consejo de su suegro: nombró a hombres de su total confianza y condujo al pueblo al pie del Monte Sinaí. Dios tenía un propósito: quería que Moisés subiera a la montaña para hablar con él, pues tenía un mensaje para el pueblo de Israel. Moisés obedeció, subió y cuando llegó a la cima del monte, Dios le ordenó que le dijera al pueblo que no se acercara más. El pueblo debe respetar la voluntad de Dios y no exceder ciertos límites. Dios los ama, pero también quiere su obediencia. "¡No pueden subir al Monte Sinaí! ¡Dios no quiere! Solo yo subiré, y escucharé lo que Dios tiene que decir. Deben quedarse aquí y obedecer", ordenó Moisés, seriamente.

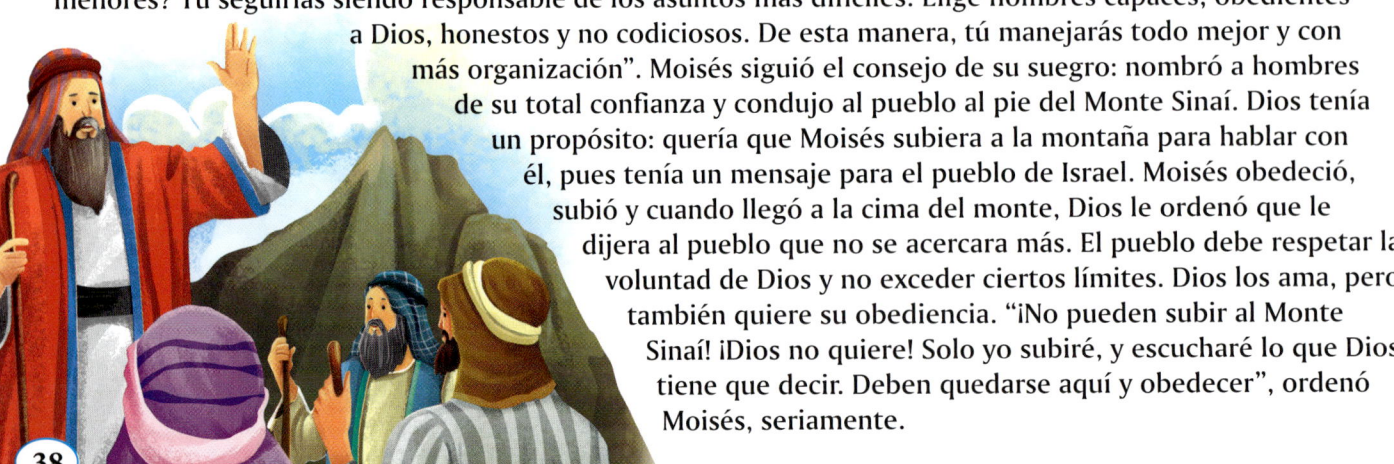

3 de marzo — Los Diez Mandamientos

Moisés empezó a subir hacia la montaña, y poco a poco ya no vieron su figura a la distancia. La gente debía quedarse allí y esperar mientras Dios le hablaba a Moisés en el Monte Sinaí. Cuando este llegó a la cima, Dios comenzó a hablarle y le dio los Diez Mandamientos, escritos en piedra. Aquellos mandamientos eran las reglas que debían seguir todos los que querían ser verdaderamente felices y obedientes a Dios, para asegurar que el hombre fuera feliz consigo mismo y con su prójimo mientras viviera en la tierra. Los mandamientos eran los siguientes: el primero, amarás a Dios sobre todas las cosas; el segundo, no utilizarás el nombre de Dios en vano; el tercero, santificarás las fiestas; y el cuarto, honrarás a tu padre y a tu madre.

4 de marzo — Los otros seis mandamientos

Los otros seis mandamientos eran: el quinto, no matarás; el sexto, no cometerás actos impuros; el séptimo, no robarás; el octavo, no darás falso testimonio ni mentirás; el noveno, no consentirás pensamientos ni deseos impuros; y el décimo, no codiciarás los bienes ajenos. A lo lejos, el pueblo, asombrado, vio truenos y la montaña humeante. Finalmente, Moisés bajó de la montaña con dos tablas hechas de piedra, donde estaban escritos los Diez Mandamientos.

Moisés de nuevo en el monte Sinaí

Además de los Diez Mandamientos que Dios había dado a Moisés, había unas cuantas leyes más que debían ser cumplidas por el pueblo de Israel. Moisés fue de nuevo al Monte Sinaí y permaneció allí durante cuarenta días y cuarenta noches, pues así se lo había ordenado el Señor, y escribió todo lo que Dios le había dicho. Luego se lo transmitió al pueblo, a lo que ellos respondieron: "Todo lo que Dios ha dicho, así lo haremos y obedeceremos". Moisés se levantó temprano en la mañana e hizo un altar al pie de la montaña, donde construyó doce monumentos que representaban las doce tribus del pueblo de Israel. Entonces algunos jóvenes, a petición de Moisés, ofrecieron sacrificios de animales al Señor. Moisés tomó la mitad de la sangre y la puso en cuencas, y la otra mitad la roció sobre el altar. Tomó el libro que contenía todas las leyes de Dios y lo leyó en voz alta para que todos pudieran oírlo. "Haremos todo lo que Dios nos manda y seremos obedientes", respondió su pueblo, comprometiéndose ante Dios. Entonces, Moisés tomó la sangre del recipiente y la roció sobre el pueblo, diciendo: "Recuerden siempre que esta sangre representa el pacto que Dios ha hecho con ustedes a través de estas palabras".

Una tienda especial para Dios

Durante los cuarenta años de peregrinación por el desierto, el pueblo no había tenido un lugar fijo para adorar a Dios. Oraban al aire libre, en el desierto. Solo construían un altar y, dependiendo de dónde estuvieran, sacrificaban animales para mostrar su gratitud a Dios por las bendiciones que habían recibido. Hacían esto en actitud de adoración al Señor que los había liberado de la vil esclavitud. Sin embargo, ya era el momento de que los israelitas alabaran a Dios en un lugar más adecuado. Dios estaba instruyendo a Moisés sobre cómo debía ser ese lugar especial, que sería la casa de Dios. En detalle, y con la ayuda de la gente, se estaba levantando una tienda especial, y pronto Dios sería adorado por el pueblo de una manera más digna y honorable. Dios le dijo a Moisés que el pueblo debía traer sus objetos de valor y ofrecerlos al Señor, pues todo se usaría en la tienda para adorarlo. Dentro de la tienda habría un hermoso cofre de madera. Dios le dijo más a Moisés: "Quiero que tu hermano Aarón y sus hijos estén a cargo del oficio sacerdotal: serán los sacerdotes. Llevarán ropas sagradas para la gloria y el adorno. Ofrecerán los sacrificios del pueblo en el altar". Aquello sería una prueba para Dios de que los hijos de Israel le amaban, le respetaban y le obedecían. Finalmente, Dios le ordenó a Moisés que guardara y santificara el sábado. Durante seis días de la semana debían trabajar y ocuparse de sus asuntos, pero el séptimo día todos descansarían y dedicarían ese día a Dios.

El becerro de oro

Como el Señor todavía tenía mucho que enseñar, llamó a Moisés de nuevo a la cima de la montaña. El pueblo, al ver que tardaba en volver, comenzó a inquietarse. Estaba tardando mucho tiempo, porque Dios tenía muchas instrucciones para dar, y Moisés escuchaba atentamente todo. Desafortunadamente, mientras Moisés no venía, el pueblo decidió desobedecer a Dios. Fueron a Aarón y le preguntaron: "Aarón, creemos que Moisés no volverá, puede que incluso haya muerto allí arriba. Queremos adorar a algún dios o ídolo, no podemos esperar a Moisés". "Tomen todas las joyas que llevan sus esposas, hijos e hijas y tráiganlas aquí", dijo Aarón. Así lo hicieron, y Aarón, que tenía habilidades de orfebre, lo fundió todo e hizo un becerro de oro. Luego hizo también un altar, y declaró que al día siguiente habría una fiesta en la que todos comerían y beberían a voluntad. Ofrecerían sacrificios al becerro de oro, es decir, al falso dios. Dios, que lo sabía todo, vio lo que hacían y ordenó a Moisés que se diera prisa en bajar. El pueblo se había corrompido, adorando e inclinándose ante una imagen fundida. Dios estaba triste por la actitud de las personas a las que había ayudado tanto, pero Moisés suplicó: "Señor, no castigues a este pueblo. ¡Tenga piedad!". Dios lo escuchó y recordó su promesa a Abrahán, Isaac y Jacob. Moisés estaba bajando de la montaña con las tablas de los Diez Mandamientos cuando vio lo que estaba ocurriendo: gente borracha, bailando y adorando al becerro de oro. Estaba tan enfadado que tiró las tablas al suelo, y estas se rompieron. Moisés derritió el becerro hasta que el oro se convirtió en polvo, lo esparció sobre el agua e hizo que toda la gente lo bebiera: era una forma de castigo y una lección para el pueblo.

Las nuevas tablas de los Diez Mandamientos

El pueblo había cometido un gran pecado contra Dios. Aun así, Moisés le pidió al Señor que los perdonara, y también le pidió que siguiera confiando en él como líder de los hebreos. Y el Señor dijo: "Ve, Moisés, y lleva al pueblo a donde te he ordenado". Moisés habló duramente ante la gente, para que reflexionaran sobre el error que habían cometido. Luego volvió a la cima del Monte Sinaí y, mientras estaba allí, una nube bajó y el Señor habló a Moisés. Las personas, al ver esto, oraron, pues sabían que Dios estaba presente con Moisés. "Señor, ¿cómo podemos seguir así? No sabemos si somos dignos de su amor, debe estar muy triste con nosotros, ¿verdad? Si realmente me ama y quiere bendecirme, por favor considere a estas personas como su pueblo otra vez", rogó Moisés. Dios le respondió: "Moisés, realmente eres un hombre honesto y sincero. Por ti, haré lo que me pidas". Entonces, el Señor le pidió a Moisés que encontrara dos tablas de piedra como las primeras que había roto, y allí volvió a escribir los Diez Mandamientos. Durante otros cuarenta días estuvo Moisés en la montaña con el Señor, sin comer ni beber nada. Cuando bajó del Monte Sinaí llevando las dos tablas en sus manos, Moisés no sabía que su rostro brillaba. Aarón y todos los hijos de Israel lo miraban con asombro: Moisés había estado realmente con Dios y reflejaba su gloria ante el pueblo.

El santuario de Dios

Moisés convocó a todo el pueblo y dijo: "Dios quiere que trabajen seis días de la semana, pero el séptimo día será santo: será un día de descanso y de oración para el Señor". Entonces, el pueblo comenzó a levantar un santuario a Dios. Moisés también añadió que todos podían hacer una ofrenda a Dios de corazón: vinieron hombres y mujeres, todos dispuestos y alegres, y trajeron hebillas, colgantes, anillos, pulseras y diversos objetos de oro. También trajeron hermosos tejidos, pieles de oveja y tejones, piedras de ónix y otras especies. Todos aportaron algo para el santuario, como el Señor había pedido a Moisés que hicieran. Se levantó la tienda cuidadosamente y en detalle, de acuerdo con las instrucciones del Señor Dios. Las mesas, las cortinas, el altar, las vestiduras de los sacerdotes, los candelabros, el arca, los velos y los pilares, todo se hacía en la forma que Dios había establecido. Cuando terminaron, una nube cubrió la tienda, y la gloria del Señor irradió a través del santuario. Moisés no podía entrar mientras la nube permaneciera allí, pues la gloria de Dios estaba presente. Así que, si la nube cubría el santuario, la gente no seguiría su viaje, pero si la nube se levantaba sería una señal de que Dios estaba con ellos, guiándolos a través del duro viaje. Cada vez que salían, levantaban el campamento y desmontaban la tienda del Señor, llevándose cuidadosamente todos los objetos hechos para el santuario. Cuando la nube se detenía, también se detenían para acampar, y montaban la tienda para que el santuario del Señor estuviera siempre presente para la adoración del Dios de Israel.

Dios establece reglas

Dios era un señor de orden y también muy sabio. Sabía que ciertos alimentos podían traer terribles enfermedades a la gente, así que, muy cuidadoso con su pueblo, decidió establecer algunas reglas básicas de higiene y salud, aclarando qué alimentos se podían consumir. Les enseñó cómo debía ser la higiene de las mujeres después del parto, hizo leyes sobre la lepra, les indicó cómo debía ser la higiene para hombres y mujeres, entre otras normas. Todo tenía un propósito. Dios estableció tales leyes porque amaba al pueblo

y quería el bien de esa nación. También les pidió que recordaran y celebraran cada año la Pascua, que era la conmemoración de la liberación del pueblo de la esclavitud en Egipto. Debían celebrarla comiendo pan sin levadura durante siete días. El primer y el último día serían para la adoración, no se permitiría ningún trabajo servil. Al hacerlo, los israelitas mostrarían su gratitud porque Dios los había liberado de la esclavitud y los había conducido a la tierra prometida. Otra celebración tendría lugar a causa de la cosecha: una vez que la hubieran terminado, traerían una porción del mejor producto cosechado al Señor. Ellos ararían la tierra por seis años consecutivos, y en el séptimo año la tierra tendría descanso. Ese año se llamaría "año sabático". También habría un año de jubileo, que se llevaría a cabo cada cincuenta años, y todo el mundo se alegraría de que fuera un año especial.

Las lamentaciones del pueblo de Israel

11 de marzo

El pueblo de Israel era muy numeroso. Muchos, a pesar del amor de Dios, eran ingratos y lo único que hacían era quejarse. Obviamente, esto entristecía a Dios: no entendía cómo la gente podía ser tan desagradecida. Hasta entonces, siempre había cumplido todo lo que había prometido: nunca los había abandonado, incluso cuando eran desobedientes. Dios, de hecho, había hecho maravillas por ellos, haciendo brotar agua de donde parecía imposible, proveyendo maná para servir como alimento y tantas otras cosas. Aun así, el pueblo se lamentaba. Querían tener comida como la que habían tenido en Egipto, donde comían pescado, pepinos, melones, cebollas, ajo... Recordaban con nostalgia sus vidas en Egipto, solo por la comida, y olvidando por completo lo duro de la esclavitud. Se quejaban porque solo tenían maná para comer. Moisés, muy enojado por escuchar tantas quejas del pueblo, le dijo al Señor Dios: "¡Qué difícil es ser el gobernante de un pueblo así! ¿De dónde voy a sacar comida para dar a todos, ya que solo saben llorar y pedir carne? ¡Estoy empezando a cansarme, Señor!". "Enviaré carne al pueblo durante un mes. La gente se cansará incluso de tanta carne", le respondió Dios, bastante molesto también. Entonces, sopló un viento que trajo codornices del mar y las esparció por el campamento del pueblo. La gente las comió por días, y los que comieron demasiado la pasaron muy mal. ¡Alimentar el cuerpo es muy importante, pero alimentar el alma con el amor de Dios es más importante! ¡Esta última comida nunca es mala!

Espías en Canaán

12 de marzo

Moisés y el pueblo estaban cerca de la tierra de Canaán, y Dios le dijo a Moisés: "Envía de cada tribu de Israel un hombre. Deberán espiar la tierra de Canaán para ver cómo es, qué pueblos la habitan, si la tierra es productiva o no". Dios quería un informe completo para que Moisés supiera cómo manejar la situación, y este hizo lo que el Señor le había pedido. Después de unos cuarenta días, los doce hombres volvieron y le dieron información a Moisés, a Aarón y al pueblo sobre las tierras, las tribus que las habitaban y también trajeron frutos para mostrar a todos. Algunos de los espías dijeron: "Bueno, la tierra es realmente muy productiva. Mira la fruta allí. Pero la gente que vive allí es muy poderosa. Son fuertes y gigantes. Nosotros, junto a ellos, parecemos langostas. No tendremos ninguna posibilidad de victoria si hay una batalla: ¡pronto nos matarán!". Pero Caleb, uno de los espías, tenía una opinión diferente: "Iremos allí, y seguro que Dios estará con nosotros

y seremos dueños de esa tierra". Los otros espías estaban muy asustados: juzgaban a la gente de allí mucho más fuerte y alta que ellos. Entonces, todo el pueblo lloró y se quejó contra Moisés y Aarón: "¡Hubiera sido mejor si hubiéramos muerto en Egipto, o incluso en el desierto! ¡Cualquier cosa hubiera sido mejor que morir así, aplastados por esta gente poderosa!". Dios se entristeció de nuevo al ver que el pueblo no tenía fe, que se quejaba sin parar ante Moisés. Estaba tan molesto que prometió que los quejosos no entrarían en la tierra prometida. Caleb y Josué, los espías, aun viendo lo fuerte que eran los pueblos enemigos, creyeron que Dios podía dar esa tierra fértil al pueblo de Israel. Dios les permitió la entrada a los creyentes, pero los incrédulos fueron derrotados por los cananeos y tuvieron que seguir vagando por el desierto. Moisés había advertido que Dios no daría la victoria en la batalla a aquellos que no tenían fe y amor en sus corazones.

La rebelión de Coré, Datán y Abiram

No pasó mucho tiempo y surgió una rebelión entre el pueblo hebreo. Muchos se enfrentaron a Moisés, que todavía estaba con el pueblo en el desierto. Los rebeldes eran doscientos cincuenta, y entre estos hombres había líderes israelíes que también apoyaban la rebelión. Se reunieron contra Moisés y Aarón, y llamaron a todo el pueblo a vigilar. Moisés, enojado, dijo: "Pueblo, saben que el Señor me ha enviado para ser el líder y para llevar a cabo su voluntad. Si esos hombres de allí mueren como todos los hombres, entonces es porque el Señor no me ha enviado. Pero si el Señor hace que la tierra se abra y caigan en ella, sabrán que estos hombres han enfadado al Señor". Y, tan pronto como Moisés terminó de decir esto, la tierra que estaba bajo los pies de los rebeldes se abrió en una enorme grieta, y los rebeldes cayeron. La gente, con miedo, huyó de allí muy rápidamente. Al día siguiente, toda la congregación de los hijos de Israel se quejó contra Moisés y Aarón, diciendo que habían castigado a los hombres del pueblo de Jehová. Fue muy difícil para Moisés liderar un pueblo tan inquieto y rebelde, pues siempre estaban infelices, pero Moisés seguía con ellos. ¡Es ante las situaciones más difíciles que el Padre conoce, en sus hijos, la fe!

Moisés actúa sin pensar

Una vez más, después de muchos días, la gente se quedó sin agua. Como era la costumbre, hablaron con Moisés para que consiguiera agua para todos. Dios le ordenó a Moisés que tomara su bastón y que fuera con Aarón y el pueblo ante una piedra, y que le pidieran a la roca que les diera agua. De ella fluiría el agua para las personas y a los animales. Pero Moisés, sin medir las consecuencias de sus acciones, actuó guiado por la emoción. En vez de pedirle a la roca que brotara agua de ella, la golpeó dos veces con su bastón y le dijo al pueblo: "¡Escuchen, rebeldes! ¿Podemos hacer brotar agua de estas rocas para saciar su sed?". Entonces, salió mucha agua de la roca. Todos bebieron, y los animales también saciaron su sed. Pero Dios les dijo a Moisés y a Aarón: "Ya que han desobedecido mis palabras, no entrarán los dos en la tierra prometida".

Moisés y Aarón sabían que habían cometido un error y que Dios no cambiaría de opinión. Entristecido por su propio comportamiento, Moisés siguió guiando a su pueblo, y el viaje continuó. En algún momento del camino, el rey de Edom no permitió que el pueblo pasara por su territorio, así que todos tuvieron que cambiar de rumbo. Dejaron Cadesades por el Monte Hor. Moisés, Aarón y todos los hijos de Israel fueron allí. Dios les había advertido a Moisés y Aarón que no entrarían en la tierra de Canaán, por lo que Moisés, Aarón y su hijo Eleazar subieron al monte y se quedaron allí. Fue precisamente allí donde Aarón cayó enfermo y murió. Moisés, muy triste, tomó las ropas de Aarón y se las puso a Eleazar. Esto significaba que ahora Eleazar era el nuevo sacerdote responsable del santuario de Dios. Moisés y Eleazar bajaron de la montaña. El pueblo se enteró de la muerte de Aarón, y todos lloraron y se lamentaron durante treinta días. La desobediencia es algo muy serio. ¡Nada en el mundo entristece más al Padre!

15 de marzo — Las serpientes

Abandonaron el monte Hor camino del Mar Rojo para rodear la tierra de Edom. El pueblo, muy ingrato, no tardó en empezar a quejarse de nuevo: "¿Por qué nos sacaste de Egipto? ¡En este desierto no tenemos ni pan ni agua! ¡Ya estamos hartos de este pan llamado maná que Dios nos envía!". Dios, entonces, dejó que las serpientes venenosas los picaran, como una señal de su descontento. Solo entonces el pueblo reconoció que había sido ingrato con el Señor, y le pidió a Moisés que orara a Dios para que las serpientes se fueran. "Moisés", le dijo Dios, "haz una serpiente de bronce y ponla en un poste". Moisés obedeció. Y todos los que habían sido picados por las serpientes, cuando miraban con gran fe la serpiente de metal, se curaban y agradecían a Dios. ¡La fe en Dios es la fuerza más poderosa que cualquiera puede tener!

16 de marzo — Balaam y su asno

Los israelitas partieron hacia las llanuras de Moab y acamparon allí, una región más allá del Jordán. Balak, rey de Moab, sabía todo lo que había sucedido hasta ese momento. También sabía que Dios estaba con aquella gente y que solían ganar en todas las batallas. Además, el pueblo de Israel era numeroso. Con gran temor, Balak pensó que sería bueno enviar mensajeros a Balaam, el más poderoso, para pedirle ayuda. Balak pidió incesantemente que Balaam viniera a derrotar a los israelitas. Dios le dijo a Balaam: "No pelees con esta gente, porque están bajo mi protección", así que Balaam le negó la ayuda a Balak. Pero Balak era un hombre persistente: envió a más príncipes en una misión para convencer a Balaam. El rey Balak envió regalos de oro y plata, todo para convencerlo. Balaam escuchó la voz de Dios durante la noche: "Levántate y ve con ellos. ¡Pero ten cuidado, solo harás lo que yo diga!". Amaneció, y Balaam se puso de pie. Tomó su asno y se fue con los hombres de Balak, pero Dios envió un ángel para interponerse en su camino. El animal vio al ángel con una espada en su mano y se descarrió. Balaam, sin entenderlo, golpeó muy mal a la pobre bestia. Esto sucedió dos veces más. Balaam, furioso, la golpeó con más fuerza. Entonces Dios, con su poder, hizo hablar al asno: "¿Qué te he hecho, Balaam? ¿Por qué me has golpeado tres veces hoy?". Confundido, y apenas creyendo que su asno le estuviera hablando, respondió: "Si tuviera una espada conmigo, acabaría contigo ahora mismo". "Pero, Balaam, ¿no he sido siempre un gran asno para que me montes? ¿Alguna vez en mi vida he hecho algo como lo que hice hoy, desviándome del camino que querías seguir?", le dijo la bestia. De repente, Balaam entendió la causa de todo: vio al ángel y, en su mano, la espada. Solo entonces se dio cuenta de que no estaba actuando como Dios quería. ¡Comprendió que la voluntad de Dios debe ser respetada siempre y en todo momento! ¡Nunca debemos desviarnos del camino marcado por el Padre!

45

Moisés cuenta al pueblo de Israel

Los israelitas pasaron tiempo en una región llamada Sitim. No pasó mucho tiempo antes de que el pueblo de Israel fuera influenciado por los habitantes de ese lugar, quienes adoraban a otros dioses y se inclinaban ante ellos. Dios se entristeció una vez más: su pueblo debía adorarlo a él, no a los dioses de otras regiones. Moisés hizo lo que pudo en el nombre del Señor, pues sabía que pronto el largo y cansado viaje a través del desierto llegaría a su fin. Estaban en las llanuras de Moab, cerca del río Jordán y de Jericó. Para organizar mejor a su pueblo, Moisés y el sacerdote Eleazar contaron a todos los israelitas de las doce tribus (consideraron solo a los que tenían más de veinte años) y llegaron a este resultado: había más de seiscientas mil personas en ese rango de edad. Entonces, Dios hizo una ley para dividir la tierra de Canaán entre las doce tribus de los israelitas. ¡Dios considera que todos tienen derecho a un pedazo de tierra!

Moisés hace sus últimas recomendaciones

Tal como Dios había prometido, Moisés no entraría en la tierra de Canaán, porque había desobedecido al Señor. Aarón ya había muerto, y pronto Dios se llevaría a Moisés también. Pero, antes de morir, Moisés todavía tenía algunas recomendaciones e instrucciones a seguir, por lo que reunió a toda la gente al otro lado del Jordán en la llanura frente al Mar Rojo y comenzó su discurso final: Moisés le pidió al pueblo que fuera obediente a Dios en todo momento de su vida, recordándoles el pacto que Dios había hecho en el Monte Sinaí. Repitió pacientemente los Diez Mandamientos al pueblo de Israel y les recordó cómo Dios los había guiado en el desierto durante tantos años, supliendo sus necesidades. Moisés también le recordó al pueblo que todos los ídolos debían ser destruidos, porque es falso para el Señor Dios adorar a los ídolos. Procuró recordarles todo hasta en el más mínimo detalle. Entonces, sabiendo que pronto se iría para siempre, Moisés nombró a Josué como su sucesor: él sería el nuevo líder de los israelitas. Moisés subió al Monte Nebo y, aunque Dios había prometido que no entraría en la tierra prometida, le mostró a Moisés toda la tierra de Canaán. "Moisés, esta es la tierra que juré a Abrahán, Isaac y Jacob. Daré esta tierra a tus descendientes, pero tú no la pisarás", le dijo Dios. Poco después, Moisés se durmió para siempre en esa montaña. Tenía entonces ciento veinte años. Los hijos de Israel lloraron y se lamentaron durante treinta días. ¡La voluntad de Dios nunca falla!

19 de marzo — Manolo: El nuevo líder

Después de lo que había sucedido en el Monte Nebo, Dios fue a hablar con Josué: "Mi siervo Moisés ha muerto. Ahora, pues, levántate y cruza con el pueblo el río Jordán". Dios prometió que cada lugar que pisaran sería del pueblo, tal como se lo había prometido a Moisés. También prometió que siempre estaría con Josué y que nunca lo abandonaría. "Esfuérzate y ten ánimo, Josué. Observa todas las leyes que creé en el tiempo de Moisés. Guarda y medita las palabras de este libro y tendrás éxito. Yo, Dios, estaré con ustedes donde quiera que vayan". Josué ordenó a los líderes del pueblo: "Díganle a la gente que se prepare para cruzar el río Jordán. Tomen comida y todo lo necesario, porque en tres días cruzaremos el río y tomaremos posesión de la tierra que Dios prometió a nuestros antepasados". "Haremos todo lo que nos pidas, Josué, y seguiremos tus órdenes", respondieron las personas, "tal como oímos a Moisés, te oiremos, mientras Dios esté contigo". ¡El que guarda a Dios en su corazón nunca está solo!

20 de marzo — Raab ayuda a los espías de Josué

Josué era un hombre muy inteligente y cuidadoso, por lo que, antes de cruzar el Jordán con toda esa gente, envió dos espías para asegurarse de que todo estuviera en orden. Quería saber más sobre aquella ciudad, Jericó. Los espías se fueron inmediatamente y se alojaron en la casa de una mujer llamada Raab. Los espías durmieron allí, pero alguien le dijo al rey que estaban en Jericó, en la casa de Raab. Preocupado, el rey le envió un mensaje a la mujer, que decía: "Quiero que despidas a los hombres que se hospedan en tu casa, pues son espías". Pero Raab, aun así, los escondió en su casa. Cuando los soldados del rey llegaron allí, ella simplemente declaró: "Es verdad, tenía dos invitados, pero ya se han ido. Ya deben estar muy lejos de aquí. No sé adónde han ido, pero tal vez los

alcancen". Tan pronto como se cerró la puerta, y viendo que el peligro se alejaba, se dirigió a la parte superior de la casa, donde los había escondido entre las cañas de lino, y les dijo: "Sé que Dios es poderoso y que dará esta tierra al pueblo de Israel. Por eso les he protegido aquí. Por favor, pídanle al Señor que, así como yo fui amable con ustedes, Él sea amable y proteja la vida de mis padres, hermanos y hermanas". Ellos, aunque dudaron un poco de aquella petición, se mostraron de acuerdo, siempre y cuando no fueran denunciados. Raab tomó una cuerda y los ayudó a ambos a bajar por la ventana. "Deben ir a esa colina, para que los soldados no les encuentren. Quédense allí durante tres días y, cuando los soldados hayan regresado, podrán proceder con más calma", les explicó Raab, muy cauta. Agradecidos, los dos espías le aseguraron que Dios le perdonaría la vida a ella y a sus familiares: "Raab, cuando nuestro pueblo invada Jericó, debes hacer lo siguiente: ata este cordón rojo en tu ventana. Quédate dentro con tus familiares y no te pasará nada". Así, los espías se fueron. ¡Las actitudes amables siempre serán reconocidas y bendecidas por Dios!

El cruce del Jordán

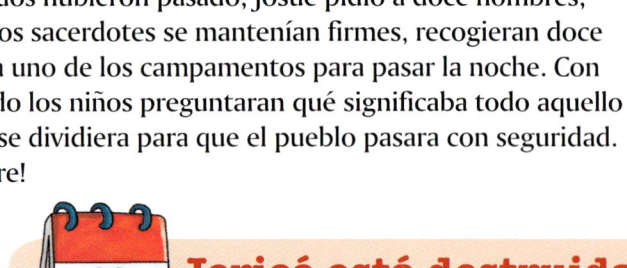

Tan pronto como los dos espías pudieron regresar, le contaron a Josué todo lo que había sucedido. Con entusiasmo, dijeron: "Seguramente Dios nos dará esa tierra, porque hasta los habitantes ya tienen miedo de enfrentarnos". Josué se levantó temprano a la mañana siguiente y convocó al pueblo. Fueron a la orilla del río y acamparon allí unos tres días antes de la travesía. "Pueblo de Israel, cuando vean la alianza del Señor, que llevarán los sacerdotes, levantarán el campamento y los seguirán", les indicó Dios. Sería muy difícil para los hombres cruzar un río tan profundo, y muchos se ahogarían. Pero Dios era poderoso sobre todas las cosas: apenas los sacerdotes pisaron el agua junto al río, las aguas que venían de una dirección se detuvieron y fueron retenidas como en una presa. Entonces, las aguas quedaron totalmente separadas. Los sacerdotes que llevaban el arca se mantuvieron en el espacio seco en medio del Jordán, y todo el pueblo de Israel pasó a salvo. Cuando todos hubieron pasado, Josué pidió a doce hombres, uno de cada tribu, que entraran en medio del Jordán, donde los sacerdotes se mantenían firmes, recogieran doce piedras y las llevaran a la orilla. Pidió que las pusieran en cada uno de los campamentos para pasar la noche. Con las piedras también construirían un altar y, en el futuro, cuando los niños preguntaran qué significaba todo aquello para el pueblo, responderían que el Señor hizo que el Jordán se dividiera para que el pueblo pasara con seguridad. ¡Las piedras en forma de altar serían un memorial para siempre!

Jericó está destruida

Josué sabía que tendría que luchar para conquistar Jericó. Un día, vio a un hombre con una espada en la mano, por lo que se acercó a él y le preguntó: "¿Eres uno de nosotros o del ejército enemigo?". El otro le respondió: "¡Vengo como príncipe del ejército del Señor!". Josué, reconociendo que era un mensajero de Dios, puso su rostro en la tierra y lo adoró. "Quítate los zapatos de los pies, porque el lugar en el que estás parado es sagrado", le indicó el hombre. Josué obedeció inmediatamente. El Señor le dijo a Josué que llevara siete sacerdotes ante el arca. El séptimo día debían rodear siete veces los muros de la ciudad y, allí, los sacerdotes debían tocar las trompetas. Al oír aquel sonido, toda la gente debía gritar y, con el fuerte sonido producido, la pared caería. Así sucedió. Josué ejecutó todo como Dios le había pedido, y de repente los muros de Jericó cayeron. Los soldados israelíes avanzaron rápidamente hacia la ciudad. Dios dio órdenes expresas de no tomar nada de Jericó. Josué envió a los dos espías a proteger a Raab y todo lo que había dentro de su casa, tal como lo habían prometido. Así, la gente de esa ciudad fue derrotada.

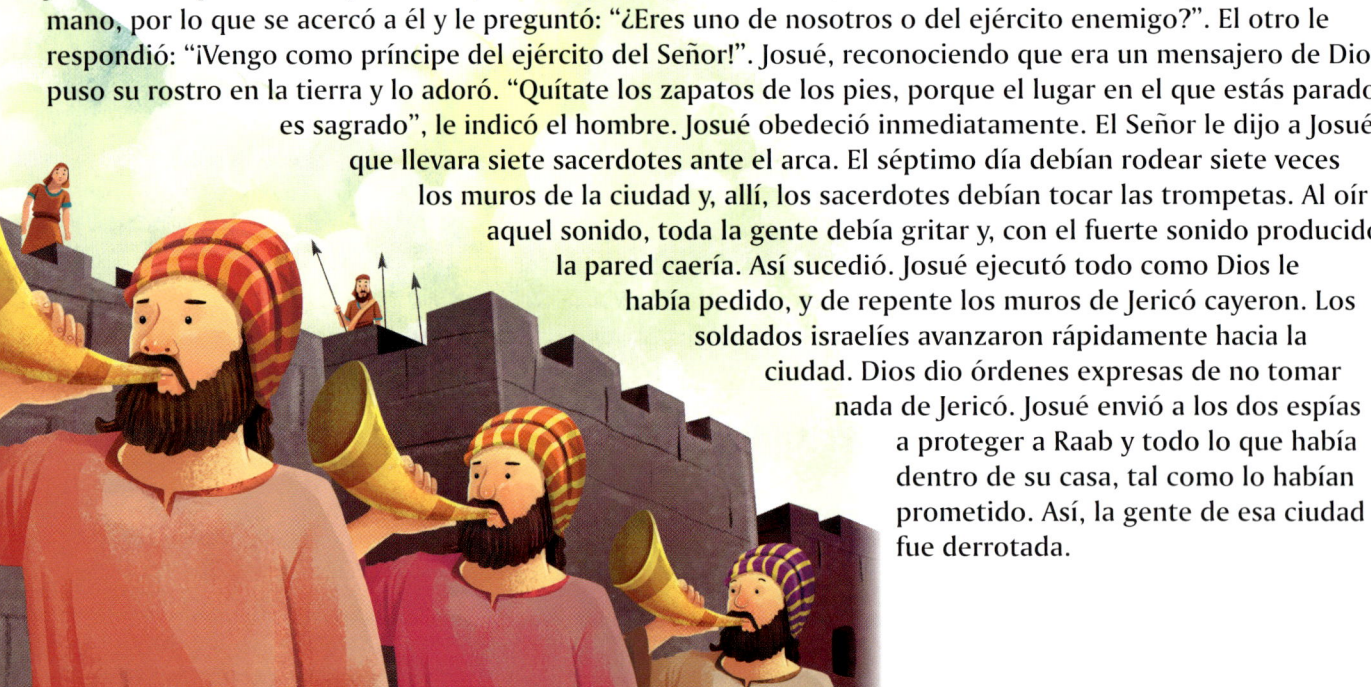

23 de marzo — Acán y su pecado

Todo había salido según lo planeado hasta ese momento. Pero Acán, de la tribu de Judá, se había robado algunas cosas mientras su pueblo conquistaba Jericó. Dios estaba muy enojado, pues expresamente les había prohibido tomar cualquier cosa de la ciudad. ¡Josué ni siquiera sospechaba lo que había hecho Acán! Más tarde, dos espías fueron enviados a la ciudad de Hai, pues Josué quería información sobre esa gente y su ejército. Los espías volvieron pronto e informaron a Josué: "El ejército de Hai es muy pequeño. Solo necesitaremos unos dos o tres mil hombres y podremos tomar la ciudad". Entonces, Josué envió unos tres mil hombres a la batalla para conquistar la ciudad. Para su sorpresa, todos sus hombres fueron derrotados y huyeron de la batalla. Josué no entendía por qué había sucedido aquello. "Señor, ¿cómo ocurrió esto? Por su poder cruzamos el Jordán, conquistamos Jericó y ahora somos masacrados por los amorreos...". Entonces, Dios dijo a Josué: "El pueblo robó y mintió, escondiendo en sus equipajes oro y plata que pertenecían a los habitantes de Jericó. Yo, el Señor Dios, les prohibí y les advertí que no tomaran nada". Por eso, Israel no había ganado la batalla contra la ciudad de Hai. Dios no los había bendecido por su error. Josué investigó quién había cometido tal ofensa a Dios, y pronto Acán confesó su pecado: había robado algunos objetos y ropa. Acán y toda su familia fueron apedreados por el pueblo, y Dios le dijo a Josué: "No te preocupes, toma tus guerreros y ve a la ciudad de Hai. ¡Los ayudaré a conquistarla!". Así que, días después, se las arreglaron para conquistar Hai. ¡Nunca debes tomar lo que es de los demás!

24 de marzo — El acuerdo de los gabaonitas con Josué

Con el paso del tiempo, las tribus de Canaán comenzaron a oír hablar de las victorias y logros de los israelitas. Los diversos pueblos, por temor a que pronto todo fuera tomado por estos, hicieron un acuerdo entre ellos para luchar contra Josué y su pueblo. Pero había un pueblo, los habitantes de Gabaón, que eran muy inteligentes. Ni siquiera pensaron en ser parte del acuerdo entre las tribus. Y cuando oyeron lo que Josué y su ejército habían hecho con Jericó y Hai, llenos de astucia, fueron y hablaron con Josué. Los gabaonitas se vestían con ropas viejas, zapatos muy usados, y se ponían odres de vino viejos y remendados en sus traseros. Llevaron consigo pan viejo y mohoso, fueron al campamento donde estaba Josué y le dijeron a él y a su gente: "Somos de un país lejano y queremos hacer un trato con ustedes". Josué respondió inmediatamente: "No, no podemos hacer un acuerdo de paz con ustedes". "Somos de una tierra lejana, y hemos oído que Dios hizo muchas cosas por ti, y también en Egipto cuando les libró de la esclavitud", le dijeron. "Dios nos dijo que lucháramos contra la gente que vive en Canaán", respondió Josué. Pero los otros, muy astutos, mostraron los panes mohosos y repitieron que eran de un país muy lejano y que habían viajado mucho. Josué y el pueblo no le pidieron consejo a Dios, y terminaron haciendo un trato con ellos. Juraron no matar a ninguno de los gabaonitas que, muy astutos, habían engañado a todo el mundo, pues eran sus vecinos. Cuando el pueblo de Israel se enteró de la verdad quiso castigarlos, pero Josué les dijo que tenían que honrar el trato hecho. Sin embargo, esto no impidió que Josué les enseñara una lección: los gabaonitas servirían para cortar leña y sacar agua para la congregación y para el altar del Señor. Y así fue. ¡La mentira nunca va demasiado lejos!

El sol y la luna se detuvieron

El rey de Jerusalén se enteró del tratado de paz que los gabaonitas hábilmente habían logrado hacer entre Josué y su pueblo. El rey temía que el pueblo de Gabaón se aliara con el pueblo de Israel, por lo que ordenó a otros reyes que atacaran la ciudad de Gabaón antes de que fuera demasiado tarde. El rey de Jerusalén y otros cuatro se reunieron y rodearon Gabaón. Con temor, los gabaonitas enviaron un mensaje a Josué: "Por favor, Josué, ayúdanos y libéranos de estos reyes. Todos se han unido para destruirnos". Josué, advertido por Dios, sabía que él derrotaría a todos esos enemigos y que era la voluntad de Dios que Gabaón no fuera destruida. Entonces, reunió su ejército de hombres poderosos y se fue a luchar. La batalla fue grande, y al poco tiempo los enemigos comenzaron a huir. El pueblo de Israel los persiguió por el camino. Como la batalla no había terminado todavía, y el sol se estaba poniendo, Josué oró a Dios delante de los israelitas: "Sol, no te pongas: quédate quieto en Gabaón. Y tú, luna, estarás en el valle de Ajalón". Y así, el sol y la luna se detuvieron hasta que el pueblo derrotó a sus enemigos. No hubo ningún día como este antes o después, porque Dios escuchó la oración de Josué. ¡Dios protege a los que oran!

Josué repara la Tierra

26 de marzo

Habían acontecido muchas batallas: en total, Josué y su pueblo lucharon contra treinta y un reyes y salieron victoriosos siempre. Pero Josué estaba ya muy viejo y cansado. Un día, Dios le dijo: "Josué, mi siervo, ya tienes edad suficiente, y todavía hay mucha tierra por conquistar. Es hora de dividir la tierra como herencia entre las tribus de Israel". La tribu de Leví no recibió ninguna tierra, porque su herencia sería cuidar y servir el santuario. Todos los hijos de Israel se reunieron en Silo, donde instalaron la carpa de la congregación, y allí quedaría desde ese momento en adelante el santuario de Dios. Puesto que los levitas no habían recibido tierra en herencia como las otras tribus, Dios estableció que tendrían ciudades especiales para vivir con sus familias y así cuidar del santuario, porque ellos serían los sacerdotes. Josué llamó a las diferentes tribus y dijo: "Ustedes han sido muy útiles y obedientes. Siempre han respetado las leyes de Dios. Pueden ocupar sus tierras. Pero ¡recuerden siempre los mandamientos de Dios!". Josué los bendijo y se despidió de ellos. Las diferentes tribus se fueron y, cuando llegaron a las orillas del río, construyeron un altar para recordar a todas las tribus que habitaban Canaán que obedecían al Señor. Todos, felices, se fueron a vivir a sus tierras. Dios, después de todo, había cumplido la promesa hecha a Jacob muchos años antes: había conducido a los descendientes de Abrahán a la tierra prometida, una tierra fértil donde había miel y leche. Tarde o temprano, ¡Dios recompensa a las personas buenas!

Es hora de renovar el pacto con el pueblo

27 de marzo

El pueblo estaba ahora dividido, pues cada tribu de Israel tenía sus tierras. Cuando Josué era muy viejo, mandó llamar a todos los líderes y responsables: quería hablarles antes de morir. "Hoy es el día para que tomen una decisión: si prefieren servir a los dioses falsos, que sus padres adoraban, o a cualquier otro dios. Les digo que yo, Josué, y mi familia, serviremos a Dios", enfatizó, antes de continuar su discurso: "Si quieren servir a Dios, entonces deben dejar de lado todos los dioses extraños y obedecer de corazón a Dios". Ese día, Josué hizo un pacto con el pueblo y escribió todo en el Libro de la Ley de Dios. Tomó una gran piedra y la colocó bajo un roble cerca del templo del Señor. Y Josué dijo al pueblo: "¡Esta piedra servirá de testigo! Todas las palabras pronunciadas aquí son promesas que deben permanecer para siempre. ¡Esta piedra es testigo de esto!". No mucho después, Josué murió, a la edad de ciento diez años. Fue enterrado en las tierras de su herencia, en el monte Efraín. ¡Las personas que tienen un líder fiel a Dios siempre logran paz y tranquilidad!

El cruce del Jordán

Poco a poco, la generación de Josué fue muriendo. Los hijos y nietos del pueblo de Israel ocuparon su lugar. Vivían en la tierra prometida, pero no habían pasado por todo lo que sus padres habían pasado, y los mandamientos y las leyes de Dios pronto fueron olvidados. El pueblo de Israel comenzó a adquirir hábitos y costumbres de gente sin fe en Dios. Pronto, además de sus hábitos, estaban adorando y sirviendo a diferentes dioses. Eso entristeció al Señor. Muchas de esas personas que adoraban a dioses extraños realizaban rituales en los que sacrificaban incluso a sus propios hijos para complacer a sus dioses. El pueblo de Dios empezó a seguir el mismo camino, y olvidaron el pacto hecho con el Señor. Dios estaba molesto con el pueblo de Israel. Como una lección, dejó que los israelitas fueran derrotados por sus enemigos. Entonces, El Señor Dios decidió proveer jueces para que guiaran a la gente y no cometiera tantos errores. Pero cada vez que un juez moría, pronto el pueblo se corrompía de nuevo, y así fue durante algún tiempo. En total, Dios envió quince líderes diferentes para guiar a la gente en los caminos de Dios. Estos hombres eran los jueces del pueblo de Israel. Dios, a través de esos hombres, mostró a la gente cuánto estaban pecando y que debían volver a las leyes del Señor.

Un libertador: Otoniel

El pueblo estaba actuando de la peor manera ante el Señor. Se habían olvidado totalmente de Dios y de los pactos hechos, y estaban decididos a servir a otros dioses. Entristecido, Dios permitió que el pueblo de Israel sufriera las consecuencias, teniendo que servir al rey de Siria, llamado Cusan-Risataim, durante ocho años. Solo entonces recordaron a Dios. Fueron oprimidos y otros pueblos los dominaron, convirtiéndolos en simples siervos. Un día, se acordaron del Señor y clamaron a Dios, y el Señor trajo un libertador. Se llamaba Otoniel. El espíritu del Señor estaba con Otoniel, que dirigió al pueblo israelí y durante cuarenta años hubo paz en Israel. Pero cuando Otoniel falleció, los israelitas volvieron a vivir bajo malas costumbres, volvieron a desobedecer a Dios y a hacer el mal. No pasó mucho tiempo antes de que Eglón, rey de Moab, les hiciera la vida muy difícil. Solo cuando todo salió mal, el pueblo de Israel se acordó de rezar a Dios. Rezaron para que Dios tuviera compasión de ellos, y el Señor les concedió su petición. Así se mantuvo durante años y años. Otros jueces fueron provistos por Dios siempre que el pueblo se dirigió a Él para pedirle ayuda. ¡Dios nunca deja de responder a las oraciones cuando se hacen con fe!

Débora, jueza en Israel

Los hijos de Israel estaban bajo el dominio del rey Jabín, que reinaba en Hazor. Era un rey poderoso y tenía un fuerte ejército, cuyo comandante era el capitán Sísara. Durante veinte años, el Rey Jabín oprimió a los hijos de Israel con gran violencia. En ese momento, Dios había hecho de Débora una profetisa y una jueza del pueblo. Débora se sentó en las montañas de Efraín, bajo la sombra de las palmeras, y todo el mundo la buscaba para que pudiera intervenir en los asuntos problemáticos, pues Dios estaba con ella. Un día, mandó llamar a Barak, y le dijo: "Barak, debes liderar diez mil hombres y luchar contra Sísara, que tiene un poderoso ejército. Pero seremos vencedores". "Si tú vas, Débora, yo iré", propuso Barak. "Por supuesto, Barak, puedes contar conmigo. Pero el honor de derrotar al enemigo se lo dará el Señor a una mujer", respondió ella. Barak convocó a hombres de otras tribus de Israel y, con unos diez mil, entró en batalla. Débora se fue con ellos. El ejército de Sísara fue derrotado, aunque era poderoso. Nadie se salvó, porque Barak persiguió al ejército hasta que no quedó ni un solo hombre, pero Sísara se las arregló para escapar a pie. Al alejarse, casi sin aliento ya, vio una tienda y una mujer. "Entre, mi señor, y no se preocupe", dijo la mujer, Jael. Sísara pidió agua, ella le dio leche y lo cubrió con una manta. Sísara también le pidió que no le dijera a nadie que estaba allí. Luego se durmió por el cansancio extremo. Por su parte, Barak estaba buscando al capitán huido. De repente, vio que Jael se acercaba a él, y ella le dijo: "Ven, te mostraré al hombre que estás buscando". Y así, Dios liberó a su pueblo del rey Jabín y de Sísara, el violento capitán del ejército.

Un ángel le habla a Gedeón

Durante siete años, los madianitas destruyeron las plantaciones de Israel. Los hijos de Israel habían pecado, y por lo tanto, estaban siendo castigados. Esa era la voluntad de Dios. El pueblo se escondió en cuevas en las montañas para protegerse, pero no sirvió de nada. Los madianitas vinieron en gran número y destruyeron todo: plantaciones, tiendas, bueyes, ovejas y asnos. Así, el pueblo israelí se volvió pobre y hambriento, pues todo lo que siempre habían tenido quedó destruido. Cuando el pueblo no pudo soportar más esta situación, clamaron al Señor para que los liberara de los madianitas. Entonces, el ángel del Señor se le apareció a Gedeón mientras aplastaba el trigo. "¡Gedeón! El Señor está a tu lado. Eres un hombre de valor", dijo el ángel. Gedeón, temeroso, respondió:

"Si Dios nos acompaña, ¿por qué esta desgracia está sobre nosotros?". "El Señor quiere que liberes al pueblo de Israel del dominio de los madianitas", respondió el ángel. "Pero, ¿cómo puedo salvar a Israel? Mi familia y yo somos pobres. Soy el más joven de la casa", argumentó Gedeón, preocupado. Pero el ángel le dijo a Gedeón que vencería a los madianitas, pues Dios estaría con él y la victoria en la batalla era segura.

Gedeón quiere una prueba

Aunque sabía que las palabras del ángel eran verdaderas, Gedeón quería confirmarlo. Quería una señal como prueba. Le pidió al ángel que no se fuera, porque volvería con un regalo. "¡Esperaré hasta que vuelvas, Gedeón!", dijo el ángel en voz baja. Gedeón se apresuró y fue a preparar un cabrito y pan ácimo. Puso la carne en una cesta y la salsa en una olla. Regresó al roble donde estaba el ángel y le ofreció la comida. "Gedeón, pon la carne y el pan en esta piedra y vierte la salsa sobre ellos". Esto hizo el joven, y se maravilló al ver que la carne y el pan se horneaban completamente sobre la roca. Al subir la mirada, el ángel se había ido. Aquella era la señal de Dios. El Señor le habló a Gedeón esa noche: "Ve y toma

el buey de siete años de tu padre, derriba el altar de Baal y corta el bosque que lo rodea". Muy obediente, Gedeón hizo exactamente lo que Dios le ordenó. Cuando se levantaron al día siguiente, los habitantes de la ciudad vieron que alguien había derribado el altar de Baal y también había cortado el bosque cercano a él. Pronto descubrieron que Gedeón había sido el responsable, y fueron a hablar con su padre. "Joás, tu hijo Gedeón debe ser castigado. Fue él quien derribó el altar", dijeron enojados. Pero Joás defendió a su hijo, diciendo: "Si Baal es un verdadero dios, que se defienda, porque su altar ha sido derribado".

El ejército de Gedeón y los madianitas

Gedeón se levantó al amanecer y con él fue todo el pueblo. Acamparon cerca de la fuente de Harod. Era un ejército muy grande el que estaba con Gedeón, pero Dios sabía que, si ganaban la batalla contra los madianitas, el pueblo de Israel terminaría jactándose. Dirían que habían ganado por el gran número de soldados. El Señor quería mostrarles, una vez más, que si ganaban era por su voluntad. Gedeón, a petición de Dios, dijo al pueblo: "Quienquiera de ustedes que sea un temeroso y cobarde para pelear, que vuelva a casa ahora". Se regresaron veintidós mil, solo quedaron diez mil del pueblo. Pero Dios pensaba que, incluso así, quedaba mucha gente. Hizo otra selección y, finalmente, quedaron trescientos hombres para acompañar a Gedeón. ¡Solo ese pequeño grupo lucharía contra los madianitas! Dividió a los trescientos hombres en tres grupos, y le dio a cada hombre un cuerno y un cántaro vacío con una antorcha encendida en su interior. Además, Gedeón explicó cómo sería su estrategia de ataque. "Cuando yo toque el cuerno, ustedes también deben tocar el cuerno, tirar las jarras al suelo y gritar: «¡Por el Señor y por Gedeón!»", ordenó. Así se hizo. Los madianitas estaban aterrorizados: pensaron que sus contrincantes eran un gran ejército y salieron corriendo y gritando. De esa manera, fueron derrotados por Gedeón. La verdadera fuerza del hombre no está en su cuerpo, sino en su fe.

Jefté libera a los israelitas

Después de algún tiempo, el pueblo de Amón vino a luchar contra Israel por la tierra. Había un hombre, Jefté, que había sido apartado de su familia durante mucho tiempo por ser un hijo ilegítimo, así que se había ido a vivir a un lugar lejano. Pero cuando la guerra estaba a punto de comenzar entre Israel y Amón, los hermanos de Jefté, que ya eran mayores, fueron a buscarlo, porque era un valiente guerrero. "¡Me echaron de la casa de mi padre! Ahora que están en problemas me buscan, ¿no es así?", les dijo Jefté, indignado. "Si dirijo el ejército y derroto a los amonitas, ¿me harán jefe sobre todos los habitantes de Galaad?", preguntó. Los hermanos le dijeron a Jefté que Dios era testigo de aquello y que, si la victoria sobre los amonitas se llevaba a cabo, ellos cumplirían la promesa. Jefté estaba decidido a vencer a sus enemigos. Prometió a Dios que, si salía victorioso, sacrificaría la primera criatura que viera salir de su casa y venir a su encuentro después de la guerra. Dios le dio la victoria a Jefté: los amonitas fueron completamente derrotados. Pero cuando Jefté regresaba a casa, su única hija salió a recibirlo. Cuando la vio, recordó lo que había prometido a Dios y sintió una profunda tristeza. Con gran dolor, Jefté le contó a su hija lo que le había prometido a Dios. Tuvo que cumplir su palabra, y así perdió lo más preciado para él: su hija. Jefté debía saber que las promesas hechas a Dios deben ser cuidadosas y bien pensadas, pues todas ellas deben ser cumplidas con alegría y bondad. ¡Prometer algo que trae tristeza no es un signo de amor!

El nacimiento de Sansón

Habían pasado muchos años, y los israelitas volvían a cometer errores y a hacer cosas que desagradaban profundamente a Dios, así que Dios permitió que los filisteos los dominaran durante cuarenta años. Sin embargo, había un hombre llamado Manoa que tenía una buena esposa. El ángel del Señor se le apareció un día y le dijo: "Pronto tendrás un hijo. No bebas vino ni ninguna bebida fuerte. Este chico será un líder". La esposa de Manoa, sin saber que quien le hablaba era un ángel, le contó a su esposo todo lo que el hombre extraño había dicho: que tendrían un hijo y que aquel hijo liberaría a Israel del dominio de los filisteos. Además, el desconocido le había dicho que nunca debía cortarle el pelo al muchacho, porque estaría consagrado a Dios desde su concepción. Manoa rezó a Dios para que el hombre apareciera de nuevo, pues quería saber qué debían hacer con el niño que iba a nacer. Dios escuchó la oración de Manoa, y el extraño hombre apareció de nuevo ante la mujer cuando ella estaba en el campo, pero Manoa no estaba con ella en ese momento. Luego corrió hacia su esposo y dijo, jadeando: "Ese hombre extraño apareció de nuevo. Le pregunté si me había hablado la otra vez, y me lo confirmó". El ángel del Señor les instruyó a ambos, especialmente a la mujer, que no bebieran vino o bebidas fuertes y que no comieran ciertos tipos de comida. Manoa y su esposa prepararon comida especial para el extraño visitante, pero él se negó y les ordenó que se la ofrecieran a Dios. Manoa tampoco sabía que el hombre era un ángel del Señor. Tomó un poco de comida, la puso en una roca y la ofreció al Señor. La llama del altar se elevó repentinamente al cielo, y el ángel se elevó en la llama. En ese momento, él y su esposa entendieron que era un ángel del Señor. Asustado, Manoa pensó que moriría. Pero su sabia esposa lo calmó: "No te preocupes, Dios aceptó nuestra ofrenda, y nos mostró todo esto". Cuando llegó el momento, tuvo un hijo y lo llamó Sansón. El niño creció día a día, y Dios lo bendijo de manera especial. Era un niño consagrado al Señor. Todas las personas son elegidas por Dios, si no lo fueran, no habrían nacido. ¡La única diferencia es que algunos están siempre cerca del Padre!

Sansón es fuerte

Pronto, Sansón se convirtió en un hombre adulto y quiso casarse. Un día fue a la ciudad y vio a una chica hermosa. Era una hija de filisteos, un pueblo que durante mucho tiempo había oprimido a los israelitas. Aun así, quería casarse con ella y le dijo a sus padres: "¡Quiero casarme con una mujer del pueblo filisteo!". Los padres, muy sorprendidos e indignados, no podían aceptar tal idea: el matrimonio de su querido hijo con la hija de sus mayores enemigos, los filisteos. "Hijo mío", le dijeron, "¿no puedes encontrar alguien de nuestro pueblo para casarte?". Pero Sansón no era fácil de convencer: estaba dispuesto a casarse con aquella chica filistea, pues pensaba que era muy hermosa y estaba enamorado de ella. Reafirmó que quería casarse con ella. Un día, Sansón fue con su padre y su madre a la ciudad para pedirle a la chica que se casara con él. En el camino, de repente oyeron un rugido: Sansón vio que era un joven león listo para atacarlo. Pero Dios y su espíritu estaban fuertemente con Sansón. El joven luchó contra la bestia y le ganó muy fácilmente, sin nada en sus manos. Pero sus padres, que iban delante, no vieron nada, y Sansón tampoco les dijo nada sobre el león. Unos días después, Sansón volvió a visitar a su futura esposa y, en el camino, se detuvo donde había matado al león. Vio un enjambre de abejas y también mucha miel dentro de la carcasa del pobre animal. Tomó la miel y siguió caminando y comiendo. También llevó un poco a sus padres, pero no comentó de dónde la había sacado. Dios da a todos la fuerza para vivir. ¡Usar esa fuerza es nuestro trabajo!

El rompecabezas de Sansón

Como era costumbre en aquella época, cuando un joven se casaba se celebraba una fiesta. Sansón invitó a una treintena de amigos a celebrar con él. "Les diré un acertijo. En caso de que descubran la farsa durante estos siete días de celebración, les daré muchos regalos. Pero, si no descifran el misterio, será lo contrario: tendrán que darme regalos ustedes", les dijo Sansón, emocionado. "Bueno, el enigma es este: del devorador salió comida y del fuerte salió dulzura" Los amigos fueron a hablar con la nueva esposa de Sansón, y le dijeron: "Averigua cuál es la respuesta a este acertijo". Solo se fueron después de hacer serias amenazas a la chica, pues querían que se comprometiera a descubrir la farsa. La joven lloraba todos los días ante Sansón, rogándole que le dijera la respuesta al enigma. "No se lo dije ni a mi padre ni a mi madre. ¿Crees que te lo diría?", le respondía Sansón con firmeza. Pero ella siguió llorando y suplicando. El séptimo día, Sansón, ya muy cansado de escuchar los lamentos de su esposa, le dijo la respuesta. Sin perder tiempo, la chica fue directamente a decirles a los hombres. El día que Sansón le preguntó a sus amigos, descubrió, sorprendido, que había sido engañado, pues dieron la respuesta correcta: "¿Qué hay más dulce que la miel y más fuerte que un león?". Sansón cumplió su promesa a sus amigos y, extremadamente enojado, regresó a la casa de sus padres. Pero, primero, dejó a su esposa en la casa de los padres de ella. ¡La falta de lealtad es lo que separa a la gente!

Trescientos zorros

7 de abril

Después de algún tiempo, Sansón decidió visitar a su esposa de nuevo. Cuando llegó, el padre de la chica le prohibió a Sansón entrar en su habitación. "Sansón, creí que habías abandonado a tu mujer", dijo el filisteo, "¿qué tal si te doy a la más joven para que te cases con ella? ¡Es incluso más bonita que su hermana!". Pero a Sansón no le gustó la propuesta: no podía aceptar el matrimonio sin amor. Estaba muy disgustado, porque los filisteos le habían engañado y ahora también le habían quitado a su mujer. Un día, Sansón tomó trescientos zorros, los ató por las colas, de dos en dos, y colocó una antorcha con fuego entre el nudo hecho con las colas. Los dejó sueltos en medio de las cosechas de los filisteos, y pronto todas las plantaciones se quemaron. La venganza no es una cosa amable de hacer. Pero Sansón había actuado sin pensar, para dar una lección a los filisteos. Esto desencadenó muchas peleas entre ellos, en las que Sansón siempre salió victorioso. ¡Las actitudes vengativas siempre llevan a otros problemas!

El secreto de la fuerza de Sansón

8 de abril

Sansón dirigió al pueblo de Israel durante veinte años, mientras que los filisteos todavía dominaban todo. Desafortunadamente, se enamoró de nuevo de una mujer equivocada. El nombre de la chica era Dalila, y Sansón se había enamorado locamente de ella. Los príncipes de los filisteos fueron a hablar con ella: "Dalila, queremos que descubras cuál es el secreto de la fuerza de Sansón. También averigua cómo podemos acabar con él. Si descubres esto, cada uno de nosotros te dará mil cien piezas de plata". Dalila aceptó la oferta, y pronto comenzó a poner en práctica su plan. Sabía que Sansón la amaba y que no sería tan difícil convencerlo de que le contara el secreto de su gran fuerza. "Sansón, querido, dime de dónde viene esa gran fuerza tuya. ¿Cómo podría alguien atar a un hombre tan fuerte como tú? ¡Dímelo, por favor!". Sansón le dijo que si le ataban con siete cinturones de mimbre fresco, perdería su fuerza y sería un hombre ordinario. Por la noche, mientras Sansón dormía, lo ataron tal como le había dicho a Dalila. Ella le gritó: "¡Los filisteos están aquí!", esperando que hubieran logrado mermar su fuerza. Sansón, asustado, se puso de pie, rompiendo los cinturones de mimbre con tanta facilidad que Dalila le dijo, indignada: "¡Te estás burlando de mí! ¡Eres un mentiroso, Sansón! ¡Quiero saber ahora cómo se puede acabar con tu fuerza!". Él le respondió que si tomaban cuerdas nuevas, nunca usadas, y lo ataban con ellas, perdería su fuerza. Pero nuevamente la fuerza de Sansón llegó cuando trataron de atarlo, y los filisteos no pudieron atraparlo. No son los músculos los que dan fuerza a un hombre, ¡es el pensamiento en Dios!

El punto débil de Sansón

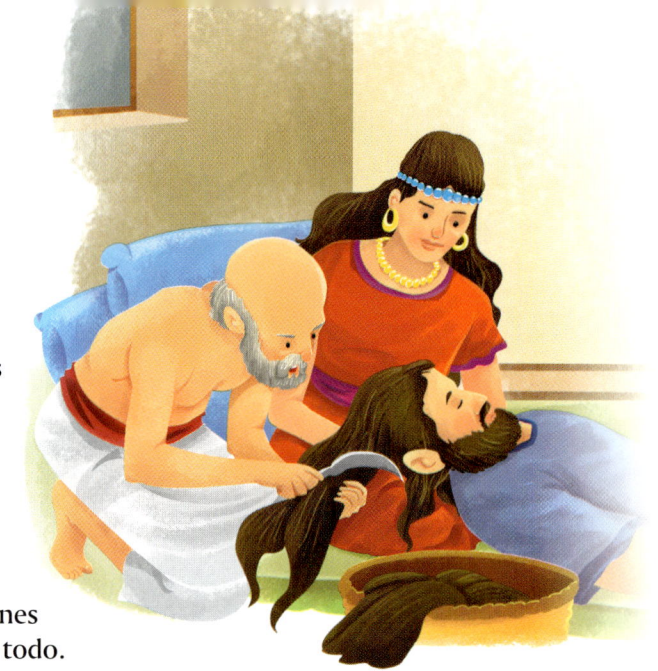

Cada vez que Dalila le preguntaba a Sansón, él inventaba algo y no le contaba el verdadero secreto de su fuerza. Dalila ya estaba irritada hasta los extremos cuando decidió arriesgarlo todo, y le dijo: "¿Cómo puedes tener el coraje de decir que me amas si no eres honesto conmigo? ¡Ya me has engañado tres veces! Seguramente el amor que dices tener por mí también es una mentira". Durante unos días Dalila insistió con el tema, molestando a Sansón hasta que este decidió contarle: "Bueno, nunca me han cortado el pelo, porque estoy consagrado a Dios (en aquel tiempo los consagrados no podían cortarse el pelo durante cierto tiempo) desde que fui concebido. ¡Si me cortan el pelo, perderé toda mi fuerza!". Dalila, satisfecha con su descubrimiento, mandó llamar a los príncipes filisteos, quienes la escucharon y le dieron el dinero prometido. Dalila les contó todo. Aquella noche, cuando Sansón se durmió, ella llamó a un hombre que cortó las siete trenzas de su cabello. Luego le dijo, triunfante: "¡Despierta, los filisteos están aquí para atraparte!". Pero esta vez Sansón ya no tenía la fuerza de Dios: los filisteos lo arrestaron y lo llevaron a Gaza. ¡La deslealtad derrota cualquier amistad! ¡Derrota a cualquiera!

Sansón en el templo de Dagón

Atrapado en Gaza, Sansón se convirtió en un pobre prisionero. Atado con cadenas de bronce, caminaba en círculos dentro de la prisión. Su pelo volvió a crecer, y pronto volvió a lucir como antes de ser afeitado. Pero los verdugos habían dejado ciego al fiel Sansón. Un día, los príncipes de los filisteos se reunieron para ofrecer un gran sacrificio al dios Dagón. Durante la ceremonia, burlándose, dijeron en voz alta que su dios había derrotado a Sansón, un hombre israelita. Todos los filisteos decían lo mismo: "Es verdad, nuestro dios Dagón ha vencido al enemigo de nuestro pueblo, ha vencido a Sansón. ¡Miren su estado ahora!". Y celebraban comiendo, bebiendo y bailando para Dagón. Los filisteos, muy borrachos, pidieron traer a Sansón

para burlarse de él delante de todos. Sansón, con su barba y su larga cabellera, le dijo al muchacho que lo guiaba: "Llévame a las columnas. Quiero sentirlas y sentir lo que está sosteniendo este templo del falso dios. Quiero apoyarme en ellas". El templo estaba lleno de hombres, mujeres y príncipes filisteos. Todos se burlaban de Sansón, y él oró: "¡Oh, Dios de Israel, te suplico por última vez que pueda tener de nuevo gran fuerza y así castigar a estos filisteos que me han dejado ciego!". Dios escuchó su oración y le dio la fuerza, así que Sansón se paró entre dos pilares y comenzó a empujarlos. Uno a cada lado, con los brazos abiertos. Puso toda la fuerza que pudo en ese momento, y dijo en voz alta: "Yo moriré, pero los filisteos morirán conmigo". El templo se derrumbó sobre todo el pueblo. Los hermanos de Sansón lo enterraron con pena. Hay personas que, con un amor extremo a Dios y al prójimo, sacrifican sus vidas en beneficio de los demás.

Rut y Noemí
11 de abril

Hubo años de mucha hambre. La comida era escasa, y muchos tuvieron que trasladarse a otros lugares para no morir. Un hombre de Belén dejó su tierra y se fue a los campos de Moab. Se llamaba Elimelec, y su esposa se llamaba Noemí. La pareja tenía dos hijos. Pasó un tiempo y Noemí quedó viuda: Elimelec falleció y la dejó con sus dos hijos. Pronto, los dos hijos se casaron con mujeres de esa región: una se llamaba Rut, y la otra Orpah. Vivieron allí durante diez años cuando, de repente, sus dos hijos también murieron. Noemí se quedó sin marido y sin sus dos hijos. Entristecida por la pérdida de su familia, se enteró de que durante el tiempo que habían vivido allí, Dios había bendecido su patria otra vez, para que no hubiera más hambre allí. Así que, un día, Noemí se levantó y dijo a sus nueras: "Escuchen, hijas mías, me devuelvo a mi pueblo. No hay nada aquí que me retenga. Deben volver a la casa de

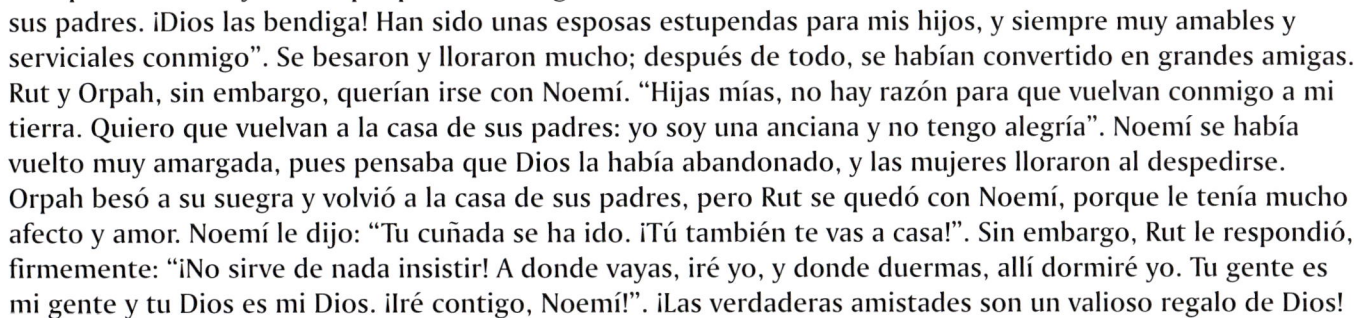

sus padres. ¡Dios las bendiga! Han sido unas esposas estupendas para mis hijos, y siempre muy amables y serviciales conmigo". Se besaron y lloraron mucho; después de todo, se habían convertido en grandes amigas. Rut y Orpah, sin embargo, querían irse con Noemí. "Hijas mías, no hay razón para que vuelvan conmigo a mi tierra. Quiero que vuelvan a la casa de sus padres: yo soy una anciana y no tengo alegría". Noemí se había vuelto muy amargada, pues pensaba que Dios la había abandonado, y las mujeres lloraron al despedirse. Orpah besó a su suegra y volvió a la casa de sus padres, pero Rut se quedó con Noemí, porque le tenía mucho afecto y amor. Noemí le dijo: "Tu cuñada se ha ido. ¡Tú también te vas a casa!". Sin embargo, Rut le respondió, firmemente: "¡No sirve de nada insistir! A donde vayas, iré yo, y donde duermas, allí dormiré yo. Tu gente es mi gente y tu Dios es mi Dios. ¡Iré contigo, Noemí!". ¡Las verdaderas amistades son un valioso regalo de Dios!

Rut recoge espigas en el campo de Booz
12 de abril

Rut regresó con Noemí a Belén, justo en el momento de la cosecha de cebada. Ambas estaban indefensas y no tenían nada que comer, así que Rut le dijo a su suegra: "Iré a los campos y recogeré las espigas de quien me permita hacerlo. Tal vez alguien tenga compasión y me deje escoger algunas". "Ve, mi niña", le respondió Noemí. Rut fue a un campo donde trabajaban varias personas, y allí solo recogió lo que caía de las manos de los cosechadores. Por casualidad, estaba en la tierra de Booz, un pariente del marido de Noemí. Booz era un hombre valiente y poderoso. "¿Quién es esa mujer que está recogiendo las espigas?", preguntó Booz, muy interesado, a uno de sus empleados. "Esa es la mujer moabita que regresó con Noemí", respondió el jefe de los hombres que estaban cosechando. Booz les pidió que llamaran a Rut, y le dijo: "No vayas a recoger las espigas en ningún otro lugar. ¡Quiero que te quedes aquí, en mi tierra! Ya he ordenado que nadie se meta contigo. Si quieres beber, toma la jarra, y los chicos te sacarán agua". Rut y Booz hablaron mucho, y luego ella se quedó allí hasta la tarde. Cuando regresó con Noemí, Rut le contó todo sobre Booz y lo bien que la había tratado. Noemí, muy contenta, dijo: "Bendito sea, porque es nuestro pariente, y bendito sea el Señor que nos ha bendecido. ¡Dios nunca deja de bendecir a los de corazón generoso!".

Booz y Rut se casan

13 de abril

La temporada de la cosecha estaba terminando, y la gente solía celebrar con una fiesta. Noemí, como ya era vieja, quería que su nuera pudiera rehacer su vida. "Rut, esta noche habrá una fiesta para celebrar la cosecha de Booz, mi pariente. Vístete, ponte un vestido bonito, ve allí y no dejes que te vea hasta que hayas terminado de comer y beber. Cuando Booz se acueste, tú irás al lugar donde él se acuesta y dormirás a sus pies, en señal de quien pide protección". En aquellos días, era costumbre que una mujer viuda pidiera protección a un pariente varón. Rut respondió: "¡Haré todo lo que digas, Noemí!", así que fue a la fiesta e hizo todo como su suegra había dicho, y se acostó a los pies de Booz por la noche. Cuando este se despertó, cerca de la medianoche, vio a la mujer que dormía allí en un pequeño rincón y preguntó, preocupado: "¡Eh, despierta! ¿Quién eres?". Rut respondió inmediatamente: "Soy Rut, tu sierva. ¡Me gustaría que me protegieras!". Booz sabía lo que significaban aquellas palabras, según la tradición: entendió que debía proteger la vida de Rut, y pensó en casarse con ella. ¡Y hasta le gustó la idea! "Eres realmente una mujer del Señor, y tengo muchas ganas de casarme contigo. Has demostrado que eres una mujer de valor, pues no fuiste a buscar a un hombre rico en este pueblo. Quiero que seas mi esposa y que todo mi pueblo sepa que eres una mujer virtuosa", le dijo Booz, muy feliz. Así que Rut y Booz se casaron, y tuvieron un niño. Noemí ayudó a criar al hijo de Rut y Booz, que se llamaba Obedé. Muchos, muchos años después, nació un bisnieto de Rut y Booz. Lo llamaron David.

Ana pide a Dios un hijo

14 de abril

Había un hombre llamado Elcana que tenía dos esposas: una se llamaba Penina, y la otra, Ana. Penina le dio hijos a Elcana, pero Ana no podía tener hijos. Cada año, Elcana, sus dos esposas y sus hijos viajaban a Silo para adorar y ofrecer sacrificios al Señor. Un año, cuando Elcana ofreció sacrificios al Señor, dio regalos a

Penina, a sus hijos y a sus hijas. Sin embargo, le dio regalos mucho más valiosos a Ana, pues la amaba con todo su corazón, aunque ella no pudiera darle hijos. Un día, Penina se burló con crueldad de Ana por su incapacidad de procrear. Ana, llorando mucho, se retiró de allí. Buscó un rincón para estar sola y meditar sobre su vida. Elcana, muy preocupada, encontró a Ana y le preguntó: "Amor mío, ¿por qué lloras así? ¿No he sido un buen marido para ti?". Ana se levantó y fue, con su alma triste, a rezar a Dios. Lloró sin parar e hizo una promesa: "¡Señor de los cielos! Si miras con compasión a esta pobre y afligida sierva, si te acuerdas de mí y me das un hijo varón, te daré este hijo para que pueda servir al Señor todos los días". ¡Cada oración hecha con mucha fe es contestada por el Señor Dios!

El nacimiento de Samuel

15 de abril

Mientras Ana, amargada, suplicaba a Dios, el sacerdote Elí la observaba durante mucho tiempo. Ella oró mucho en su corazón, pero no pronunció ni una palabra que pudiera ser escuchada. El sacerdote, intrigado, pensó que estaba borracha. "¿Estás borracha? Aléjate del vino", le dijo cariñosamente. "No, mi señor, no estoy borracha. Solo soy una mujer con un corazón angustiado. Estoy aquí poniendo todo en manos de Dios y contándole todo mi sufrimiento", respondió ella. Elí pidió que Ana fuera a su casa, y deseó que Dios atendiera lo que su corazón deseaba. Dios, en su infinita misericordia, respondió a la oración de aquella mujer sincera: se quedó embarazada, luego dio a luz a un niño y lo llamó Samuel. Para Ana, el nombre Samuel significaba que su petición había sido respondida por el Señor. Elcana y el resto de la familia siguieron yendo a Silo, pero Ana y el bebé no fueron durante unos años. "Cuando Samuel sea un poco mayor, lo llevaré a la casa del Señor y allí se quedará a servir a Dios", explicó Ana a su marido. ¡La gratitud a Dios nunca debe ser olvidada!

Ana va al templo y canta en agradecimiento

16 de abril

Cuando Samuel fue un poco mayor, Ana lo llevó al templo de Silo. También se llevó tres terneros, una buena cantidad de harina y una botella de vino. Allí encontró a Elí, el sacerdote que le había hablado unos años antes. "Ah, mi señor, soy esa mujer que estaba aquí para rezar al Señor. Le estaba pidiendo a Dios un hijo. Aquí está. El

Señor Dios respondió a mi oración. Le prometí a Dios que si tenía un hijo, lo entregaría y serviría en el templo de Dios", explicó Ana. La amable mujer, muy agradecida de haber tenido a su hijo, rezó y cantó. Su corazón estaba muy alegre. Elcana y Ana regresaron a su casa en Ramá, pero el niño se quedó sirviendo al Señor al cuidado del sacerdote Elí. El sacerdote tenía dos hijos, pero estos no obedecieron al Señor y afligieron a la familia enormemente. Con el paso del tiempo, Samuel, el hijo de Ana, fue aprendiendo sobre el manejo del templo y ayudó a Elí. Cada año, cuando Elcana y Ana venían al templo, ella traía un nuevo traje para Samuel. Elí bendijo a Elcana y a Ana, pues el sacerdote sabía muy bien lo difícil que era vivir lejos del hijo que tanto amaban. Pero Ana era una mujer de palabra que hizo todo bien, como lo había prometido. Elí oró y pidió a Dios que bendijera a Ana para que pudiera tener más hijos. Y así, Ana tuvo tres niños y dos niñas más. ¡Los hijos son la gran bendición de Dios en la vida de una pareja!

Dios le habla a Samuel

El joven Samuel era cada vez más importante en la vida del templo, y también era importante como ayudante de Elí. El viejo sacerdote ya no tenía una visión clara y perfecta: se estaba quedando ciego y dependía de Samuel para el servicio adecuado en el templo. Una noche, después de ayudar a Elí a acostarse, Samuel también se acostó. Pero antes de que la lámpara del templo se apagara, Dios lo llamó: "¡Samuel!". El joven respondió rápidamente: "¡Estoy aquí, Señor!", y corrió hacia Elí, porque pensó que era él quien le había llamado. "Hijo mío, no te llamé, ¡no! Vete a la cama", respondió el viejo sacerdote. Samuel se fue a su cama y se acostó de nuevo. No tardó mucho y volvió a oír la misma voz llamando: "¡Samuel!". Saltó de la cama, fue rápidamente hacia Elí y le dijo: "Estoy aquí, Elí, ¿por qué me llamaste?". "¡No te llamé! Ve a dormir, ¿quieres?", dijo Elí. Y sucedió que el Señor lo llamó una vez más, y otra vez el joven fue a ver a Elí para averiguar lo que quería. Solo entonces Elí se dio cuenta de que era Dios quien llamaba a Samuel, y le dijo al joven: "Cuando oigas a alguien llamándote, dile: «habla, Señor, porque tu siervo está escuchando»". Así lo hizo Samuel, y Dios le habló. ¡Debemos aprender a escuchar la voz de Dios! ¡Le gusta hablar con la gente!

El Arca de Dios es tomada de Silo

Los filisteos eran todavía enemigos de los israelitas, y otra vez Israel fue a la guerra contra ellos. Los israelitas perdieron el primer enfrentamiento, así que los sobrevivientes volvieron al campamento y preguntaron a los israelitas más viejos y experimentados: "¿Por qué Dios no nos ayudó hoy contra los filisteos?". A lo que los ancianos respondieron: "Traigamos aquí el Arca del Pacto del Señor. Todavía está en Silo. Así nuestros enemigos sabrán que Dios estará de nuestro lado". El pueblo fue a Silo, y trajo el Arca de la Alianza del Señor de los Ejércitos. Los dos hijos de Elí estaban a su lado. Cuando el Arca entró en el campamento israelí, todo el pueblo gritó de alegría. Los gritos se escucharon por todas partes: hasta los filisteos lo escucharon. Sin embargo, la gente estaba desobedeciendo a Dios otra vez por sacar el Arca del templo. Por esa desobediencia, Dios no les ayudó en la batalla.

El arca está tomada

Los filisteos sabían ahora que los israelitas habían llevado el arca al centro de su campamento, y tenían miedo. "¡Estamos perdidos! Trajeron al mismo Dios para asegurar la victoria. ¿Quién nos librará de este poderoso Dios? El Dios de estos israelitas ya ha dado amargas lecciones al pueblo de Egipto. Imagina lo que nos hará a nosotros", temían. Aun así, decidieron reunir todas sus fuerzas y luchar como nunca antes. La batalla fue una masacre, y muchos hombres de Israel perdieron sus vidas. Los filisteos, además, se llevaron el Arca de Dios. Un mensajero fue a Silo para anunciar a todos los habitantes de la ciudad que habían sido derrotados en la batalla, y que el arca había sido tomada por los filisteos. El mensajero también fue a ver a Elí, que ya tenía noventa y ocho años, estaba prácticamente ciego y temeroso por el arca. El mensajero le dijo: "El ejército de Israel fue derrotado, y los que quedaron huyeron de los filisteos. Pero lo peor es que se llevaron el Arca de Dios. Y también le quitaron la vida a sus dos hijos". Elí estaba devastado. ¡Eso no podía haber pasado! Estaba tan deprimido por la noticia que, al llevar tanta tristeza en su corazón, se cayó de su silla, se rompió el cuello en la caída y murió. Elí había sido un juez en Israel por cuarenta años.

El Arca de Dios regresa a Israel

Los filisteos tomaron el Arca de Dios y la colocaron en su ciudad dentro del templo de su dios, al lado de la imagen del dios Dagón. Se levantaban temprano en la mañana para adorar la imagen de su dios, pero, cuando llegaron al templo, vieron la imagen caída al suelo delante del arca. Los filisteos no sabían por qué había sucedido esto y volvieron a ponerla en su sitio. Al día siguiente la encontraron caída de nuevo, solo que ahora le habían cortado las manos y la cabeza: solo quedaba el tronco entero. Asustados y sin saber qué hacer, no querían que el arca se quedara entre ellos un día más. "Ya no queremos el Arca del Dios de Israel aquí. Este Dios nos está amenazando a nosotros y a nuestro dios Dagón", dijeron, así que se llevaron el arca a Gath. Pero también había problemas allí. Entonces la enviaron a Ecrom, pero la gente de allí no la quería entre ellos, pues sabían que vendrían problemas. "Envíen el arca de vuelta a Israel", dijo el pueblo de Ecrom a los filisteos, y estos decidieron devolverlo en un carro tirado por dos vacas. Comentaron entre ellos que, si las vacas iban solas hacia las tierras de Israel, se confirmaría que todo aquello era obra de Dios. Soltaron el carro, y las vacas fueron solas a llevar el Arca de Dios a Israel.

Los israelitas piden un rey

Así fue como el Arca de Dios volvió a las tierras de Israel y allí permaneció durante veinte años. Samuel comenzó a aconsejar y a juzgar al pueblo de Israel: "Si se arrepienten de todo corazón, si quitan de en medio todos los ídolos y dioses extraños y solo sirven a Dios, entonces el Señor les librará de los filisteos", les decía, sabiamente. Samuel dirigió al pueblo durante muchos, muchos años. Cuando tuvo la edad suficiente, puso a sus dos hijos como jueces sobre Israel. Los dos hermanos, sin embargo, no eran sabios y temerosos de Dios como su padre. Eran codiciosos, aceptaban sobornos e hicieron otras cosas que no le gustaban a Dios. Los ancianos de Israel fueron a hablar con Samuel: "Ya ves, Samuel, eres un hombre viejo, y tus hijos no son hombres buenos como tú. Queremos un rey para Israel, que nos guíe. Así como otras naciones tienen reyes, nosotros también queremos un rey". Samuel oró al Señor, y Él le respondió: "Dale al pueblo lo que quiere. No te están rechazando, Samuel. Me están rechazando a mí. Esta gente no quiere que yo reine sobre ellos. Ya que quieren un rey, un rey tendrán. Pero tendrán que saber que cada rey y su reino tienen ciertas reglas, y se regirán por esas reglas". Samuel advirtió al pueblo sobre lo que significaba tener un rey. Tendrían que obedecer las leyes de ese rey, y si hubiera problemas, no serviría de nada correr clamando a Dios. Habían elegido ese tipo de vida. Dios, entonces, encargó a Samuel que encontrara un rey para los israelitas.

Saúl se encuentra con Samuel

Había un hombre llamado Quis, de la tribu de Benjamín, que tenía un hijo pequeño llamado Saúl. Este joven era tan guapo que no había ninguno más guapo que él. Un día, se perdieron los burros del padre de Saúl y el joven, a petición de su padre, salió a buscar a los animales. Se llevó a uno de sus sirvientes para ayudar en la búsqueda. Caminaron un largo trecho, pasaron muchos caminos pero no había señales de los burros. Saúl le dijo al criado que estaba con él: "Ven, volvamos. Pronto mi padre empezará a preocuparse, no por los burros sino por nosotros, por el retraso". El sirviente que acompañaba a Saúl sabía que un hombre de Dios vivía en esa ciudad, y que todo lo que aquel hombre decía era cierto. "¡Vamos allá, Saúl! Tal vez este sabio pueda decirnos dónde están los burros de tu padre". Más tarde, Saúl y su criado comenzaron a acercarse a la ciudad, y un hombre salió a su encuentro. Ese hombre era Samuel, pero los dos chicos no lo conocían. Un día antes, Dios le había advertido a Samuel que un hombre vendría de la tierra de Benjamín. Samuel iba a ungir a este joven, y él iba a ser el rey de Israel. Samuel, comprensivo, se unió a los dos jóvenes y fue a la ciudad para buscar al sabio. Frente a la casa del sabio, Samuel declaró a Saúl: "Ven, pasa la noche aquí y come conmigo. Por la mañana te irás, y te diré todo lo que quieras saber. No te preocupes por los burros. ¡Sé dónde los encontrarás!". Solo entonces Saúl descubrió que Samuel era el hombre que habían estado buscando.

Samuel proclama al nuevo rey

Al día siguiente, Saúl se levantó muy temprano, se despidió y siguió su camino. Samuel los acompañó durante un buen trecho y, en cierto punto del camino, le dijo a Saúl que enviara a su siervo adelante, porque quería estar a solas con él para transmitirle un mensaje de Dios. "Tú, Saúl, serás el rey de Israel", le dijo. Tomó aceite y lo derramó en la cabeza de Saúl. Samuel le explicó que se encontraría con dos hombres junto a la tumba de Raquel: estos hombres le dirían que habían encontrado los burros de su padre. Además, en su camino a casa se encontraría con otros tres hombres que llevarían comida y vino, y con un grupo de profetas con instrumentos musicales que estarían predicando. Allí, el espíritu del Señor lo llenaría, convirtiendo a Saúl en otro hombre. Exactamente así sucedió: aquello ocurrió para que Saúl no dudara de las palabras de Samuel. Más tarde, Samuel convocó al pueblo y dijo: "Rechazaron a Dios y pidieron un rey para gobernar, así que elegí al joven Saúl, de la tribu de Benjamín", y llamó a todos los que pertenecían a aquella familia a presentarse. Samuel les dijo que no había ningún hombre como Saúl en Israel, pues Dios lo había elegido. El pueblo gritó en voz alta: "¡Viva el rey!", y Samuel declaró al pueblo todas las leyes que existen en un reino, las escribió en un libro, puso todo ante Dios y envió a todos a sus casas, incluyendo a Saúl. ¡Todo en la vida sucede de acuerdo a la voluntad de Dios!

Saúl vence a los amonitas

Nahas, un hombre malvado, ordenó a los amonitas que rodearan la ciudad de Jabes de Galaad. Temerosos, los residentes de la ciudad querían llegar a un acuerdo de paz con Nahas, pero este, aprovechando la situación, hizo una propuesta: "Haré una alianza con ustedes si me dejan arrancar el ojo derecho de cada habitante de esta ciudad, para mostrarle a Israel que soy poderoso". Los ancianos de Jabes de Galaad pidieron a los amonitas que les dieran siete días antes de cumplir aquello. Querían pedir ayuda, enviando mensajeros a todas las tierras de Israel. Cuando Saúl regresó un día de los campos, vio que todos sus parientes estaban tristes y llorando, así que al llegar a casa preguntó qué estaba pasando. Le explicaron lo que habían pedido los amonitas, y Saúl se enfadó mucho cuando se enteró. Pidió a Dios que lo iluminara y lo guiara. Saúl cortó la carne de un buey en pedazos y los envió al pueblo de Israel, diciendo: "Esto es lo que sucederá con su ganado si no me siguen a mí y a Samuel". La gente temió, y todos se unieron para formar un gran ejército israelí, que Saúl dividió en tres grupos. Al amanecer, atacó a los amonitas y salió victorioso. Así, el pueblo proclamó a Saúl su rey también en la ciudad de Gilgal. Al igual que Nahas, que quería cegar a la gente bajo su poder, muchos gobernantes quieren hacer lo mismo. ¡Debemos de tener los ojos bien abiertos para no dejar que gente tan mala gobierne! ¡Gente como esa ni siquiera piensa en Dios!

Saúl no le gusta a Dios

Pero, como todo rey que llega al poder rápidamente, el reinado y sus ventajas estaban tomando espacio en el corazón de Saúl, y empezó a actuar por su cuenta. Le gustaba tener ventajas sobre todo y también era muy orgulloso. En el segundo año de su reinado sucedió que Jonatán, su hijo, logró derrotar a algunos filisteos que se encontraban en una región cercana. Saúl pronto comenzó a jactarse de la victoria de su hijo, e hizo que se tocara la trompeta de la victoria en todas partes. Los filisteos, furiosos, se reunieron de nuevo, ahora en gran número, y lograron construir un gran y poderoso ejército. Cuando los israelitas vieron que estaban en problemas, se escondieron donde pudieron: en las cuevas, entre las espinas, en los acantilados, en las fortificaciones y en las fosas. Saúl no debía tomar ninguna decisión sin consultar a Samuel, pues Dios hablaría a través de Samuel y le daría el mensaje al rey Saúl. El rey esperó siete días, pero como Samuel no vino y el pueblo estaba preocupado, decidió ofrecer un sacrificio a Dios por su cuenta. Cuando Saúl terminaba de ofrecer el sacrificio, llegó Samuel, que le dijo: "¡Has hecho muy mal! Fuiste muy tonto. Dios iba a darte el reino de Israel para siempre, pero ahora tu reinado no durará mucho tiempo. Dios pondrá otro rey sobre Israel: un rey de su propia elección. Tu hijo Jonatán no reinará en tu lugar". La vanidad y el orgullo son los mayores enemigos de un gobernante.

Un ataque audaz

Aunque tenían pocos hombres, Saúl y Jonatán no se rindieron tan fácilmente. Jonatán tuvo una idea y la ejecutó sin decir una palabra a su padre. Llamó al hombre a cargo de las armas y le dijo: "Vamos, pasemos por el campamento de los filisteos". ¡Aquello era demasiado arriesgado! Aun así, el soldado aceptó ir con Jonathan al campamento enemigo. "Ven, vamos a buscarlos. Para el Señor no hay nada imposible", dijo Jonathan confiadamente. "Sí, mi señor. Yo iré con usted", confirmó el leal soldado. Entonces, Jonatán dijo: "Vayamos para allá sin decirles quiénes somos. Si nos dicen: «¡Quieto ahí, tú!», entonces revelaremos nuestra identidad y escaparemos. Pero si ellos dicen: «Ven aquí», entonces iremos, porque el Señor asegurará nuestra victoria". Así sucedió, y Jonatán y su soldado vencieron al ejército enemigo. Hubo un gran terremoto que todo el mundo sintió, y Dios ayudó a los israelitas una vez más. ¡La paciencia de Dios es infinita!

La desobediencia de Saúl

Muchas otras batallas tuvieron lugar en el período en que Saúl era rey. Afortunadamente, en muchas salieron vencedores, porque Dios cuidó de la gente. Sin embargo, Saúl no era un rey muy obediente: no guardaba los mandamientos de Dios. Tenía más interés en sacar provecho de las guerras que en vencer a los que adoraban a otros dioses. Dios le advirtió a Samuel que estaba preparando otro rey para Israel, pues Saúl había estado desobedeciendo durante mucho tiempo. Samuel se encargaría de encontrar y preparar a este nuevo rey. "Me arrepiento de haber hecho rey a Saúl. No obedece mis palabras", dijo

Dios. Samuel, muy triste, se quedó toda la noche rezando al Señor. Al día siguiente, Samuel fue a hablar con Saúl: "¿Crees que agradas a Dios con tus sacrificios? Sería mejor obedecer sus mandamientos, le agradaría mucho más". Pero a Saúl aquello no le importó, pues creyó que su arrepentimiento no sería escuchado, que era demasiado tarde. "Rechazaste la palabra de Dios, y el Señor está triste ahora. Ya no serás más el rey de Israel", le dijo Samuel. En ese momento, Saúl suplicó, reconociendo que había pecado y que le gustaría mucho que Samuel fuera con él a adorar al Señor y a pedir perdón. Pero Saúl siempre se equivocaba y actuaba de una manera que desagradaba a Dios. Un día, Samuel decidió que no quería volver a ver a Saúl. Dios le dijo a Samuel: "¡No sientas lástima por Saúl! Lo rechacé, ¡y sabes muy bien por qué! Ahora toma una novilla, ve a Belén y sacrifícala por mí. Invita a Jesé y a toda su familia al sacrificio que harás. Te haré saber qué hacer después, y a quién ungirás con aceite para ser el nuevo rey". ¡Los malos gobiernos traen consigo la mentira y la falta de amor a Dios!

El nuevo rey es un pastor

El profeta Samuel había recibido las instrucciones del Señor, así que cumplió lo que le habían indicado. Fue a Belén para hacer un sacrificio, invitó a los ancianos de la ciudad y también a Jesé y sus hijos. Cuando Samuel vio a Eliab, uno de los hijos de Jesé, pronto pensó que aquel era el elegido de Dios para ser ungido. Pero Dios advirtió a Samuel, diciendo: "No te preocupes tanto por la apariencia o la altura. El hombre solo ve lo que está delante de sus ojos, pero yo, el Señor Dios, veo el corazón". Uno por uno, los hijos de Jesé pasaron ante Samuel, y al ver a cada uno él pensaba lo mismo: "¡Este no es el hombre que el Señor ha elegido!". Finalmente, Samuel le preguntó a Jesé: "¿Solo tienes estos hijos?". "Bueno, tengo un hijo más joven, que está cuidando las ovejas", respondió Jesé. "¡Envíen por él de inmediato!", ordenó Samuel, entusiasmado. Al rato llegó David, un joven pelirrojo, de rostro guapo y jovial y una destacada presencia. Dios le pidió a Samuel que ungiera a David, pues era el elegido del Señor. Desde ese día, el espíritu del Señor cayó sobre David, quien más tarde sería el rey de Israel. Samuel regresó a Ramá. ¡Dios sabe que el gran valor de las personas está en el corazón y no en la apariencia!

David calma el espíritu malvado de Saúl tocando el arpa

Saúl empeoró cada día más, pues estaba atormentado. Sus sirvientes, al no tolerar verlo de esa manera, se ofrecieron a buscar a alguien que tocara el arpa, y así calmar el espíritu maligno de Saúl. "Muy bien, busquen a un hombre que pueda tocar bien y tráiganlo aquí", consintió Saúl. Uno de sus sirvientes dijo inmediatamente: "Señor, creo que sé dónde puedo encontrar a alguien así. Uno de los hijos de Jesé, llamado David, toca el arpa como nadie. Además, es valiente, vigoroso, prudente en su discurso. Su presencia es siempre alegre, porque el Señor está con él". "¿Qué esperas? Habla con el padre del joven y tráeme a ese David rápidamente", indicó Saúl. Ante tal orden del rey, Jesé estuvo de acuerdo y se propuso enviar un regalo a Saúl a través de su hijo. David iba montado en un burro con una gran carga: pan, vino y un cabrito. Apenas el rey vio a David, el joven le gustó mucho, tanto que lo promovió a su custodia de armas. Siempre que el espíritu de Saúl necesitaba paz, David tocaba su arpa. Las hermosas canciones calmaron al rey, trayendo alivio a su espíritu. El rey Saúl, sin embargo, no podía imaginar que ese joven sería pronto su sustituto.

Goliat desafía al ejército de Israel

De nuevo, los israelíes y los filisteos estaban en guerra. A cada lado de un valle había un ejército. Un día, los filisteos enviaron a uno de sus hombres a hablar con los israelitas. Este hombre era muy alto, y se llamaba Goliat. No había nadie como él: fuerte, alto, un guerrero que daba miedo de solo mirarlo. Goliat llevaba un casco de bronce y una armadura muy pesada. También usaba protectores de bronce sobre sus pies, un escudo entre sus hombros y llevaba una poderosa lanza en su mano. Un poco delante de él caminaba el escudero. Cuando finalmente se acercó al ejército israelí, el gigante Goliat se detuvo y desafió, en tono de burla: "¿Por qué nuestros ejércitos deben ir a la guerra unos contra otros? Elijan a uno de sus hombres para que luche contra mí. Si gana, los filisteos seremos sus sirvientes. ¡Si gano, ustedes serán nuestros sirvientes!". El ejército de Israel tuvo mucho miedo al escuchar aquellas palabras de Goliat, porque él era muy grande y fuerte. El rey Saúl y sus comandantes no tenían a nadie tan poderoso como para luchar contra Goliat, y no podían imaginar que Dios concedería la victoria a Israel. La esperanza nunca debe ser abandonada por los hombres. Con la esperanza y la fe todo se hace posible.

David, un simple pastor

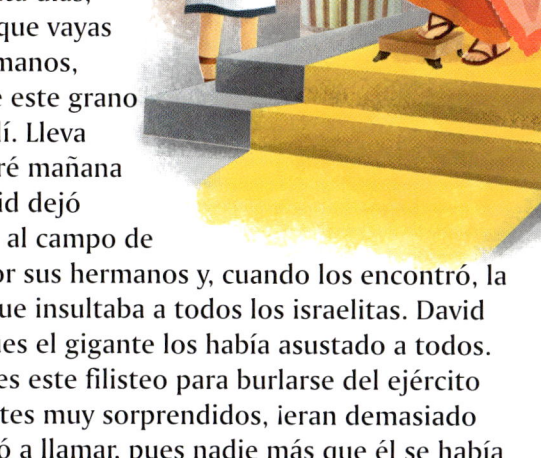

Tan pronto como se difundió la noticia de la guerra entre los filisteos y los israelitas, Jesé envió a sus tres hijos mayores al frente de batalla. David, el más joven de la casa, se quedó para cuidar el rebaño de ovejas de su padre. Había pasado un mes desde que los tres mayores se habían ido, y Jesé comenzó a preocuparse. Quería saber de sus hijos y, pasados cuarenta días, no pudo soportarlo más. Jesé llamó a David, y le dijo: "Hijo, quiero que vayas al campamento de los israelitas. Necesito saber cómo están tus hermanos, estoy muy preocupado. Quiero que les lleves una buena cantidad de este grano tostado y de estos panes, pues seguramente deben tener hambre allí. Lleva estos quesos al capitán de la guardia también". "Sí, padre mío, me iré mañana por la mañana", respondió David. Al día siguiente, al amanecer, David dejó el rebaño de ovejas al cuidado de otro pastor y se fue. Cuando llegó al campo de batalla, escuchó muchos gritos de guerra. Pronto fue a preguntar por sus hermanos y, cuando los encontró, la alegría fue grande. En ese momento también escucharon a Goliat, que insultaba a todos los israelitas. David escuchó las palabras de Goliat y vio a muchos israelitas huyendo, pues el gigante los había asustado a todos. Lleno de valor y de fe en Dios, David preguntó en voz alta: "¿Quién es este filisteo para burlarse del ejército de Dios de esta manera?". Estas palabras dejaron a todos los presentes muy sorprendidos, ¡eran demasiado valientes! Pronto, Saúl se enteró de la presencia de David y lo mandó a llamar, pues nadie más que él se había atrevido a desafiar a Goliat, el gigante filisteo. David parecía no tener miedo alguno, pues quien tiene a Dios en su corazón siempre se siente fuerte y valiente.

David mata al gigante Goliat

Cuando David fue a ver al rey Saúl, le dijo: "No hay razón para temer a este filisteo. Lucharé contra él". Saúl le respondió: "No podrás contra él, ¿has visto su tamaño?". Sin embargo, David se mantuvo firme, diciéndole: "Cuando cuidaba las ovejas de mi padre, los animales salvajes venían a menudo a atacar el rebaño. Luchaba contra ellos, los alejaba y libraba a las ovejas indefensas de una muerte segura. Lo mismo haré con ese arrogante. Lo derrotaré, porque se ha burlado del ejército de Dios. Así como Dios me ayudó contra las fieras, me ayudará a derrotar a este malvado filisteo". Entonces, Saúl le dio a David una armadura para protegerse, pero el joven apenas podía moverse dentro de ella, y terminó quitándosela. Tomó su bastón, escogió cinco piedras del arroyo y las puso en su bolsa de pastor. También se llevó su arco, y se fue a enfrentarse al gigante cara a cara. Cuando Goliat vio a aquel joven, casi se muere de risa. "¿Qué es esto? No soy un perro, para que vengas aquí con palos", le increpó, "daré tu carne a los pájaros y a los animales del campo cuando acabe contigo". Goliat, ya enfadado, empezaba a calentarse. "Tú vienes a luchar conmigo con espada, armadura y escudo, pero yo vengo en el nombre del Señor de los ejércitos, de Dios, aquel del que te burlas.

Hoy te derrotaré, y todos sabrán que hay un Dios en Israel", dijo el valiente David. Sin más preámbulos, David tomó una de sus piedras, la puso en su arco y la arrojó en la frente del gigante. Goliat cayó con la cara en el suelo, totalmente inconsciente. David corrió, se paró sobre él y con una espada lo mató, cortándole la cabeza. Cuando los filisteos vieron que Goliat estaba derrotado, huyeron tan rápido como pudieron. ¡Nada en el mundo es más fuerte que la voluntad de Dios! ¡Si tan solo todos los hombres se lo creyeran!

3 de mayo — Saúl envidia a David

David y Jonatán, el hijo de Saúl, pronto se hicieron muy amigos, se entendían muy bien y tenían una gran amistad. Saúl no podía entender cómo David había matado a Goliat tan fácilmente. El pueblo veía a David como un héroe, como alguien que recibía las glorias de un rey. Todos celebraron la victoria y vitorearon a David, un joven valiente que tenía fe en el Señor. Las mujeres cantaban y bailaban, diciendo que Saúl era poderoso para vencer a miles, pero que David era mucho más poderoso. ¡David podría vencer a decenas de miles! Saúl comenzó a sentir celos y envidia de David: estaba indignado y solo tenía en mente encontrar una manera de eliminar a su competidor, pues se sentía amenazado y temía perder su trono. Así que, un día, llamó a David y le pidió que tocara el arpa para él otra vez. Tenía una lanza en la mano, y dos veces intentó utilizarla contra David, pero el valiente joven siempre se las arreglaba para alejarse de ella. Saúl sabía que Dios lo estaba protegiendo, y su ira solo aumentaba con ello. Para deshacerse de David, Saúl le ordenó ser el capitán de su ejército y dirigir la batalla contra sus enemigos, pues esperaba que alguien lo derrotara. ¡Pero Dios protegió a David! ¡Dios conoce muy bien a todos los pueblos del mundo y nunca deja de proteger y dar valor a los que lo respetan y lo aman!

4 de mayo — Jonatán, el amigo fiel

Un día, Saúl envió a buscar a su hijo Jonatán, y le dijo: "Quiero que tú y mis siervos encuentren la manera de vencer a David". Jonatán no podía creer lo que había escuchado: Su propio padre dando órdenes para derrotar a su mejor amigo, David. Tan pronto como Jonatán se enteró de las malas intenciones de su padre, se apresuró a buscar a su amigo y a advertirle del peligro. "¡David, mi buen amigo! ¡Mi padre, el rey Saúl, quiere acabar contigo! ¡Debes esconderte! Intentaré convencer a mi padre de que lo que quiere hacer contigo es simplemente una locura", le dijo, desesperado. Jonatán, muy sabio, lo intentó todo. Habló con Saúl, le señaló las buenas cualidades de David, dijo que David nunca había hecho nada contra el rey, al contrario, había arriesgado su propia vida por el rey y el pueblo de Israel en la lucha contra Goliat. Saúl le juró a Jonatán

que no haría nada contra David, y este le contó a su amigo la conversación que había tenido con su padre. Las aguas se apaciguaron y la furia de Saúl contra David disminuyó. Pero había guerra de nuevo, y David tuvo que ir a la batalla. Una vez más, volvió victorioso, y un nuevo mal vino a invadir el espíritu de Saúl. Un día, mientras David le tocaba el arpa, Saúl casi logra alcanzarlo con la lanza, pero el chico logró desviarse rápidamente. Esa misma noche David huyó a otra región, pues sabía que a la mañana siguiente sería atacado nuevamente. ¡La vida en la tierra sería mucho más pacífica si todos se respetaran con amor en sus corazones!

Jonatán hace un pacto con David

Poco tiempo después, David regresó. Fue a hablar con Jonatán, su gran y verdadero amigo. "¿Por qué tu padre ha intentado matarme?", le preguntó. "Mi padre no hace nada sin que yo lo sepa, él no ha sido", respondió Jonatán, pero David replicó: "No seas ingenuo. Tu padre sabe muy bien que me amas y que nuestra amistad es muy fuerte. Para no herirte, decidió no decirte nada de sus intenciones". Así que Jonatán y David idearon una forma de conocer las intenciones de Saúl: Jonatán hablaría con su padre sobre David para ver cuál era su reacción y, mientras tanto, David debía esconderse en el campo, esperar unos tres días y luego regresar a un lugar que habían acordado previamente. Jonatán le explicó el resto del plan: "David, dispararé tres flechas a ese lado, como si estuviera haciendo prácticas de tiro al blanco. Enviaré a mi ayudante por las flechas. Si le digo al niño: «¡Mira, las flechas están aquí!», sabrás que ya no hay peligro. Pero si le digo al niño: «¡Mira, las flechas están ahí!», entonces esa será la señal para que te vayas, pues tu vida corre peligro, y el Señor quiere que te salves". ¡Qué bueno es tener amigos leales!

Los amigos dicen adiós

Jonatán fue a hablar con su padre, y Saúl criticó a David por no estar allí con ellos para comer pan (lo que era costumbre en el momento de la luna nueva). Jonatán, siempre en defensa de su amigo, le dijo a su padre que David había querido ir a Belén para ver a su familia y hacer un sacrificio a Dios. Saúl, muy enojado, no entendía por qué Jonatán siempre defendía a David.

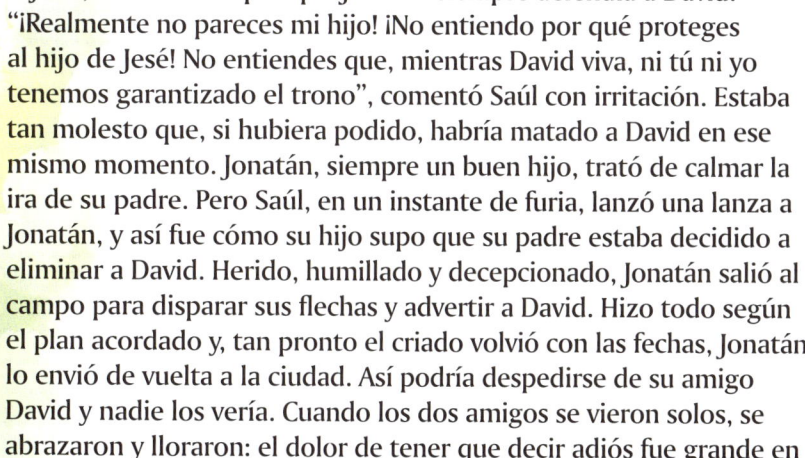

"¡Realmente no pareces mi hijo! ¡No entiendo por qué proteges al hijo de Jesé! No entiendes que, mientras David viva, ni tú ni yo tenemos garantizado el trono", comentó Saúl con irritación. Estaba tan molesto que, si hubiera podido, habría matado a David en ese mismo momento. Jonatán, siempre un buen hijo, trató de calmar la ira de su padre. Pero Saúl, en un instante de furia, lanzó una lanza a Jonatán, y así fue cómo su hijo supo que su padre estaba decidido a eliminar a David. Herido, humillado y decepcionado, Jonatán salió al campo para disparar sus flechas y advertir a David. Hizo todo según el plan acordado y, tan pronto el criado volvió con las fechas, Jonatán lo envió de vuelta a la ciudad. Así podría despedirse de su amigo David y nadie los vería. Cuando los dos amigos se vieron solos, se abrazaron y lloraron: el dolor de tener que decir adiós fue grande en sus corazones. David lloró mucho. "Ve en paz, y que nuestro juramento de amistad sea eterno. Que el Señor esté entre tú y yo, entre mi descendencia y la tuya", le dijo Jonatán. David se levantó y se fue, y Jonatán regresó a la ciudad. Las verdaderas amistades son bendecidas por Dios. ¡Las verdaderas amistades dan mucho gozo al Señor!

David y el sacerdote de Nobe

7 de mayo

David viajó a Nobe para encontrar al sacerdote Ahimelec. Este, muy sorprendido de ver a David a solas, fue a hablar con él, pero el chico no quiso contarle la verdad de por qué iba solo y sin armas: no quería que supieran que, en realidad, estaba huyendo de Saúl. Así que decidió decir que estaba allí a petición del rey: "El rey quiere algunas ofrendas. Dame cinco panes, o lo que tengas", dijo David. El sacerdote solo tenía los panes sagrados, pero David insistió y convenció a Ahimelec para que le diera aquellos panes. También pidió al sacerdote armas de cualquier tipo. Lo que David no sabía, sin embargo, era que uno de los pastores de Saúl, llamado Doegue, estaba allí ese día. Ahimelec respondió, diciendo: "Bueno, lo único que tenemos aquí es esa espada de Goliat, el gigante que fue derrotado por ti". "Dame la espada", le dijo David, viendo que no había ninguna otra arma disponible. David mintió al sacerdote para conseguir la comida y la espada, y seguramente sería castigado por esa actitud. La mentira siempre quiere ser parte de la vida de la gente, pero debemos ser muy cuidadosos de no caer en ella. ¡Vivir lejos de la mentira es siempre más seguro!

Saúl y los sacerdotes de Nobe

8 de mayo

Saúl seguía persiguiendo a David, pero nadie sabía el paradero del valiente joven. De repente, apareció el más poderoso de los pastores de Saúl y quiso hablar con el rey. "Vi al hijo de Jesé en Nobe. Habló con Ahimelec, el sacerdote, que le dio comida y también la espada del gigante filisteo". Saúl, apenas pudo, mandó llamar a todos los sacerdotes de Nobe. Quería hablar con ellos, pues no se debía faltar el respeto al rey. Los sacerdotes acudieron a hablar con él. Ahimelec también estuvo presente. "¿Por qué actuaste contra mí? ¿Por qué le diste a David los panes y la espada y fuiste a consultar a Dios en su nombre? Querías tenderme una trampa, ¿verdad?", preguntó el rey, más que enfadado. Ahimelec se sorprendió con la actitud de Saúl, y le preguntó: "Pero, ¿no es David tu más fiel servidor? ¿No ha dedicado toda su obediencia al rey? ¿No ha honrado y defendido su reino? No estoy en contra de ti, mi rey, ¡nunca lo estaría!". Ahimelec intentaba defenderse, pero Saúl estaba muy molesto. Furioso, no escuchó a nadie y ordenó a Ahimelec y a sus otros sacerdotes que se fueran de allí. ¡Ya no le importaban! Los corazones que guardan ira y resentimiento dejan a la gente ciega ante el mundo.

Saúl persigue a David

9 de mayo

David se enteró de que los filisteos habían atacado otra ciudad y habían saqueado casi todo. Oró, pidiendo a Dios que lo guiara, pues quería que el Señor le dijera si debía o no ayudar a esa gente. Dios le dijo que estaría con él, así que fue allí sin demora con sus hombres, luchó contra los filisteos y salió victorioso. La noticia se difundió, y Saúl se enteró de dónde estaba David. Satisfecho con la noticia, ordenó a todo su pueblo que fuera a luchar contra David y sus hombres. Pero David sabía lo que el rey Saúl estaba planeando, y volvió a pedirle consejo a Dios. "Saúl está detrás de mí. Escuché que viene aquí y quiere destruir esta ciudad por mi culpa. ¿Me entregará la gente de este lugar?", preguntó David. "¡Sí, lo harán!", le respondió el Señor Dios, así que David y sus seiscientos hombres huyeron lo más rápido que pudieron. Saúl, sabiendo que David había huido, renunció a ir a esa ciudad. Fue a perseguir a David y a sus hombres al desierto, pero no pudo atraparlos. Dios siempre está presente entre la gente buena y justa. Tampoco abandona a los que no lo abandonan.

David corta un trozo de la capa de Saúl

10 de mayo

Saúl persiguió y persiguió a David, pero Dios no le permitió atraparlo. Sin embargo, el rey se enteró de que David estaba en el desierto, así que seleccionó tres mil hombres y fue tras el valiente joven. Subió a la cima de aquellos montes, donde vivían las cabras, y llegó a las cuevas. Saúl entró en una de las cuevas y, cansado, terminó por quedarse dormido, pero David y sus hombres estaban allí. "David, el Señor Dios está poniendo a tu enemigo en tus manos. Tienes la oportunidad ante ti: haz lo que creas mejor", le dijeron sus hombres. David cortó suavemente, y sin que nadie lo notara, un trozo de la capa real de Saúl. Lo hizo como una señal de que tenía a Saúl en sus manos, pero pronto se arrepintió. "¡Dios, perdóname! No haré nada contra el ungido del Señor, Saúl es el rey", exclamó. Contuvo a sus hombres, pues no les permitiría hacer nada contra Saúl. Entonces, David dijo en voz alta y con el rostro en tierra como señal de respeto: "¡Rey Saúl, mi señor! ¿Por qué crees que te deseo el mal? Verás, hoy el Señor te puso en mis manos. Tengo un trozo de tu capa real conmigo y podría haberte derrotado si hubiera querido. No lo hice, porque sé que fuiste ungido por Dios". De hecho, Saúl sabía que el futuro rey era David, y sabía muy bien que, si había alguien injusto allí, ese alguien era él mismo. Entonces, Saúl lloró y dijo: "Tú eres mucho más justo que yo. Me recompensaste con el bien, aunque yo quería el mal para ti. Hoy sé que un día reinarás sobre Israel. Solo prométeme que mis descendientes serán perdonados y que no desharás el nombre de la casa de mi padre". "¡Sí, lo prometo!", le respondió David. Aquel que siempre hace el bien, con un corazón lleno de amor, conquista la bondad y la confianza de las personas que lo rodean.

Nabal, un hombre egoísta

11 de mayo

Ya muy viejo, Samuel murió, y todo el pueblo de Israel se reunió para llorar su muerte. Enterraron a Samuel en Ramá. En ese momento, David fue al desierto de Parán. No muy lejos de allí vivía cierto hombre llamado Nabal, que era muy rico y muy poderoso, pues tenía muchas ovejas y cabras. Nabal estaba casado con Abigail, una mujer hermosa y comprensiva. El hombre solía llevar a sus ovejas a esquilarlas en el Monte Carmelo. En el desierto, David había oído hablar de Nabal, así que decidió enviar algunos hombres para pedirle comida. Los siervos fueron obedientes e hicieron exactamente lo que David les había dicho: llegaron al cerro y hablaron con Nabal. Él, muy severo, no quiso ayudarlos, así que David, enojado, reunió a algunos de sus hombres con la intención de atacar a Nabal. Tan pronto como uno de los siervos de Nabal se enteró de que David estaba en camino para atacar a su amo, corrió y advirtió a Abigail. "David y sus hombres están llegando. Tu marido no debería haberlos tratado tan mal. Ahora nos atacarán", dijo el sirviente, preocupado. Abigail se apresuró y preparó cuidadosamente una gran cantidad de comida. Lo puso todo en burros y le dijo al siervo que se los llevara a David, mientras ella los seguía a corta distancia. Nunca debemos ignorar las necesidades de los demás. Dios nos da tantas cosas buenas, ¿por qué no los compartimos con amor?

Abigail calma a David

12 de mayo

Abigail los siguió con su potro, y mientras caminaba vio que David y sus hombres venían a su encuentro. Cuando los vio, se bajó inmediatamente de su montura y se inclinó ante David. Muy humildemente, Abigail le pidió: "Señor, por favor no hagas nada malo contra este hombre malvado que es mi esposo. Mira cuánto he traído para ti y tus sirvientes. También sé que Dios te hará reinar sobre Israel y su pueblo. ¡Te ruego que tengas piedad! Recuerda esta actitud que yo, Abigail, tomo en su nombre". David estaba impresionado con aquella mujer: era honesta, valiente y sabía hacer lo correcto. "Bendito sea el Señor Dios que nos ha hecho reunirnos aquí hoy. Bendito sea tu consejo y bendita tú, Abigail, porque me has impedido hacer el mal. Si no fuera por ti, Nabal no volvería a ver la luz de la mañana. Vuelve a casa en paz", le respondió David. Abigail regresó a su casa y cuando llegó, al anochecer, vio que Nabal estaba haciendo una gran fiesta, prácticamente un festín. Había bebido mucho y estaba muy feliz, totalmente borracho, así que Abigail no le dijo nada de lo que había pasado. Cuando Nabal se despertó a la mañana siguiente y se sintió curado de su resaca, aprendió de Abigail que, debido a su corazón duro, egoísta y malvado, había estado peligrosamente cerca de ser derrotado. Pasaron diez días, y Nabal se enfermó y pronto murió. ¡La bondad y la justicia son siempre reconocidas, incluso por los extraños!

David le perdona la vida a Saúl otra vez

13 de mayo

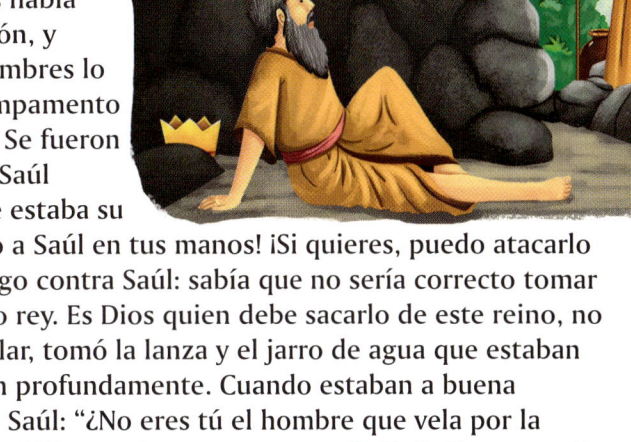

Los zifitas fueron ante Saúl y le dijeron que David se escondía en una colina. El rey, que aún tenía deseos de derrotarlo, reunió tres mil hombres, todos escogidos por ser grandes guerreros, y fue al desierto de Zif para intentar atacarlo. Saúl y sus hombres acamparon en la colina. David sabía que el rey lo seguía por el desierto, pues había enviado espías para seguir los pasos de Saúl en aquella región, y quería ir a su encuentro. David quería que alguno de sus hombres lo acompañara, por lo que dijo: "¿Quién bajará conmigo al campamento donde está el rey Saúl?", y Abisai respondió: "¡Iré contigo!". Se fueron al caer la tarde y, cuando llegaron al campamento, vieron a Saúl durmiendo con su lanza clavada en el suelo, cerca de donde estaba su cabeza. Abisai le dijo a David: "¡Mira! ¡Dios te está poniendo a Saúl en tus manos! ¡Si quieres, puedo atacarlo con la lanza!". Pero David le prohibió a Abisai que hiciera algo contra Saúl: sabía que no sería correcto tomar la vida del ungido del Señor. "¡No, Abisai! Dios lo puso como rey. Es Dios quien debe sacarlo de este reino, no yo", le dijo el justo David. Tan pronto como terminó de hablar, tomó la lanza y el jarro de agua que estaban cerca de Saúl y se fue. Nadie los vio allí, pues todos dormían profundamente. Cuando estaban a buena distancia, David gritó fuertemente al capitán del ejército de Saúl: "¿No eres tú el hombre que vela por la seguridad del rey? ¡Mira dónde está la lanza del rey y su agua! ¡No puedes proteger a nadie!". Saúl reconoció que era la voz de David y gritó: "¿Eres tú, David?". "Sí, soy yo, oh rey, mi señor", respondió David. ¡Dios es orgulloso y se regocija cuando se da cuenta de que hay respeto entre la gente!

Saúl consulta a una vidente

14 de mayo

David, aun sabiendo que Dios lo estaba protegiendo, pensaba que en cualquier momento Saúl podría atraparlo, así que decidió ir con sus seiscientos hombres a la tierra de los filisteos para pedir ayuda al rey Aquis. Le pidió refugio y, a cambio, ayudaría a proteger a los filisteos de los israelitas. Dijo que lucharía por aquella tierra y la defendería, y Aquis confió en David. "Seguramente David será tan odiado por su pueblo por ayudarme, que será mi siervo para siempre", pensó el rey. Sabía que podía contar con David, así que llamó a todo su ejército a luchar contra Israel. Saúl, al ver el ejército de los filisteos, estaba aterrorizado. Trató de hablar con Dios, pero este no le contestó, ni por sueños ni por profetas. Solo Samuel habría podido hablar con Dios para transmitirle las peticiones de Saúl, pero Samuel llevaba mucho tiempo muerto. "Encuentren una mujer hechicera con el don de consultar a los muertos. He oído que hay una en esta región", ordenó Saúl a sus sirvientes. Así se hizo, y Saúl y otros dos de sus hombres fueron a ver aquella mujer. Disfrazado, él le ordenó que invocara el espíritu de Samuel. La hechicera se dio cuenta de que estaba hablando con el propio Saúl, y le dijo: "¡Veo a un anciano con un manto que sube de las profundidades de la tierra!". Saúl, creyendo que aquel espíritu era realmente Samuel, cayó al suelo. Le dijo al espíritu que estaba

angustiado porque los filisteos luchaban contra él, y Dios ya no respondía a sus peticiones. El espíritu habló a través de la hechicera: "Si Dios te ha abandonado y deja que tus enemigos te venzan es porque perderás tu reino, y Dios se lo dará a David. Ya que no obedeciste a Dios, ¡estas son las consecuencias de tus propios errores! Mañana, tú y tus hijos estarán conmigo, y el Señor entregará a Israel a los filisteos, pues ellos ganarán la batalla". ¡Dios dirige la vida de todos, pero cada uno debe buscar siempre el mejor camino para hacer de la vida un viaje pacífico!

David no lucha contra los israelitas

15 de mayo

Todos los filisteos se habían unido, y David y sus hombres fueron con Aquis en la retaguardia. Aquis tenía total confianza en David, pero no todos los filisteos compartían aquella seguridad, pues creían que David, cuando llegara el momento de la guerra, ayudaría a los de su nación, los israelitas. Desconfiados, los filisteos pidieron que Aquis no permitiera que David luchara con ellos o se quedara para la lucha contra los israelitas. David obedeció los deseos de aquel pueblo: se levantó al amanecer y se fue. Cuando llegó a su ciudad, la misma en la que vivía con los filisteos, vio que había sido destruida. También se dio cuenta de que las mujeres y los niños habían sido sacados de allí. Incluso se habían llevado a las dos esposas de David. Angustiado, amenazado de apedreamiento por el pueblo, David se consoló con Dios y pidió, en la oración, su ayuda y guía. Y Dios lo guio: "Persigue a esos hombres. ¡Libera a los cautivos! ¡Los derrotarás y traerás de vuelta todo lo que se llevaron!". Dios confía en los hombres buenos y les permite actuar en su nombre siempre que haya buenas intenciones en sus mentes y corazones.

David salva a los cautivos

16 de mayo

David se fue con cuatrocientos de sus hombres, pero dejó otros doscientos en la ciudad, porque estaban muy cansados. Fueron por sus enemigos para salvar a la gente que había sido tomada prisionera. En el camino, encontró al sirviente de uno de sus enemigos, que se había quedado atrás porque se había enfermado. David le dio pan y agua, y pidió al sirviente que le mostrara dónde estaba el campamento de los enemigos. "Te llevaré allí, pero por favor no me entregues a mi maestro ni me maltrates", le pidió el hombre, asustado, y David se lo prometió. Fueron guiados hasta el campamento enemigo. Cuando llegaron allí, al anochecer, vieron que todos estaban bailando, bebiendo y comiendo, celebrando la victoria sobre la ciudad de los filisteos y haciendo uso de las cosas que habían robado de allí. David y sus hombres los atacaron: la batalla duró hasta la tarde del día siguiente, y los enemigos fueron derrotados. Muchos huyeron montando sus camellos. David y sus hombres pudieron recuperar todo lo que había sido robado, y rescataron a las mujeres y a los niños. Regresaron con su gente y sus posesiones a Siclag, y allí se encontraron a los hombres que, debido a la fatiga, no habían podido acompañar a David en la batalla. Los combatientes dijeron, egoístamente: "¡Estos hombres no merecen nada de lo que hemos recuperado, ya que no estuvieron con nosotros en la batalla!". Pero David les recordó que era el Señor quien había ganado la batalla, y no ellos, meros hombres. "¡Compartiremos todo por igual!", declaró con confianza. Dios nunca acepta el egoísmo. Debemos aprender a compartir, sin hacer juicios.

La muerte del rey Saúl

Los filisteos volvieron a luchar contra Israel, tal como el espíritu le había dicho a Saúl cuando fue a consultar a la vidente. Los hombres de Israel huyeron de los filisteos como pudieron, pero muchos fueron derrotados. Persiguieron a Saúl y a su familia y mataron a sus hijos, incluido Jonatán. Esto puso a David muy triste. La batalla fue empeorando cada vez más para el rey Saúl y su pueblo, hasta que una flecha le hirió. En ese estado, temía caer prisionero de los filisteos, así que se lanzó contra su propia espada. Al menos así no lo matarían sus enemigos. Al día siguiente, cuando los filisteos fueron a tomar las pertenencias del pueblo que habían derrotado, encontraron a Saúl y a sus hijos muertos, y se sintieron verdaderamente victoriosos. Algunos valientes hombres de Israel recordaron lo bueno que el rey había sido para ellos, así que aportaron todo para los funerales de Saúl y sus hijos. En las tierras de Israel, hicieron el honorable entierro bajo un hermoso árbol, y la gente estuvo triste durante muchos días. Cada guerra solo trae dolor, nada más. Dios ha enseñado que todas las personas necesitan construir la paz, pero algunas son tan tercas...

La batalla de Joab contra Abner

David estaba muy triste por lo que le había sucedido a Saúl y a sus hijos. No le guardaba rencor por lo que le había hecho, pues había aprendido a respetar y amar mucho a Saúl. David envió mensajeros a los hombres que habían enterrado a Saúl y a sus hijos, bendiciéndolos por haber llevado a cabo aquella digna sepultura. Cuando todo había acabado, David le preguntó a Dios qué hacer y adónde ir, luego escuchó con atención la respuesta y obedeció al Señor. Se fue con sus dos esposas, sus hombres y las familias de todos. Poco después, los hombres de Judá ungieron a David como rey de casi todas las regiones de Israel. Sin embargo, un hombre llamado Abner, capitán del ejército de Saúl, había logrado escapar del dominio de los filisteos. Tomó a uno de los hijos de Saúl, llamado Isboset, y lo coronó como rey de varias regiones de Israel, pues no estaba de acuerdo con las ideas de David. Pero el pueblo de Judá siguió a David, su nuevo rey. Abner salió a luchar contra Joab, el capitán del ejército de David. Se desató una batalla y la lucha fue bastante cruel. Abner vio que perdería la batalla y, por temor a la derrota, decidió unir el ejército de Isboset con el de David. David aceptó su propuesta, pero le hizo algunas demandas. Sin embargo, Joab estaba preocupado, pues pensaba que Abner estaba tramando algo. Envió mensajeros tras él y organizaron una reunión, en la que Joab le pidió a Abner que hablaran a solas, y luego lo mató, pues quería darle una lección y para vengar la muerte de uno de sus hermanos, a quien Abner había asesinado. David se enteró de esto y castigó a los que lo merecían. Es muy triste cuando la venganza está presente en los corazones de las personas: esto desagrada a todo el mundo, especialmente a Dios.

David es rey de Israel

19 de mayo

Todas las tribus de Israel fueron a hablar con David, y le dijeron: "¡Todos somos parientes, David! ¡Somos tus huesos y tu carne! ¡El Señor dijo que cuidarías de la gente y nos guiarías!". Así, los jefes y ancianos del pueblo declararon y ungieron a David como rey de Israel. Todo sucedió de acuerdo a la voluntad de Dios. David comenzó a reinar a la edad de treinta años. Más tarde, se fue con sus hombres a Jerusalén, pues querían tomar posesión de esa región. Pero los siervos de David le advirtieron que el pueblo de Jerusalén no se entregaría tan fácilmente.

La ciudad tenía muros imponentes a su alrededor, y sus habitantes confiaban en ellos para su protección. David ordenó a sus hombres que tomaran Jerusalén con valentía. ¡Y sucedió! Jerusalén, desde entonces, se conoce como la ciudad de David. Pronto todos los filisteos se enteraron de que David había sido elegido como rey de Israel. Como eran guerreros y aquello no les gustaba, enviaron tropas para luchar contra el nuevo rey de Israel. Pero David, siempre pidiendo la guía de Dios, venció a los ejércitos enemigos de una manera espléndida. Dios nunca deja de estar al lado de los hombres buenos y justos. ¡Él siempre los dirige para que sigan el mejor camino!

David trae el Arca de la Alianza a Jerusalén

20 de mayo

David formó una tropa con miles de hombres, todos escogidos por él, y fue a buscar el Arca del Pacto de Judá a Jerusalén. En Judá, los hombres de David pusieron el arca en un nuevo carro, dirigido por dos hombres. Todos lo celebraron, llevándolo a Jerusalén. Muchos tocaban instrumentos musicales, otros cantaban y bailaban. El pueblo dio gracias al Señor. Cuando el arca llegó finalmente a Jerusalén, todas las personas que la esperaban cantaron de alegría. ¡Estaban muy felices! David saltó con todas sus fuerzas al sonido de las trompetas. Tan pronto como pusieron el arca en su lugar, David ofreció sacrificios ante el Señor. Cuando Dios recibe la alegría de la gente, ¡sonríe desde el cielo!

Gratitud a Dios

21 de mayo

Mical, esposa de David e hija de Saúl, vio cuando su esposo y el pueblo volvieron a Jerusalén trayendo alegremente el Arca de Dios. Miró por su ventana y vio a David bailando y saltando de puro gozo y gratitud a Dios. Pero ella, que tenía un corazón muy duro, juzgó que esa actitud no era adecuada para un rey, y despreció a David en su corazón. En su alegría, David dio pan y un buen trozo de carne asada a cada persona de su pueblo, y todos se fueron a casa muy felices con todo lo que había pasado aquel día. Pero cuando David llegó a su casa se encontró con que Mical estaba muy molesta. Su esposa le dijo: "¿Qué fue ese comportamiento tan vergonzoso? Actuando de esa manera, ¡ni siquiera pareces un rey! ¡Parecías un bufón de la corte frente a toda la ciudad!". "Me regocijé ante Dios porque me eligió para reinar sobre Israel. Si el Señor me ha hecho gobernante de este pueblo, le alabaré con todo mi corazón", respondió David. Es muy peligroso, cuando hay resentimiento en el corazón, juzgar y condenar el comportamiento de alguien más, ¡especialmente cuando es un comportamiento que no hace daño a nadie!

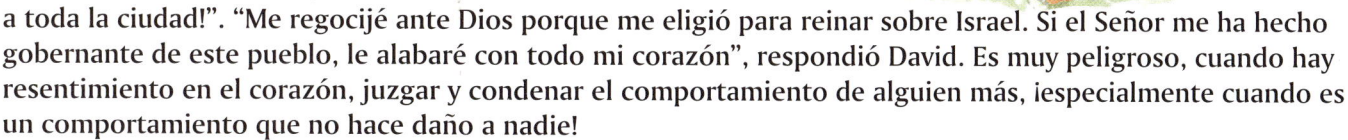

David quiere construir un templo para el Señor

22 de mayo

¡Por primera vez, había paz en Israel! Hacía mucho tiempo que esto no ocurría, pues siempre estaban luchando contra los enemigos que les rodeaban. David, hablando con el profeta Natán, le dijo: "Yo estoy aquí, viviendo en esta hermosa casa de cedro, mientras que el Arca de Dios habita entre las cortinas de una simple carpa". "Haz lo que esté en tu corazón, David", le respondió el profeta, "porque Dios está contigo". Era hora de construir un

lugar fijo para la alabanza de Dios: desde la salida de Egipto, la tienda que usaban como santuario para orar se movía a través del desierto con ellos. Ahora el pueblo tendría un templo para adorar a Dios. Natán, habiendo escuchado la voz del Señor una noche, llevó este mensaje al rey David: "No construirás el templo, sino que un descendiente tuyo construirá la casa del Señor. Tú, David, y tus descendientes, estarán en el trono para siempre". ¡Todo el mundo necesita un lugar para vivir! Dios también se regocija en su casa y en las personas que van allí para hablar con Él.

La bondad de David con el hijo de Jonatán

David nunca olvidó a Jonatán, su gran amigo. Le había prometido cuidar de su familia en caso de que algo malo sucediera, y pensaba cumplir aquella promesa al pie de la letra. Un día, trajeron a un sirviente que había trabajado en la casa de Saúl. David le preguntó: "Siba, ¿hay alguien más de la descendencia de Saúl de quien yo deba encargarme?". "Bueno, mi señor, hay un hijo de Jonatán que tiene una mancha en ambos pies", le respondió Siba. David quería saber dónde estaba y se enteró, por medio de aquel siervo, dónde vivía Mefiboset (así se llamaba el hijo de Jonatán). Le pidió a sus hombres que lo trajeran ante él, pero Mefiboset se arrojó al suelo frente a David, porque tenía miedo.

"¡No te preocupes, te daré todo lo que perteneció a Saúl, tu abuelo, y a Jonatán! Yo quería mucho a tu padre: éramos grandes amigos y prometí cuidar de su familia. Tendrás esta tierra, y Siba trabajará para que la tierra sea productiva. Seré feliz si siempre comes en mi casa, conmigo", le dijo David. Una gran amistad nunca se olvida. ¡Nos ayuda a vivir mejor!

David comete adulterio

Pasó un tiempo y de nuevo volvieron las guerras, así que David envió a Joab y a su ejército a luchar contra sus enemigos. David, que solía dirigir el ejército él mismo, esta vez decidió quedarse en Jerusalén. Y sucedió que una tarde, mientras caminaba por la terraza del palacio real, David vio a una muchacha de gran belleza. Se enamoró de la chica tan pronto como la vio, por lo que envió a uno de sus sirvientes a averiguar quién era la mujer. "El nombre de esa mujer es Betsabé. Es la esposa de Urías, un luchador del ejército", le dijo el sirviente al rey. David la mandó a buscar, y ella vino. Él no pensó en las consecuencias de sus acciones, y mucho menos en los mandamientos de Dios (no desear la mujer de otro hombre). Los dos actuaron sin pensar, pero David estaba preocupado porque pronto todos se enterarían de su mala conducta con la esposa de Urías. Trató de ocultar sus malos actos, pero a Dios no le gustó nada eso. Como no lograba encontrar una manera de resolver ese grave problema, ordenó a Joab que pusiera a Urías en el pelotón donde se desarrollaría la peor batalla: tal vez así el esposo de Betsabé moriría, dejándolos a los dos sin problemas. ¡Qué plan tan feo! Dios se entristece por las actitudes equivocadas de la gente y no protege a aquellos con malos pensamientos y malas intenciones.

Urías muere en la guerra

Por muy horrible que fuera el plan de David, se hizo realidad. El buen Urías, muy preocupado por sus hombres y la batalla en curso, no tenía otro pensamiento que el de luchar por su pueblo. Así que obedeció las órdenes del rey David, y se quedó en el batallón que se enfrentaría a los enemigos más peligrosos. Los israelitas, junto con Urías, lograron varias veces hacer retroceder al enemigo. Urías luchó y luchó. En algún momento, sin embargo, su pelotón se encontró bajo una lluvia de flechas lanzadas desde las murallas de la ciudad. Muchos fueron heridos de muerte, y Urías murió luchando. Muchas personas buenas y justas sufren a causa de las malas actitudes de los demás. ¡Pero Dios lo ve todo y lo sabe todo!

David se casa con Betsabé

Pasó poco tiempo, y pronto un mensajero corrió al palacio, llevando a David noticias de la batalla contra los amonitas. "Los amonitas son más poderosos que nosotros. Vinieron a encontrarnos en el campo, pero los obligamos a entrar en la ciudad. Desafortunadamente, los arqueros dispararon a nuestro ejército desde lo alto del muro, y perdimos algunos hombres, incluyendo a Urías". David envió a su mensajero de vuelta, con la siguiente orden a Joab: "No te preocupes. Lucha fuertemente contra la ciudad y véncela", y así se hizo. Pero Betsabé, al oír la noticia de que su marido Urías ya no estaba vivo, se puso muy triste. David esperó a que pasara el tiempo de luto, mandó a buscarla, la tomó como su esposa y pronto tuvieron un hijo. Pero Dios todavía estaba muy triste por los pecados de David. Antes de hacer algo, hay que pensar en las consecuencias. ¡Es mejor reflexionar antes que sufrir después!

Natán le cuenta a David una historia

Dios envió al profeta Natán a ver a David. En cuanto Natán se encontró cara a cara con él, comenzó a contarle la siguiente historia: "Había dos hombres en una ciudad, uno rico y otro pobre. El pobre hombre no tenía más que un corderito, que había criado desde que era un cachorro. El rico tenía muchas ovejas y vacas. Entonces, el hombre rico recibió la visita de un viajero y, en vez de tomar una de sus ovejas para preparar la comida del viajero, tomó el corderito del pobre". David estaba indignado al oír esto, por lo que le preguntó al otro: "Dime, Natán, ¿quién es ese hombre tan injusto? Yo ordenaré que devuelva cuatro ovejas a cambio de aquel cordero que tomó para sí. Además, no fue misericordioso con el pobre hombre", añadió David. Y Natán reveló: "Bueno, ese hombre eres tú, David. Has recibido de Dios todo lo imaginable y, sin embargo, has desobedecido al Señor. Tomaste la esposa de otro hombre y fuiste muy injusto con él". David, reconociendo lo equivocado que había estado, confesó a Natán: "Tienes razón. He pecado contra Dios". El profeta le advirtió: "David, Dios perdona tu error, pero no dejará de castigarte para que no vuelvas a tomar decisiones que desagraden al Señor. Algo sucederá que te hará sentir muy triste, y siempre recordarás que un día desobedeciste a Dios". ¡Ah! ¡Si David hubiera pensado antes de actuar!

Los hijos de David

Natán se fue a casa. Tiempo después, el hijo de David y Betsabé se puso muy enfermo. David, muy triste, ayunó y oró durante la noche, pero nada lo consolaba. Cada vez sufría más al ver a su hijo enfermo. En el séptimo día de la enfermedad, el niño murió. David no podía hacer nada, solo tenía fuerzas para consolar a su esposa. Después de un tiempo, tuvieron otro hijo, al que llamaron Salomón. Dios amaba a Salomón. Además de Betsabé, David tenía muchas otras esposas, pues en aquella época eso era costumbre y las leyes

lo permitían. Por ende, Salomón no era el único hijo: había otros medios hermanos. Un día, el hijo mayor de David, llamado Amnón, ofendió indignamente a Tamar, su media hermana. Absalón, el hermano de Tamar, se enteró de que su hermana había sido ofendida, y aquello no le gustó nada. Pasaron dos años, pero Absalón no había olvidado lo que Amnón le había hecho a su hermana, así que terminó vengándose de su medio hermano Amnón. David se enteró de lo que había pasado y lo echó de casa, muy triste. ¡Dios también se entristece cuando ve a los hermanos peleando y ofendiéndose, pues él planea las familias con tanto amor!

Joab trae a Absalón a casa

Joab conocía el corazón de David, y sabía que el rey extrañaba mucho a su hijo Absalón. Así que Joab contrató a una mujer, le pidió que fingiera ser una viuda, que fuera a visitar a David y que le contara lo siguiente: "Mi marido y yo tuvimos dos hijos, pero él falleció. Un día, nuestros hijos se pelearon mucho y nadie pudo separarlos. Uno de ellos le quitó la vida al otro, y ahora yo no soy capaz de perdonar a mi hijo violento". David se mostró justo y amable, le dijo a la mujer que perdonara a su hijo y luego la envió a casa. Sin embargo, la mujer se resistió y no abandonó el lugar. David le preguntó si había algo más que quisiera decirle. "Bueno, tú, mi rey, fuiste tan misericordioso al incitarme a perdonar a mi hijo. ¿Por qué no perdonas a tu propio hijo y lo traes de vuelta a tu casa?", le increpó ella. David, ante tal

situación, tuvo la oportunidad de pensar con rectitud y amabilidad. Llamó a Joab y le dijo: "Ve y trae a mi hijo Absalón a casa". ¡Muchas penas pueden ser borradas con el perdón!

La rebelión de Absalón

Absalón había vuelto y tenía dominio sobre muchas cosas en el reino de su padre, pero todo aquello no parecía ser suficiente para él, pues era muy ambicioso. Quería el trono de David. Y a cada hombre que venía con una queja al rey, Absalón lo llamaba aparte y le aconsejaba. Buscaba ganarse la simpatía de todos los súbditos de David, quería el apoyo del pueblo a cambio de pequeños favores. Así lo hizo durante muchos años. Un día, Absalón le dijo a David: "Déjame ir a Hebrón. ¡Hice un voto a Dios!", y David le permitió que se fuera en paz. Absalón se fue con unos doscientos hombres. Lo tenía todo planeado. Envió hombres por todas las tierras de Israel y les dijo: "Cuando oigan

el sonido de las trompetas, dirán todos: «¡Absalón reina en Hebrón!»". Poco tiempo después, David recibió un mensajero que le informó: "Señor, mi rey, el corazón de todos en Israel sigue a Absalón. Quiere su trono. ¡Viene a su reino para conquistarlo!". David dio órdenes expresas para que todos salieran de Jerusalén, y él y sus hombres huyeron apresuradamente. ¡El deseo incontrolable de poder hace que la gente se quede ciega!

David es maldecido por Simei

31 de mayo

Al salir de Jerusalén, David dejó allí a un amigo de confianza, Husai. Este hombre, a petición suya, debía simular que se unía a Absalón. Así David podría conocer los planes de su hijo y derrotarlo. "Amigo mío, si te quedas aquí, quizá te ganes la confianza de Absalón. Tal vez le diga cuáles son sus planes. Si sabes algo, házmelo saber", le instruyó David. Días después, cuando David llegó a Bahurim, un hombre llamado Simei salió de su casa y comenzó a insultar y apedrear a David y a sus hombres. ¡Había tantas piedras! Lo único que pudieron hacer fue darles la espalda. Entonces, uno de sus hombres le preguntó: "¿Por qué este hombre arroja piedras y ofende al rey con palabras? Este insolente merece una buena lección. ¡Déjame ir por él!". Pero David no quería que nadie lo atacara, y les dijo a sus comandantes que era el Señor quien había enviado a ese hombre a apedrearlo y a ofenderlo por sus pecados. ¡Tantas cosas se entienden cuando uno es consciente de sus propios errores!

Los mensajeros: Jonatán y Ahimaas

1 de junio

Cuando David y sus hombres huyeron de Jerusalén, Ajitófel, el consejero de Absalón, quiso salir rápidamente en busca de David. Fue directamente a Absalón, diciendo: "Permítame tomar doce mil soldados para atacar a David: tiene su ejército mal estructurado y un poco desamparado para salir corriendo de Jerusalén". Absalón pensó que el plan de su asesor era muy bueno. Todo estaba arreglado, pero aun así envió a buscar a Husai para que le aconsejara. "¿Qué piensas, Husai? ¿Debo hacer lo que Ajitófel me sugiere o no?", le

preguntó Absalón, indeciso. Absalón ni siquiera sospechaba que Husai era el amigo de confianza de David, y que estaba allí para advertir al otro de los planes de su hijo. "La idea de Ajitófel no es buena esta vez. Conoces bien a tu padre: a estas alturas debe estar escondido en alguna cueva y sus hombres son muy valientes. Si hay un ataque y no consigues a David, todos se reirán de ti. Si yo fuera tú, esperaría un tiempo y luego dirigiría la batalla yo mismo. Entonces, la victoria y la gloria serán solo tuyas", le aconsejó Husai. Absalón juzgó el consejo de Husai mucho mejor que la idea de Ajitófel, e hizo lo que el primero le decía. Muy astuto, Husai encontró una manera de advertir a David sobre todo lo que estaba pasando. Así David sabría de antemano cuál sería el próximo movimiento de Absalón. Confiar en la gente equivocada es muy peligroso. ¡Nunca funciona!

El fin de Absalón

David se preparó para luchar. Dividió su ejército, eligió buenos generales para comandar las tropas y declaró: "¡Yo también iré a la batalla!". Sin embargo, el pueblo no estuvo de acuerdo en que pusiera su vida en peligro. Sus hombres, fieles, le explicaron que si el ejército tenía que huir o era derrotado, David todavía podría recuperar un día su trono si estaba lejos de allí. El rey, entonces, no los acompañó en la batalla. David también ordenó a sus generales que trataran bien a Absalón: como todo buen padre, aún amaba mucho a su hijo. Todo el pueblo escuchó cuando David dio aquella orden a los generales. Finalmente, los ejércitos de Absalón y David se encontraron en un bosque y se enfrentaron en una feroz batalla. La pelea fue bastante violenta. En un momento de la pelea, Absalón, en su mula, intentaba escapar rápidamente del ataque de los soldados de David cuando pasó bajo las gruesas ramas de un gran árbol, y se quedó atascado con la cabeza entre las ramas, totalmente colgado, mientras que la mula se adelantó, galopando sola. Al verlo colgado, Joab lanzó tres dardos al corazón de Absalón. Sorprendentemente, quedó vivo, pero entonces diez de los soldados de Joab lo rodearon y lo golpearon, y finalmente murió. Para las personas sería mucho mejor vivir de manera sencilla, sin deseos incontrolables de poder y logros enormes. ¡Vivirían más pacíficamente!

David recibe la triste noticia

Después de lo ocurrido en el bosque, los soldados temían decirle al rey lo que había pasado con su hijo. Sabían que habían hecho algo malo, pues David les había pedido que no hicieran daño a Absalón y que solo lo capturaran. Dos mensajeros se encargaron de darle la información a David, que estaba muy ansioso, esperando noticias de la batalla. Uno le contó los detalles de la victoria en la guerra. Las noticias eran buenas, ¡y David se alegró! Pero el otro le trajo la noticia de la muerte de Absalón: le contó todo a detalle. ¡David no pudo ocultar su gran dolor! Sus hombres habían ganado la batalla, pero el precio de la victoria había sido la pérdida de Absalón. ¡A menudo la gente acaba con vidas ajenas por sus ideales, sin que les importe el dolor que causan!

4 de junio — David regresa a Jerusalén

Después de la muerte de su hijo Absalón, la tristeza del rey David fue tan grande que ya no pudo contenerse, por lo que buscó un lugar donde pudiera estar solo. Quería desahogar toda la tristeza que parecía romperle el corazón. Entre muchas lágrimas se lamentaba: "¡Oh, hijo mío Absalón! ¡Mi hijo, mi hijo Absalón! ¡Ojalá Dios me hubiera tomado en tu lugar! ¡Mi hijo, mi hijo!". El pueblo también estaba triste, y no celebró la victoria que había obtenido. No había alegría en ninguna parte. David reflexionó mucho sobre su pueblo y sobre cada sacrificio que habían hecho en su nombre, por lo que una vez más se sintió fuerte para seguir viviendo. Entonces, el rey David se levantó y se puso de pie ante el pueblo. Todo Israel, presente allí, le pidió que volviera a Jerusalén. La vida a veces parece muy difícil, pero Dios nunca deja de darnos fuerzas. ¡Debemos creer en el amor de Dios!

5 de junio — David, el anciano, nombra un nuevo rey

David había alcanzado una edad avanzada. Adonías, uno de sus hijos, era un muchacho que quería ser el nuevo rey de Israel. David ya no podía reinar y apenas sabía lo que estaba pasando en su reino. Anhelando el trono real, Adonías preparó carros, jinetes y cincuenta hombres. También tenía preparada una gran cantidad de comida y bebida. Invitó a sus hermanos y a los hombres de Judá a la gran fiesta en la que sería coronado rey. Sin embargo, el sacerdote Sadoc y el profeta Natán no estaban de acuerdo con la actitud de Adonías, pues sabían que era Salomón, el otro hijo de David, quien debía reinar. Natán y Sadoc estaban preocupados por la fiesta de la coronación, pero Adonías no aceptaba el consejo de nadie: solo quería coronarse rey. Entonces, Natán y Sadoc fueron a ver a la madre de Salomón, Betsabé. Le contaron los planes de su hijo, diciéndole: "¿Sabías que Adonías planea coronarse? David no tiene ni idea de que esto está pasando. Debes contarle todo". Betsabé fue a las cámaras del rey y le dijo a su esposo: "Mi rey, Adonías ya está tomando tu reino. Todo el mundo cree que hoy se coronará a sí mismo como rey de Israel. Rey mío, siempre ha sido tu voluntad que Salomón, nuestro hijo, tome un día la corona, ¿no es cierto?". David escuchó todo y mandó llamar a Sadoc y a Natán. Les ordenó: "Deben ungir a Salomón: se convertirá en el rey de Israel. Entonces, toquen la trompeta y griten en voz alta: «¡Viva el rey Salomón!», y luego lo guiarán hasta mi trono, donde se sentará Salomón". Uno de los mandamientos de Dios dice que uno no debe desear lo que pertenece a otro. ¡Pero cuánta gente se olvida de esto!

Salomón tomó el trono

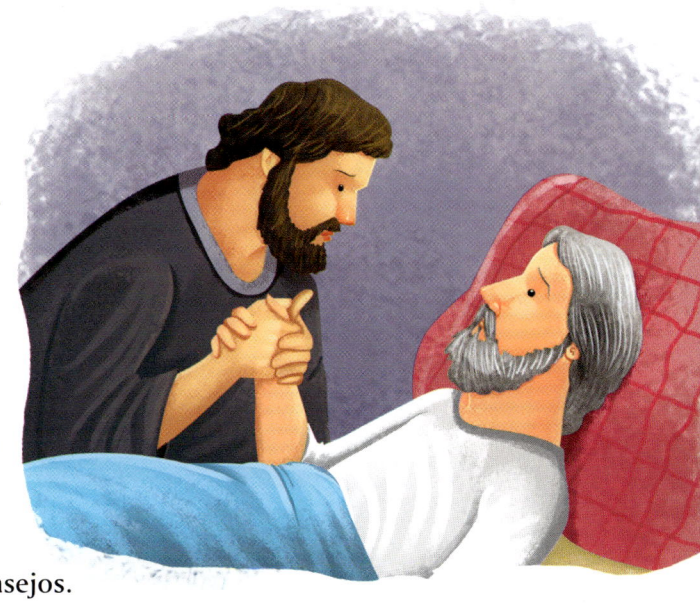

Adonías y sus invitados comieron y bebieron durante la fiesta. De repente, escucharon las trompetas que anunciaban que Salomón, su hermano, había sido ungido. Pronto se confirmó la noticia de que David había hecho rey a su hijo Salomón. Los invitados de Adonías tenían miedo y cada uno se fue por su propio camino. Adonías tenía miedo de Salomón, así que fue a refugiarse cerca del altar, pensando que estaría a salvo si se desataba alguna batalla. Temía que Salomón lo maltratara, pues sabía que no había hecho lo correcto al planear su propia coronación como rey. Lejos de allí, Salomón declaró: "Si es un hombre bueno, prometo que no se le caerá el pelo, pero si es malo...". Más tarde, cuando estaba cerca de la muerte, David llamó a Salomón y le dio varios buenos consejos.

Tan pronto como David murió, Salomón tomó el trono de su padre. ¡Respetar a tus mayores y escuchar sus consejos es tomar una actitud amorosa!

La sabiduría de Salomón

Salomón amó al Señor, obedeció sus mandamientos y fue un hombre justo ante Dios. Un día, Dios se le apareció en un sueño. "¡Pide lo que quieras, Salomón!", le dijo. Salomón respondió: "Quiero tener un corazón sabio y lleno de entendimiento, para poder juzgar al pueblo con justicia, sabiendo distinguir el bien del mal en todos los asuntos". El Señor Dios se regocijó al escuchar esto: no había pedido dinero, ni muchos años de vida, ni la deshonra de sus enemigos. Solo pidió sabiduría para ser justo con la gente. Dios, además de concederle una sabiduría nunca vista sobre la faz de la tierra, le dio también muchas riquezas. Cuando despertó del sueño, Salomón ofreció un sacrificio al Señor. También hizo un delicioso festín y lo ofreció a todos sus sirvientes. La vida continuó, y Salomón tuvo que juzgar los asuntos y problemas que surgieron entre la gente. En una ocasión, dos mujeres vinieron y se presentaron ante él. Una de ellas contó la siguiente historia: "Las dos tuvimos hijos. Cada una tenía un niño, pero una noche el niño de esta mujer murió, y ella, al ver que su hijo estaba sin vida, aprovechó la noche y cambió nuestros bebés de sitio. No había nadie más en la casa, solo nosotras dos y los bebés. Ahora dice que es la madre de este niño que está vivo, cuando en realidad yo soy su madre". Salomón escuchó todo. Tan pronto como terminaron de hablar, les ordenó que trajeran una espada y al niño con vida. "Corten al niño por la mitad y denle una mitad a cada una de las mujeres", ordenó con calma. Inmediatamente, una de ellas gritó: "¡Por favor, rey Salomón, no haga esto! ¡Deje que el niño viva! ¡Prefiero que siga vivo con esa mujer que verlo muerto!", y empezó a llorar amargamente. Salomón, muy sabio, tomó al niño y ordenó que fuera entregado a la mujer que había pedido clemencia: ella era la verdadera madre, pues habría preferido que su hijo viviera, aunque estuviera lejos de ella, a que fuera asesinado. Así, el asunto fue resuelto sabiamente. ¡Nada en el mundo se puede comparar con el amor de una madre! ¡Los niños deben saber eso!

Salomón y el templo

En el cuarto año del reinado de Salomón, el pueblo de Israel comenzó a construir el templo del Señor. Sería una gran casa para Dios, tal como David había soñado. Había mucho que hacer y Salomón no perdió el tiempo: mandó a buscar madera, piedras valiosas, todo tenía que ser de la mejor calidad. También mandó hacer columnas de cobre y muchas otras cosas hermosas. Todo fue planeado y construido con mucho cuidado y siempre de la mejor manera. ¡Era la casa de Dios! Había mucha gente trabajando en esa construcción: llevaban piedras, madera, columnas... El templo, organizado por Salomón, estaba tomando forma. En total, se necesitaron siete años para construir el hermoso y esplendoroso santuario. Finalmente llegó el día en que el trabajo estuvo terminado, y Salomón pronto ordenó que el Arca de Dios fuera colocada dentro del templo. Toda la gente estaba reunida, y el pueblo vio cómo el arca era llevada a la casa de Dios. La colocaron en el lugar más sagrado. Tan pronto como los sacerdotes dejaron el santuario, una nube llenó la casa del Señor. Era la gloria de Dios en todo el templo. ¡Dios estaba muy contento con su nueva casa!

Las riquezas de Salomón

Después de que Salomón terminó de construir el templo, Dios le habló de nuevo. "Salomón, escuché tu oración. El templo que construiste será santificado para que mi nombre sea puesto allí para siempre. Si sigues mi camino como lo hizo tu padre, David, si obedeces los mandamientos y actúas con rectitud en tu corazón, como te he mandado, entonces el trono de Israel será para ti y tu descendencia para siempre. Pero si tú o tus hijos se alejan de mí sirviendo a otros dioses, la historia será muy diferente". La fama de Salomón había dado la vuelta al mundo: era un rey trabajador y muy rico. Construyó templos, palacios y edificios públicos. Incluso la reina de Saba oyó hablar de él: supo que era muy sabio y que juzgaba a la gente con justicia. Así que decidió visitar a Salomón para ponerlo a prueba: ¡quería hacerle preguntas sumamente difíciles! La reina fue a Jerusalén con un gran séquito. Había camellos cargados de especias, mucho oro y piedras preciosas, todo para ofrecerlo al rey. Tan pronto como llegó, fue a ver a Salomón y le hizo todas las preguntas que tenía pensadas. El rey Salomón tenía una sabiduría dada por Dios, por lo que ninguna quedó sin respuesta. Aquello impresionó demasiado a la reina. "Todo lo que dijeron de ti, Salomón, era cierto. Todo lo que he oído en mi país sobre tu gran inteligencia, tu sabiduría y tus logros es, de hecho, sin igual", le dijo la reina, así que le ofreció las riquezas y bondades que había traído. Salomón, generoso, también le dio muchos regalos. Entonces, la reina de Saba y sus sirvientes partieron de vuelta a su país. ¡La sabiduría y la sensibilidad son dones maravillosos que Dios da a las personas!

La idolatría de Salomón

A Salomón no le faltaba sabiduría e inteligencia, pero cuando eligió una esposa, lamentablemente no hizo la elección correcta. Solía enamorarse de mujeres extranjeras: se casó con la hija del faraón y también con otras mujeres de otras regiones muy distantes. Algunas de ellas, incluso, adoraban a otros dioses. Por eso Salomón, que siempre quería complacer a sus esposas, construyó varios templos para los ídolos que ellas adoraban. Sin darse cuenta de ello, con sus acciones también estaba adorando a otros dioses, y Dios no estaba contento con eso en lo absoluto. Estaba muy enojado con Salomón, porque había vuelto su corazón a otro dios, ¡un dios falso! El Señor le había indicado expresamente que no siguiera a otros dioses, pero Salomón no obedeció. "¡No obedeciste mis mandamientos! Por lo tanto, te quitaré tu reino. Pero, por amor a David, no te quitaré el reino ahora, Salomón. ¡Se lo quitaré a tu hijo!", declaró el Señor. ¡Dios nunca olvida a sus hijos! Lástima que a veces algunas personas olviden al Señor Padre.

Israel dividido

Debido a la desobediencia de Salomón al adorar a otros dioses, Dios se entristeció y cambió los grandes planes que tenía para él. Un joven llamado Jeroboam se ganó la simpatía y la confianza de Salomón, pues era leal y valiente. Jeroboam se hizo conocido y amado por todos. Un día, cuando salía de Jerusalén, se encontró con el profeta Ahías en su camino. El profeta llevaba una nueva túnica ese día, pero, sin ninguna explicación, rompió sus ropas nuevas en doce pedazos y entregó diez de ellos a Jeroboam. "¡Aquí, Jeroboam! Estos diez pedazos son tuyos, porque Dios dijo que le quitaría el trono a Salomón y te daría diez tribus", le dijo el profeta. Jeroboam pensó que todo aquello era muy extraño, pero no dijo nada, y Salomón reinó durante cuarenta años más: solo

dejó el trono cuando falleció. Entonces, su hijo Roboam tomó su lugar como rey, pero el pueblo estaba disgustado con él y fue a hablar con Jeroboam. "Jeroboam, por favor, ayúdanos a hablar con el nuevo rey. Deseamos que nos aligere la carga. Queremos servirle, pero que no sea una carga tan pesada como la que su padre Salomón nos impuso", le imploraron. En el reinado de Salomón, el trabajo era duro e intenso: el pueblo trabajaba durante horas y horas para terminar las construcciones de palacios y templos que Salomón planeaba. Salomón no era malo, pero quería hacer muchas cosas y a veces olvidaba que sus hombres también merecían un poco de tiempo libre. El pueblo esperaba que Roboam, su hijo, los tratara mejor. El trabajo es necesario para las personas, ¡pero no debemos olvidarnos del descanso y el esparcimiento!

89

La causa de la separación entre las tribus

Jeroboam fue, junto a otras personas, a ver al rey Roboam. Este escuchó atentamente su petición y dijo: "Dame tres días. Quiero pensar en este asunto. Pasados los tres días, vuelve aquí y habla conmigo". Roboam había reunido a muchos hombres sabios y experimentados para que le aconsejaran sobre qué debía responder al pueblo. Primero, pidió consejo a los ancianos del pueblo. "Si eres bueno con este pueblo, todos los súbditos te serán siempre fieles", le dijeron los ancianos. Entonces, Roboam preguntó a los jóvenes en los que confiaba. "Si alivias el trabajo duro, pensarán que tu padre era un líder más fuerte y mejor que tú. Diles que aplicarás castigos más severos que los que aplicó Salomón", le aconsejaron los jóvenes. Roboam pensó, reflexionó, y terminó tomando el consejo de los jóvenes, pues quería ser visto como un rey fuerte y autoritario. Al tercer día, cuando el pueblo volvió a hablar con él, les dijo que las cosas serían peores que en la época del reinado de Salomón. Ante la respuesta agresiva del rey, el pueblo se rebeló y gritó en las calles: "¡Los israelitas debemos poder descansar y volver a nuestros hogares! ¡Ya no serviremos a la casa y la familia de David!". Solo una de las tribus permaneció fiel a Roboam, la de Judá. Esta fue la causa de que el reino de Salomón se dividiera en dos: Israel y Judá. Los gobernantes no deben olvidar nunca que las personas necesitan ser tratadas con respeto y consideración. El pueblo debe evitar elegir gobernantes malvados: ¡siempre traen muchos problemas!

La idolatría de Jeroboam

Roboam no prestó atención a lo que el pueblo le pedía, así que este se rebeló y, después de algún tiempo, nombraron a Jeroboam rey de Israel. Solo una tribu, la de Judá, permaneció fiel a Roboam y a la casa de David. Así, la nación de Israel se dividió, como el profeta había previsto: Jeroboam gobernó sobre diez tribus en Israel, y Roboam sobre solo una. Sin embargo, Jeroboam tenía miedo de que un día esto cambiara. Cada año el pueblo de Jeroboam, a pesar de haber prometido que no serviría a la casa de David, iba a Jerusalén para adorar a Dios en el templo construido en el tiempo de Salomón. Jeroboam tenía tanto miedo de perder su trono que decidió hacer dos becerros de oro, para que la gente los adorara, pues temía que un día fueran a Jerusalén y no volvieran más. "Jerusalén está demasiado lejos como para ir cada año a adorar a Dios en el templo. Estos becerros representan a los dioses que sacaron a sus descendientes de Egipto: pueden adorarlos", les dijo Jeroboam, tratando de convencerlos. Así que puso los carneros de oro en los altares, nombró sacerdotes y organizaron fiestas a los dioses y sacrificios en el altar que Jeroboam había construido. Esto fue una gran ofensa a Dios. Si Dios es el Creador Supremo, solo Él merece nuestra adoración.

Un profeta y el altar de Jeroboam

Un profeta de la tribu Judá llegó, por mandato de Dios, hasta Jeroboam y su altar con los becerros de oro. El profeta gritó contra el altar, diciendo: "¡Altar, altar! Un hijo nacerá de la casa de David. Se llamará Josías, y quitará de este lugar a todos los sacerdotes que adoran a falsos ídolos". El profeta también dijo que el Señor daría una señal para que todos creyeran en sus palabras, declarando: "El altar se romperá en pedazos, y las cenizas que están en él se esparcirán". Jeroboam, afligido por aquello, apenas podía creerlo. Todos los que estaban allí vieron romperse al altar, y las cenizas que allí estaban se esparcieron. Jeroboam le suplicó al profeta que rezara por él, para que nada malo le sucediera, y este lo hizo. En agradecimiento, el rey le dijo: "Ven a mi casa. Puedes comer, beber y también te daré un regalo". Pero el otro no aceptó la invitación, pues Dios le había ordenado que no comiera ni bebiera nada y que volviera por el mismo camino por el que había ido. Así lo hizo el profeta, en obediencia al Señor. Muchas son las invitaciones de los amigos, muchas son las decisiones que un hombre puede tomar, pero antes de decidir cualquier cosa, uno debe recordar las palabras y enseñanzas de Dios.

Un león mata al profeta por desobedecer a Dios

Otro profeta, que vivía en Betel, se enteró a través de sus hijos lo que profeta de la tribu de Judá había hecho con el altar de Jeroboam. El anciano les dijo a sus hijos que arreglaran el burro y les pidió que le mostraran qué dirección había seguido aquel profeta. Se puso en camino, y encontró al profeta sentado bajo un roble. "¿Eres el hombre de Dios que vino de la tribu de Judá?", le preguntó. "¡Sí, soy yo!", respondió el de la tribu de Judá. El viejo profeta invitó al otro a su casa, para que pudieran comer y saciar su sed. "No puedo. Dios dijo que no debía comer pan ni beber agua en este lugar", le respondió el profeta de la tribu de Judá. Entonces el otro le dijo: "Yo también soy profeta. Dios me ordenó que te buscara para que comieras pan y bebieras agua en mi casa". ¡Claro que aquello era una mentira! Pero el profeta se lo creyó, y acompañó al anciano. Comía y bebía en su casa cuando Dios le habló, diciendo: "Fuiste desobediente a las órdenes del Señor. Comiste y bebiste en el lugar que Dios había prohibido". Dios estaba muy disgustado con esa actitud de los dos profetas. El hombre de la tribu de Judá abandonó el lugar inmediatamente, pero en el camino un león lo atacó y lo mató. Las palabras y enseñanzas de Dios ponen a todos en el camino correcto: los que no escuchan al Señor están siempre en serios problemas.

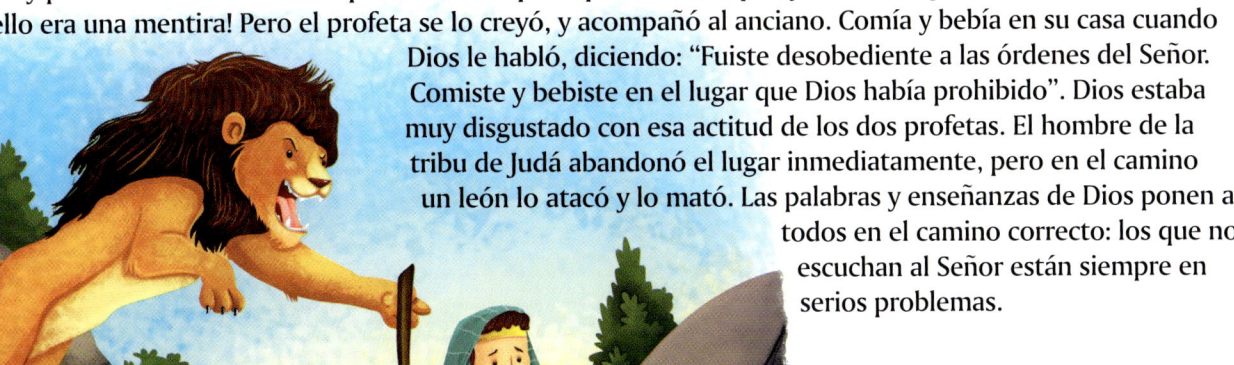

Las palabras de Ahías

Sucedió que Abías, hijo de Roboam, se enfermó repentinamente. Desesperado, Roboam le pidió a su esposa que acudiera, disfrazada, a Silo para pedir ayuda. Ella debía buscar al profeta Ahías (el que se había desgarrado su propia túnica), pero nadie debía saber que era la esposa del rey. "Ve a Silo y busca al profeta Ahías. Toma diez panes, pasteles y una olla de miel. Él te dirá lo que le pasará a nuestro hijo", le dijo Jeroboam. Ella hizo lo que su marido le había pedido: tomó los alimentos de regalo y fue a buscar al profeta. Ahías ya estaba cegado por su avanzada edad, pero, antes de que la mujer llegara, Dios le advirtió al profeta que ella era la esposa de Roboam y que vendría a consultar lo que le sucedería al niño enfermo. Ahías escuchó el ruido de sus pasos, y dijo: "¡Entra, esposa de Roboam! ¿Por qué estás disfrazada? Tengo muy malas noticias para ti". El profeta le dijo que, debido a las actitudes

desobedientes de su esposo, muchos problemas tendrían que ser enfrentados por Roboam y su familia. Roboam había adorado a otros dioses, y ahora tendría que pagar las consecuencias.

Reyes en Israel

Después de la muerte de Jeroboam y Roboam, surgieron muchos reyes que querían tomar el trono de Israel. Abías, hijo de Roboam, comenzó a reinar sobre Judá, y reinó durante tres años en Jerusalén, pero cometió los mismos errores que su padre: Abías también adoraba a otros dioses, desagradando así a Dios. Por amor a David, Dios dejó que Abías reinara, pues así se lo había prometido. Exceptuando cuando se enamoró de la esposa de Urías, David había sido un rey fiel al Señor. Cuando Abías falleció, su hijo Asa reinó en su lugar. Asa no cometió los mismos errores de su padre: obedeció a Dios y siguió las leyes del Señor, como lo había hecho David. Asa era tan justo que hasta sacó a su propia madre, Macá, del trono de reina, pues había adorado a un

falso ídolo. Mientras que Asa gobernaba sobre Judá, otro rey apareció para gobernar el resto de Israel. ¡Este nuevo rey era muy malo! Se llamaba Nadab y era el hijo de Jeroboam. Nadab reinó durante dos años, y durante ese tiempo hizo todo lo que estaba mal ante Dios: cometió las mismas injusticias que su padre había cometido. Entonces, apareció un hombre llamado Basá, que planeaba derrotar a Nadab y, finalmente, lo logró. Basá tomó el lugar de Nadab y se convirtió en un rey muy violento. Hubo muchas guerras entre el rey Asa y el rey Basá. Los errores cometidos por el rey Jeroboam, Basá y su pueblo también se repitieron: adoraron a falsos dioses e hicieron ídolos, desobedeciendo los mandamientos de Dios. Con esto, Dios se entristeció de nuevo. Parece tan difícil que la gente aprenda a escuchar las enseñanzas de Dios, pero no lo es. Y, siguiendo sus enseñanzas, la vida se vuelve mucho más feliz.

Aparece la ciudad de Samaria

Después de la muerte de Basá, uno de sus hijos comenzó a reinar en su lugar. Poco después, sin embargo, fue derrotado por un capitán de su ejército, y este hombre eventualmente asumió el reinado. Como también era un rey muy malo, el pueblo nombró un nuevo rey sobre Israel: Omrí. Tiempo después, Omrí compró la colina de Samaria y allí construyó una ciudad, la ciudad de Samaria. Allí vivió como los anteriores reyes malvados, e hizo cosas horribles ante Dios: construyó ídolos para que la gente adorara a esos falsos dioses, en lugar de seguir las leyes del Señor. Cuando Omrí falleció, dejó a su hijo Ajab como su sucesor. El rey Ajab también era un rey malvado. De hecho, incluso peor que los que habían reinado antes de él. Se casó con Jezabel, la hija de otro rey, y ambos sirvieron y adoraron a Baal, su dios. Ajab incluso construyó un altar para Baal en Samaria, lo cual enojó tremendamente a Dios. Debido a eso, muchos problemas cayeron sobre aquella nación. Los malos gobernantes solo causan problemas a su gente. Dios prefiere un intercambio de respeto y amor entre las dos partes. Y sobre todo, que nadie olvide sus mandamientos.

Elías predice una gran sequía

Elías era un profeta de Dios, y el Señor lo envió en una ocasión para hablar con el rey Ajab. Todos sufrirían con el mensaje que el profeta traería: sería un verdadero castigo para la gente que estaba allí, en Samaria, adorando a otros dioses. "El Señor Dios no permitirá que caiga ni una gota de lluvia, ni siquiera el rocío durante muchos años", le dijo el profeta. Dios le había instruido que, apenas transmitiera su mensaje, saliera de allí y se escondiera al este, junto a un arroyo. Tendría que huir, porque Ajab pensaba que Elías era un farsante y que su mensaje era una estrategia para sacarlo del trono, por lo que tenía intenciones de arrestarlo. En su escondite, Elías tenía la protección de Dios: bebía agua del arroyo y cada día Dios proveía comida para él. Pero con el paso del tiempo y la sequía el arroyo se secó. Entonces, Dios condujo a Elías a la casa de una mujer viuda. Cuando llegó y pidió comida, la mujer se preocupó, pues solo tenía un puñado de harina y un poco de aceite para ella y su hijo. "No te preocupes", dijo Elías, tranquilizando a la viuda, "ve y haz una torta con la harina que tienes, y luego tráemela. El Señor Dios ha ordenado que la harina no se agote ni falte aceite hasta el día en que él ordene que vuelva a llover". La mujer hizo lo que Elías le pedía. ¡Los que saben compartir no pasarán necesidad nunca!

El hijo de la viuda muere

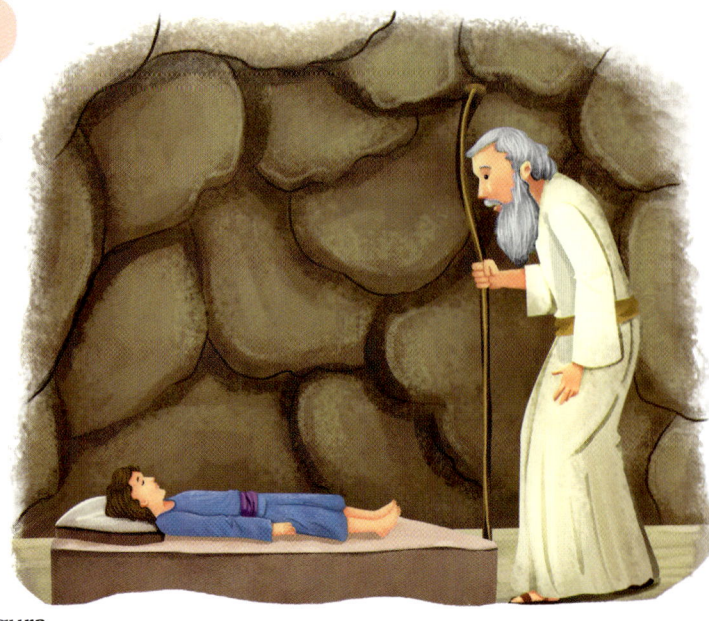

Elías se quedó en la casa de la viuda durante mucho tiempo. Un día, el hijo de la mujer se enfermó, y la enfermedad fue empeorando hasta que Dios se lo llevó al cielo. La mujer preguntó a Elías por qué le había ocurrido tal desgracia: estaba totalmente desconcertada y herida, creyendo que el profeta había traído la desgracia a su casa. "Dame a tu hijo. Lo llevaré a su cuarto y lo acostaré en su cama", le dijo él. Tan pronto como llevó al niño a su habitación y lo acostó, Elías oró con fe en Dios. Preguntó al Señor por qué había tomado al hijo de esa viuda generosa y hospitalaria. Tres veces Elías oró y pidió al Señor con fervor que el alma del niño volviera a su pequeño cuerpo. Dios escuchó la oración de Elías, y el niño revivió. Entonces, le llevó el niño a su madre y le dijo: "Ahí está tu hijo. ¡Está vivo otra vez!". Y la mujer, contenta de ver a su hijo, respondió: "Ahora estoy segura de que eres un hombre de Dios y que todo lo que dices es verdad". La felicidad de la madre era tan grande que ni siquiera le molestó la sequía que azotó esa región durante los tres años siguientes. ¡La oración y la fe, en los buenos corazones, son armas muy fuertes!

Elías habla con Ajab

La hambruna fue grande debido a la sequía en Samaria: todas las plantaciones, los pastos, los árboles, todo se estaba muriendo. Ya no quedaba nada para comer. Viendo que el problema empeoraba cada día, el rey Ajab envió a su siervo Abdías a buscar hierbas cerca de todas las fuentes de agua y en los valles, para preservar a sus animales. Abdías era un buen hombre que siempre ayudaba a la gente. Ese día, mientras buscaba las hierbas, se encontró a Elías. Abdías se inclinó ante él y le preguntó: "¿Eres tú el profeta Elías?", a lo que el otro respondió rápidamente: "¡Sí! ¡Dile a Ajab que estoy aquí!". "¿Por qué me envías de vuelta al rey Ajab? ¿Quieres que me castigue? ¡Te ha estado buscando durante mucho tiempo! ¿Y si no estás aquí cuando él venga? Es muy posible que el espíritu de Dios te lleve a otro lugar mientras yo advierto al rey de tu

presencia", le dijo Abdías, preocupado. Pero Elías le aseguró que se quedaría allí, esperando a que el siervo volviera con Ajab. Tan pronto como Ajab supo de la presencia de Elías, fue a su encuentro. El rey, todavía furioso con el profeta, le acusó inmediatamente: "¿Eres tú el que ha traído esta sequía sobre Israel?", a lo que Elías respondió: "No he traído ningún problema a Israel. Son ustedes los que no han obedecido los mandamientos del Señor y han seguido a falsos dioses, por lo que han sido castigados". Nadie tiene la culpa de los errores de los demás: todos deben asumir la responsabilidad de sus errores e intentar no cometerlos.

Dios demuestra ser el verdadero Dios

22 de junio

Elías desafió a Ajab: le pidió que ordenara a todos que fueran al Monte Carmelo, incluyendo a todos los profetas de Baal y a los otros que servían a Jezabel. Ajab hizo lo que Elías había dicho. Reunió a todos los hijos de Israel y a los profetas en aquel lugar. El profeta Elías le dijo al pueblo que debía elegir entre el Señor Dios o Baal, y que Dios les mostraría a todos quién era el verdadero Dios de todas las cosas. "Yo y solo yo soy el profeta del Señor", declaró Elías. Y, en el nombre de Dios, desafió a los profetas de Baal ante todo el pueblo. "Que nos den dos bueyes, uno para mí y otro para los profetas de Baal. Cada uno preparará su buey y lo pondrá sobre su altar, que estará cubierto de leña. Luego, cada uno invocará a su Dios para encender el fuego. Ya veremos cuál es el verdadero Dios", dijo, y la gente estuvo de acuerdo con su idea. Solo hay un Dios verdadero y, siempre que puede, nos da pruebas de ser el único.

¿Está Baal meditando o durmiendo?

23 de junio

Los profetas de Baal prepararon todo para el sacrificio del buey. Invocaron el nombre de Baal desde la mañana hasta el mediodía, para que enviara fuego al altar. Gritaron, pero nadie respondía. Elías los observaba, y al mediodía ya no pudo soportar ver tanta falsedad. El profeta incluso se rio de la situación. "¡Oye, tú! ¿Qué tal si llamas a tu dios con más fuerza en tu voz? Tal vez esté meditando, quién sabe, incluso durmiendo. Vamos, llámalo en voz alta, ¡quizás se despierte!", se mofó. Los seguidores de Baal gritaron y gritaron, pero no se encendía ningún fuego. Finalmente, se rindieron. Entonces, Elías reunió al pueblo en torno a él, preparó la carne de su buey y la puso en la madera del altar. También les pidió que trajeran suficiente agua y la echaran sobre el buey y la madera, y les dijo que lo repitieran tres veces: el altar estaba tan empapado que incluso el agua goteaba a su alrededor. La gente se acercó cada vez más para ver lo que pasaría. ¡El que adora a otros dioses termina perdiendo la fe!

Nuevo Testamento

Fuego del Señor

Entonces, Elías se puso de pie ante el altar y oró: "¡Oh, Señor, el Dios de Abrahán, Isaac e Israel! Hoy, que todos sepan quién es el verdadero Dios y vean que un siervo del Señor está haciendo estas cosas con la voluntad de Dios. Que la gente sepa que el Señor es el único Dios". Apenas terminó de pronunciar estas palabras, se encendió el fuego y lo consumió todo: el cordero, la madera, las piedras, la tierra y hasta el agua que estaba en el altar. Cuando todos vieron lo que había sucedido, se arrodillaron con los rostros en la tierra en señal de adoración, y clamaron: "¡El Señor es Dios! ¡El Señor es Dios!". Elías se alegró de haber demostrado al pueblo que Dios es soberano en el universo. El profeta ordenó a Ajab que fuera a comer y beber, porque pronto llovería de nuevo sobre la tierra. De hecho, una pequeña nube apareció a lo lejos y después de poco tiempo llegaron muchas más. Luego, una gran lluvia empezó a caer sobre la tierra. ¡Todo es posible para Dios!

La furia de la reina Jezabel

Cuando Jezabel escuchó a través de Ajab lo que Elías había hecho, se puso furiosa. Ajab le contó a detalle cómo Elías había desafiado a los profetas de Baal y cómo el verdadero Dios había encendido fuego en el altar, aunque estaba empapado de agua. Nada de esto le importó a la reina: estaba furiosa porque Elías había humillado a los profetas de Baal. Los había humillado, por supuesto, por profesar adoración a falsos dioses, pero la reina solo

pensaba en la venganza. Así que envió un mensajero a Elías, que le dijo: "¡Juro por los dioses que mañana, a esta misma hora, acabaré contigo!". Temiendo que algo malo le sucediera, Elías se fue lejos y continuó su viaje a través del desierto. Caminó durante todo un día, y cuando ya no pudo soportar el cansancio y el calor, sin agua ni comida, se sentó bajo un árbol y pidió a Dios la muerte. Se durmió allí mismo y, rato después, un ángel lo tocó: "¡Levántate, Elías, y come!". Cuando abrió los ojos, vio un pan cocido sobre piedras ardientes y agua suficiente para saciar su sed. Elías comió y bebió hasta quedar satisfecho y luego volvió a dormir. El ángel del Señor, sin embargo, volvió y lo tocó de nuevo: "Levántate ahora y come un poco más. El camino que tienes por delante es bastante largo y agotador". Dios también necesita la ayuda de algunas personas, pues necesita que sus mensajes sean llevados a todos.

Dios le habla a Elías

Elías se levantó y comió, tal como el ángel le había pedido. Con renovada energía, caminó durante cuarenta días y cuarenta noches hasta llegar al monte Horeb. Allí encontró una cueva donde pasó la noche. Dios le dijo a Elías que esperara, que se quedara en el monte hasta que el Señor hubiera pasado. De repente, un fuerte viento sopló a través de las colinas. Dios, sin embargo, no estaba en el viento. Elías esperó, y vino un terremoto, pero el Señor no estaba en el terremoto tampoco. Después de eso, un fuego apareció alrededor de él, pero Dios tampoco estaba en el fuego, y solo entonces llegó la paz: Elías escuchó repentinamente la voz de Dios. El profeta se envolvió el rostro en su manto y salió de la cueva. Elías le dijo a Dios todo lo que pensaba, lo que había pasado con el pueblo y su huida por culpa de la reina Jezabel, que solo pensaba en la venganza contra él. "Ve a través del desierto a Damasco. Allí ungirás a Hazael como rey de Siria. También ungirás a Jehú como rey de Israel y ungirás a Eliseo para que sea el profeta que te reemplace", le ordenó Dios. Todo el mundo tiene una misión. ¡Debemos descubrirla, comprenderla y aceptarla con amor, porque es Dios quien la determina!

Un rey cruel

Mientras Ajab era rey de Israel, el rey Ben-Hadad reinó en Siria. El ejército de Ben-Hadad era muy poderoso: tenía caballos, carruajes y excelentes hombres de guerra. Con tal poder, era fácil amenazar a otras naciones y someterlas a sus deseos. El rey Ben-Hadad resolvió luchar contra Israel y rodeó Samaria, luego envió mensajeros a la ciudad para que entregaran el siguiente mensaje al rey Ajab: "Quiero tu plata, tu oro, tus mujeres y tus hijos". Ajab sabía que no tenía ninguna posibilidad en una lucha contra el rey de Siria: su única opción era ceder a las peticiones de su enemigo. Así que le envió un mensaje al rey sirio, que decía: "Todo lo que tengo es tuyo". Pronto, el mensajero volvió, anunciándole que al día siguiente el rey Ben-Hadad enviaría sirvientes para tomar todo lo que quisiera de la ciudad. Ajab habló con los ancianos de Israel, y les contó la crueldad de Ben-Hadad. Les dijo que el enemigo exigía a sus mujeres y a sus hijos, su plata y su oro. También les dijo que él mismo, Ajab, había aceptado aquellas peticiones. Los ancianos escucharon lo que el rey les contaba y respondieron: "No cedas. ¡No le dejes hacer eso!". Así que Ajab envió una respuesta negativa a través de los mensajeros al rey de Siria. Furioso, Ben-Hadad prometió, en nombre de sus dioses, convertir Samaria en un montón de polvo. ¡El mal siempre atrae al mal! Hay que tener mucho cuidado con él.

Los sirios atacan a los israelitas

Un profeta se dirigió al rey Ajab para darle el siguiente mensaje de Dios: "¿Ves todo este enorme ejército? Hoy, el Señor lo pondrá en tus manos para que todos conozcan la voluntad y el poder de Dios". El rey Ben-Hadad y sus soldados estaban bebiendo y emborrachándose en sus tiendas cuando se les advirtió que los hombres israelíes de Samaria venían hacia ellos. "Ya sea que vengan a luchar o a hacer la paz, los quiero vivos", dijo Ben-Hadad, confiado. Sin embargo, Dios estaba dirigiendo la batalla y los hombres de Samaria atacaron a los sirios. Muchos de ellos huyeron de los israelitas, incluyendo a Ben-Hadad, que escapó a caballo con algunos otros jinetes. El plan de Ajab había funcionado. Así es como organizó el ataque: primero vinieron los jóvenes, los jefes de las provincias, que eran pocos. Entonces, cuando los sirios vieron ese pequeño número de hombres, advirtieron al rey Ben-Hadad, que no tomó muchas precauciones, e incluso se burló del ejército de Israel. Inmediatamente después, muchos más israelitas salieron a la batalla, sorprendiendo y derrotando totalmente a los sirios. Un año después, el rey Ben-Hadad todavía no había olvidado su derrota, por lo que decidió enfrentarse a los israelitas de nuevo. Perdió la batalla, pero Ajab decidió perdonar la vida de Ben-Hadad a cambio de tierras. Al hacer esta oferta, desobedeció a Dios y, a través del profeta, Ajab supo que sería castigado por haber liberado al rey de Siria, un malvado a quien Dios había condenado. ¡La desobediencia siempre trae malas consecuencias!

Nabot se niega a vender su viñedo

Había un hombre llamado Nabot, que vivía al lado del palacio de Ajab. Nabot era dueño de un viñedo, donde cultivaba uvas para probar y hacer vino. Un día, Ajab le propuso esto a Nabot: "¿Qué tal si me das esta tierra donde has plantado tu viñedo? A cambio, te daré otro pedazo de tierra o, si quieres, pagaré por lo que vale. Quiero plantar vegetales en esta tierra. Es ideal para mí, porque está al lado de mi casa". "No puedo vender esta

propiedad, mis padres me la dieron en herencia", le respondió Nabot. Ajab se fue a su casa, disgustado e indignado por la respuesta de Nabot. Se acostó en la cama sin siquiera comer. Pronto su esposa, Jezabel, se enteró de que el rey no estaba bien y, preocupada, le preguntó: "¿Qué te pasa? ¿Por qué estás tan deprimido que te niegas a comer?". Ajab le contó lo que había sucedido, y ella inmediatamente le dio la solución: "¿No eres tú el rey de Israel, que lo rige todo? No te preocupes, regocíjate y come. Conseguiré las tierras de Nabot". Es peligroso querer para uno mismo lo que es de los demás. ¡El egoísmo es muy malo!

Jezabel hace matar a Nabot

Jezabel era una mujer extremadamente inteligente y mala, por lo que pronto puso en práctica un plan: escribió cartas en nombre del rey Ajab, las selló con el emblema real y las envió a todos los ancianos y nobles de la ciudad. En las cartas, les decía que llevarían a Nabot ante la corte del pueblo, donde dos testigos falsos se pondrían ante él y dirían que había ofendido a Dios y al rey Ajab. Luego, sacarían a Nabot de la ciudad y le tirarían piedras. El plan de Jezabel se cumplió tal como había pensado. Luego, la mujer fue con Ajab y le dijo: "Toma posesión del viñedo y de las tierras de Nabot. Como no lo venderá a un buen precio, está fuera del negocio ahora". Y Ajab se levantó para tomar posesión de las tierras vecinas, que pertenecían a Nabot. Pero Dios ordenó al profeta Elías que se encontrara con Ajab en el camino. Allí el profeta le dijo, a petición de Dios, que el Señor lo castigaría por apedrear a Nabot y quitarle su tierra.

También le dijo que Dios castigaría a los malvados y egoístas, incluyendo a Jezabel. Al escuchar todo esto, el rey se arrepintió mucho, rompió sus vestiduras reales y, a partir de ese momento, se vistió con míseros paños. Ayunaba, dormía en sacos e iba andando a todos lados. Entonces, Dios habló a Elías: "¡Ajab está verdaderamente arrepentido de lo que ha hecho! El castigo que había prometido para su reinado ya no se llevará a cabo. Este castigo vendrá más tarde, si sus hijos cometen los mismos errores. Ajab debe educar muy bien a sus descendientes para que no pase nada malo". ¡Las enseñanzas de Dios deben pasar de padre a hijo!

Josafat hace un pacto con Ajab

Habían pasado tres años sin guerras entre Siria e Israel. Un día Josafat, rey de Judá, fue a hablar con el rey Ajab, pues quería hacer un pacto con él para que ambos lucharan juntos contra sus enemigos. Josafat quería tomar la ciudad de Ramot de Galaad, y por eso necesitaba la ayuda de Ajab. Este aceptó. Pero Josafat quiso consultar primero la palabra del Señor, así que hizo que se reunieran los profetas, que eran muchos, y les preguntó si debían o no luchar para recuperar aquella ciudad. Ellos respondieron: "Puedes ir a la batalla, porque el Señor saldrá victorioso a través de ti". "¿No hay otro profeta aquí para que lo consultemos?", preguntó Josafat. Entonces, Ajab le habló del profeta Micaías, que siempre hacía predicciones acertadas, así que Josafat pensó que era importante saber lo que Micaías pensaba sobre todo aquello. Llamaron al profeta, quien inmediatamente fue a ver a los dos reyes. ¡Antes de tomar cualquier decisión, hay que pensar muy cuidadosamente!

Un triste final para Ajab

Debido a la insistencia de Josafat, Micaías fue llevado ante los dos reyes. Tan pronto como el profeta entró en el recinto real, Ajab comenzó a cuestionarse si debía o no luchar contra la ciudad de Ramot de Galaad. "Seguramente saldrás victorioso, porque el Señor te dará esa ciudad", le dijo el profeta. Pero Ajab sabía que Micaías no estaba siendo sincero. El rey le pidió, impaciente, que dijera la verdad: "¿Cuántas veces te he dicho, Micaías, que quiero saber la verdad?". Entonces Micaías replicó:

"Pues bien, en una visión vi a las personas de Israel esparcidas por los montes, como si fueran ovejas sin pastor. Veo al Señor diciéndole a cada uno que vuelva a su casa en paz, porque las ovejas ya no tienen dueño". "¿Oyes? En otras palabras, ¡acaba de decir que no voy a volver de la guerra con vida! ¿No te lo dije, Josafat? Este profeta siempre predice que me pasarán cosas malas", dijo Ajab, indignado, e hizo arrestar a Micaías. Lo condenó a quedarse en la cárcel, a pan y agua, hasta que regresaran de la batalla. Pero tan pronto como entró en el campo de batalla, Ajab fue alcanzado por una flecha que le quitó la vida. Al final de aquel día, cuando las tropas se enteraron de la muerte de Ajab, rey de Israel, se fueron cada una a su ciudad: ya no tenían un rey. ¡A menudo la voluntad de Dios causa dolor y molestias, pero es necesario aceptarla!

Ocozías, el hijo de Ajab

Algún tiempo después de la muerte de Ajab, su hijo Ocozías comenzó a reinar sobre Israel en la ciudad de Samaria. Sin embargo, Ocozías hizo muchas cosas malas ante Dios. También se inclinó ante Baal y le adoró, como habían hecho sus padres. Una vez más, tal actitud no agradó a Dios. Un día, Ocozías estaba caminando por el palacio y cayó descuidadamente de la ventana de una habitación en lo alto, y se lastimó bastante. Él, creyendo en dioses paganos, envió a un sirviente suyo para consultar a Baal, su dios. Ocozías quería que Baal le dijera si volvería a estar bien tras la caída. Dios intervino, ordenando a Elías que fuera a hablar con los mensajeros del rey. Cuando Elías los encontró, les pidió que llevaran el siguiente mensaje del Señor a Ocozías: "No eres un hombre bueno. ¡Dios está decepcionado de ti!". Al enterarse del mensaje que Dios enviaba a través de Elías, Ocozías se enfadó mucho y envió a un capitán con algunos soldados para que lo trajeran ante él. Elías no fue con ellos, aunque fue amenazado. Le dijo al capitán y a sus hombres: "Si soy un hombre de Dios, que baje fuego del cielo a la tierra". Y tan pronto como dijo eso, el fuego bajó del cielo como prueba de que estaba diciendo la verdad. Pero Ocozías no se rindió: envió a otro capitán con sus hombres, y otra vez ocurrió lo mismo. Cuando Ocozías envió el tercer grupo de hombres, Dios le dijo a Elías que fuera con ellos. Finamente, Elías fue ante el rey y le preguntó: "¿No pudiste consultar a Dios sobre tu bienestar? ¿Por qué quisiste consultar a Baal? Ese fue tu error. Tendrás que asumir las consecuencias de esta actitud tan contraria a nuestro Dios". ¡La vida es tan buena para los que aman y respetan al Señor Dios!

Elías en un carro de fuego

Se acercaba el momento en que Elías iba a dejar su lugar de profeta a Eliseo, así que quiso dejar a Eliseo en Gilgal, diciéndole: "Quédate aquí, porque el Señor me ha enviado a Betel". Pero Eliseo no quería dejar que Elías se fuera solo: lo acompañó y ambos fueron a Betel. Algunos profetas de Betel salieron al encuentro de Eliseo y le dijeron: "¿Sabías que Dios se llevará hoy a Elías al cielo?". "¡Sí, lo sé! Pero no hablemos de ello", respondió Eliseo, cambiando de tema. Elías le dijo que iría a Jericó y que Eliseo debía quedarse, pero este, no queriendo perder a su maestro, discutió una vez más y se fue con él a Jericó. Allí pasó lo mismo que en Betel. Desde allí los dos se fueron al río Jordán, aunque Elías le pidió a Eliseo que se quedara. Cuando llegaron a la orilla del río, Elías se quitó el manto, lo enrolló y con él movió las aguas, abriéndoles un camino para que pasaran. Después de haber pasado por el río Jordán, Elías le preguntó a Eliseo qué le gustaría que hiciera antes de irse con Dios. Y Eliseo dijo: "Trátame como si fuera tu hijo. Quiero heredar al menos algo de tu espíritu, tan bendecido por Dios". "¡Pides algo muy importante! Si me ves cuando me lleven al cielo, sucederá; de lo contrario, no", respondió sabiamente el profeta. De pronto, mientras caminaban y hablaban, apareció un carro de fuego tirado por caballos de fuego, que los separó. En ese carro, Elías ascendió al cielo. Eliseo lo vio todo y gritó: "¡Padre mío, padre mío! Para Israel, el Señor vale un ejército de fuerza". Eliseo sabía que ya no volvería a ver a su gran amigo y sabio profeta. ¡La mayor herencia que uno puede recibir es la riqueza de espíritu! ¡En esta riqueza está la sabiduría y la sensibilidad!

Eliseo hace que el agua se purifique

Cuando Eliseo vio que Elías era llevado al cielo en el carro de fuego, tomó el manto que el primero había dejado caer y lo sumergió en las aguas del río Jordán. Pronto se dividieron y Eliseo, de nuevo, logró pasar sano y salvo. Los discípulos vieron que ahora Eliseo tenía los mismos poderes que Elías, pero nadie sabía lo que le había sucedido al sabio profeta. Entonces, como creían que Elías había sido llevado por el Señor a algún valle o montaña, le pidieron a Eliseo que les dejara buscarlo. Buscaron durante tres días, pero no encontraron nada. Cuando regresaron, encontraron a Eliseo en Jericó. El nuevo profeta sabía que no habían encontrado nada, pues Elías se había ido al cielo. Entonces, los hombres de Jericó entendieron que Eliseo era el nuevo profeta de Dios y le explicaron algunas cosas: "Verás, profeta, Jericó es una gran ciudad, bien situada, con tierra fértil, pero las aguas aquí son malas. ¡No debe beber de esta agua!". "Tráiganme un plato con mucha sal", les dijo Eliseo. Los hombres obedecieron y pronto trajeron el plato con sal. Eliseo fue a la fuente de las aguas y arrojó allí la sal: "En el nombre del Señor, estas aguas se purificarán", declaró el profeta. Enseguida las aguas se volvieron aptas para el consumo. Dios nos da todo en la naturaleza. Con buenas manos y un corazón generoso, ¡podemos vivir de ella con alegría y disfrutarla para siempre!

Agua para todos
6 de julio

Joram, otro hijo de Ajab, comenzó a reinar sobre Israel. También pecó durante su reinado, pero no tanto como sus padres y el resto de la familia. Joram hizo que quitaran la columna de Baal, construida por su padre, pero repitió los mismos errores que Jeroboam había llevado a Israel a cometer. El rey de Moab, llamado Mesa, criaba ganado y pagaba sus impuestos al rey de Israel con cien mil corderos y la lana de cien mil ovejas. Pero, después de la muerte de Ajab, este rey se rebeló contra el rey de Israel, así que el propio Joram fue a inspeccionar su ejército y pidió ayuda a Josafat, el rey de Judá, para luchar contra el rey Mesa. Juntos se pusieron en marcha, y les llevó siete días llegar al lugar de la batalla. En el trayecto, se acabó el agua para los soldados. "¡Oh, Señor! ¿Seremos vencidos por nuestros enemigos después de tantos días de marcha y sufrimiento?", preguntó el rey Joram. Pero el rey Josafat, muy cauteloso, pronto recordó que solo un profeta de Dios podría ayudarles. ¡La gente que se esfuerza y lucha tiene la seguridad de poder pedirle ayuda a Dios!

Cavar tumbas
7 de julio

Los dos reyes fueron a ver a Eliseo para saber qué hacer. Al principio, Eliseo deseó no ayudarles, pensando: "¿Qué quieres de mí, Joram? ¿Por qué no buscas los falsos profetas de tu padre y tu madre?". Pero como Josafat también estaba allí, el amable Eliseo decidió prestarles atención y les ayudó. Ordenó a los soldados que cavaran una tumba en un valle. "No sentirán el viento, ni verán la lluvia, pero este valle se llenará de tanta agua que tú y el ganado y todos los animales beberán a gusto", les dijo Eliseo, "y si aún creen que esto es poco, verán cómo Dios los hará victoriosos ante el ejército de sus enemigos". A la mañana siguiente, la tumba que habían hecho se llenó de agua, y el sol tiñó el agua de rojo con sus brillantes rayos. A lo lejos, cuando se levantaron por la mañana, los moabitas vieron aquellas aguas enrojecidas por el sol y pensaron que era sangre: se imaginaron que los israelitas habían luchado entre ellos y habían derramado toda esa sangre, así que decidieron atacarlos sin miedo, pensando que estarían heridos y debilitados. Cuando llegaron al campamento de los israelitas, fueron sorprendidos en un ataque. Muchos moabitas perdieron sus vidas, otros tantos huyeron, y así Israel los derrotó. La precaución y el coraje nunca se pueden separar. Con ambos y la protección de Dios, ningún enemigo puede ganar.

Las ollas y el aceite

Una mujer, que estaba casada con un discípulo de los profetas, buscó a Eliseo para pedirle ayuda. "Mi marido murió. Tú, Eliseo, sabes que él amaba al Señor. Mi esposo estaba endeudado cuando murió, y ahora el acreedor quiere llevarse a mis dos hijos para que sirvan como esclavos, porque no puedo pagar la deuda". Eliseo no estaba seguro de cómo podía ayudarla. "¿Qué tienes en casa?", le preguntó. "No tengo nada, solo una olla de aceite", respondió ella. "Ve y pide prestadas ollas y sartenes a todos tus vecinos: pide muchas. Luego toma a tus hijos y enciérrate con ellos en casa. Vierte un poco de aceite en cada olla y separa la que tenías en casa antes". La mujer hizo lo que Eliseo le había aconsejado: con su olla de aceite, llenó todos los demás recipientes uno por uno, hasta que no quedó ninguno vacío, y entonces el poder de Dios dejó de producir aceite. La viuda fue inmediatamente a contarle a Eliseo la maravilla que había sucedido. Él le dijo: "Ahora debes vender el aceite y pagar tus deudas. Después, todavía te quedará algo para que vivas bien con tus hijos". No son los hombres los que hacen milagros: los hombres solo hacen posible que Dios haga sus milagros en la tierra. Pero se necesita mucha fe para que ocurran.

El cuarto de Eliseo

Eliseo viajó por Israel haciendo lo que Dios tenía destinado para él. Un día, pasó por la ciudad de Sunem, y una rica mujer insistió en que se quedara a comer en su casa. Emocionada, la mujer dijo a su marido: "Este hombre es un profeta de Dios. ¿Qué tal si le destinamos una pequeña habitación en nuestra casa? Podemos poner una cama, una mesa con una silla y una lámpara. Así, cuando pase por esta zona por la noche, siempre puede quedarse aquí sin molestar a nadie". Así lo hicieron. Un día, cuando volvió a pasar por ese pueblo, Eliseo decidió quedarse allí. Como estaba cansado, comió algo, fue a su habitación y se acostó. Al día siguiente, Eliseo le dijo a la mujer: "Me has tratado con gran amabilidad. ¿Qué puedo hacer por ti?". Pero la mujer no quería nada. Eliseo no se conformó, y le preguntó a su sirviente cómo podrían ayudar a aquella amable pareja. "Por lo que sé, su marido es bastante viejo, y ella no tuvo hijos. Tal vez el Señor Dios pueda ayudarla", respondió el sirviente. Así que Eliseo llamó rápidamente a la mujer y le dijo que para ese momento del año siguiente, ya tendría un niño en sus brazos. Sin creer en esas palabras, ella respondió con dureza: "¡No, mi señor, hombre de Dios, no me mienta!". Pero Eliseo no había mentido, y justamente un año después, la mujer tenía un bebé en sus brazos. ¡La bondad siempre es recompensada por Dios!

El malestar del hijo de la mujer suní

El hijo de la mujer vivía felizmente con sus padres. Creció y un día, cuando ya era mayor, salió a buscar a su padre, que trabajaba en el campo. De repente, sintió un dolor punzante en la cabeza y le gritó desesperadamente a su padre: "¡Oh, mi cabeza!". Muy preocupado, su padre hizo que un empleado lo llevara corriendo con su madre. Tan pronto como esta vio a su hijo, lo tomó en sus brazos amorosos y lo acostó cuidadosamente en la cama de Eliseo. Luego cerró la puerta y abandonó la habitación, para que el niño pudiera descansar en silencio. La mujer mandó a buscar a su marido, pues sabía que la situación del chico era grave. Cuando aquel llegó, la esposa le dijo: "Por favor, envía a uno de nuestros sirvientes rápidamente a buscar un asno para que me lleve rápidamente con el profeta de Dios". "¡Pero hoy no es sábado, y no es día de luna nueva!", respondió su marido, asustado. Pero ella insistió: "Me iré yo de todos modos". La mujer se fue con su empleado al Monte Carmelo para hablar con Eliseo, y le dio órdenes expresas a su criado de no detenerse en el camino a menos que ella lo pidiera. Llevar la fe en el corazón es armarse contra las penas de la vida.

Guehazí y el bastón de Eliseo

Cuando Eliseo vio a la mujer a lo lejos, le pidió a su sirviente Guehazí que saliera a su encuentro y le preguntara cómo estaban su marido y su hijo. "Están bien", respondió ella, sin querer decirle la verdad al sirviente. Pero al llegar ante Eliseo, se lanzó a sus pies y abrazó sus piernas, llorando. Guehazí intentó quitársela a su amo de encima, pero Eliseo le dijo: "¡Déjala en paz! ¿No ves que esta mujer está angustiada?". El profeta sospechaba que algo trágico había pasado con el hijo de la mujer, y no se equivocaba. Cuando ella le contó lo que había pasado, el profeta envió a Guehazí a su casa para colocar el bastón de Eliseo en la cara del niño. Se fueron, y al llegar Guehazí puso el bastón sobre el niño, que estaba acostado en la cama de Eliseo, pero el niño no se movió. El sirviente regresó y le dijo a Eliseo que el niño nunca despertaría. El mayor sufrimiento de una madre es ver a su hijo enfermo. ¡Solo la fe en Dios puede aliviar este dolor!

El milagro de Dios a través de Eliseo

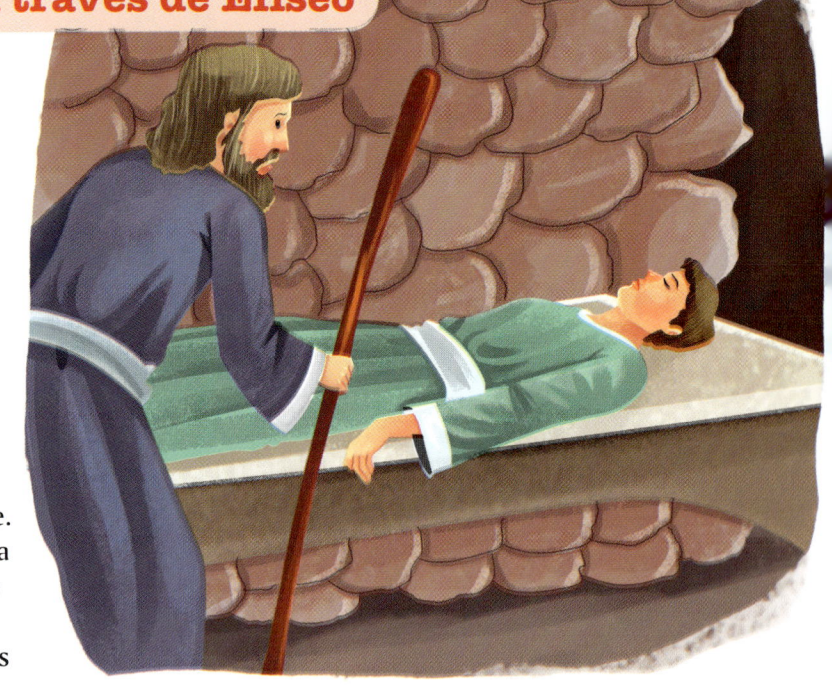

Entonces, el profeta fue a la casa de la mujer y vio al niño acostado en la cama. Eliseo puso su boca en la boca del niño, sus ojos en sus ojos, y sus manos en las manos del pequeño. Repitió estos gestos hasta que el cuerpo del niño se calentó de nuevo. Eliseo insistió, haciendo esfuerzos para que el niño volviese a la vida. El profeta caminó de un lado a otro de la habitación, y luego se sentó junto al niño. Esperó y esperó... ¡hasta que finalmente vio una señal de vida! ¡El niño estornudó siete veces y abrió los ojos! "¡Guehazí, llama a la madre del niño!", ordenó el profeta, feliz. La mujer respondió a la llamada rápidamente. "Mira a tu hijo", le dijo a la señora. Muy agradecida y feliz de ver a su hijo vivo, la mujer se arrojó a los pies de Eliseo. Tenía alegría en sus ojos y paz en su corazón. ¡Solo la fe conquista los milagros! ¡Dios nunca abandona a los que tienen fe!

Alimentos envenenados

Tiempo después, Eliseo regresó a Gilgal. Eran tiempos de hambruna y, tras hablar con los discípulos de los profetas, le dijo a su sirviente: "Pon la olla grande en el fuego y haz una comida deliciosa para todos nosotros". El sirviente fue al campo a recoger hierbas y encontró una planta silvestre, que pensó que sería buena para cocinar. Cortó algunas hojas, volvió y puso el guiso y las hojas en la olla. Cuando se sirvió la comida, todos empezaron a comer rápidamente, debido al hambre. De repente, notaron algo extraño y dejaron de comer inmediatamente. "¡Esta comida está envenenada, hombre de Dios! ¡Vamos a morir!", exclamaron, aterrados. Eliseo les ordenó que trajeran harina: vertió una buena cantidad en la olla, lo mezcló todo y ordenó que volvieran a comer. Así lo hicieron, y ninguno se enfermó. ¡Dios le da al hombre el poder de sanar! Pero hay que tener mucho cuidado con lo que se pone en la boca: ¡cuidado con la comida, cuidado con las palabras!

Ayudado por una chica

Había un hombre llamado Naamán, comandante del ejército del rey de Siria, que era un héroe de guerra muy apreciado a los ojos del rey porque Dios había dado la victoria a Siria a través de él. Sin embargo, Naamán tenía un problema de salud: padecía de lepra, una enfermedad grave. Un día, las tropas salieron de Siria para luchar contra Israel y se llevaron a una niña cautiva, que pasó a trabajar de criada de la esposa de Naamán. Muy astuta, la muchacha pronto se dio cuenta de que Naamán tenía lepra, y pensó que sería conveniente hablar con su esposa al respecto: "Señora, si su esposo estuviera ante el profeta de Samaria, estoy seguro de que podría curarse de su enfermedad", le dijo la muchacha. La mujer comentó más tarde con Naamán lo dicho por la chica. Muy entusiasmado, Naamán le dijo al rey lo que la joven había dicho. "Naamán, ve a Samaria. Te enviaré con una carta al rey de Israel explicando tu problema y la razón de tu presencia", le dijo el rey sirio. Naamán se fue, llevando mucho oro, ricas vestiduras y mucha esperanza en su corazón. Cuando el rey de Israel leyó la carta traída por Naamán, se ofendió y le dijo: "¿Acaso soy yo un Dios con suficiente poder para sanar a un hombre? Esto es solo un pretexto para pedir algo que no podemos conceder, para que luego que los sirios se enfaden y luchen con nosotros". Cuando Eliseo se enteró de aquello, pidió que le enviara a Naamán. Así, Eliseo intentaba mostrar a todos los sirios y al pueblo de Israel el poder de Dios para hacer cosas que parecen imposibles. Sin demora, Naamán tomó sus caballos y carros y fue a buscar al profeta. Se detuvo, con el corazón acelerado, ante la casa de Eliseo. La esperanza es la compañera de la alegría de la vida. ¡El que tiene esperanza sueña con la felicidad y se regocija en Dios!

Naamán es curado de la lepra

Eliseo no salió a hablar con Naamán, pero envió un mensajero a que le dijera: "Naamán, ve al río Jordán y lávate siete veces. Solo entonces tu cuerpo estará libre de lepra, y estarás totalmente curado de esta enfermedad". Naamán estaba muy enojado porque Eliseo no había salido a hablar con él: consideraba esto como una actitud muy desconsiderada por parte de alguien que se hacía llamar un hombre de Dios. "Pensé que el profeta me hablaría e invocaría el nombre de Dios para que yo pudiera ser curado de la lepra. En cambio, me ordena que me lave siete veces en el río Jordán. Todos sabemos que otros ríos son mejores que estos de Israel. ¡No entiendo por qué debo lavarme en el río Jordán!", refunfuñó a su séquito. Así que decidió reunir a sus hombres y regresar a casa, pues estaba indignado. En el camino, sin embargo, sus hombres hicieron todo lo posible para convencerlo

de que obedeciera las instrucciones de Eliseo. "Si el profeta hubiera pedido algo mucho más difícil, ¿no lo haría para deshacerse de este mal de una vez? ¿Qué daño puede haber en hacer algo tan simple como bañarse en el Jordán?", argumentaron sus hombres. Naamán reflexionó y concluyó que tenían razón, así que fue al río Jordán, se quitó la ropa, se zambulló y se lavó siete veces. Cuando salió del agua tras la séptima vez, su cuerpo estaba limpio, sin rastros de lepra. ¡Su piel era tan suave como la de un niño! Uno nunca debe dudar de las palabras de Dios, aunque sean habladas a través de sus mensajeros en la tierra.

La avaricia de Guehazí

Al ver que estaba curado, Naamán apenas podía creerlo. ¡Sintió mucha felicidad! Su primer impulso fue regresar ante Eliseo y darle las gracias, así que volvieron en sus pasos y reconocieron ante Eliseo la gloria de Dios. Naamán quería recompensar al profeta de alguna manera, darle algún regalo. Eliseo no aceptó nada, aunque Naamán insistió mucho. Entonces, en gratitud, el comandante sirio prometió que nunca más adoraría a dioses falsos y que Dios sería el que recibiría sus sacrificios. Viendo la sinceridad de sus palabras, Eliseo le dijo que volviera en paz a su tierra. Tenía razones para no aceptar regalos: sabía que Dios había realizado el milagro de curar a ese hombre de la lepra. No había sido él, sino el Señor de Israel, quien había sanado a Naamán. Guehazí, el sirviente de Eliseo, vio cuando Naamán se iba y pensó para sí mismo: "Eliseo no quiso aceptar ningún regalo de este sirio, pero yo no tengo por qué hacer lo mismo. Correré tras él, y seguramente me dará algo". ¡La avaricia y el egoísmo son enemigos que solo traen confusión a la gente!

Guehazí y su codicia

Guehazí corrió hasta que alcanzó a Naamán. El comandante curado pronto vio a alguien corriendo tras ellos, así que saltó de su carro y le preguntó a Guehazí si todo estaba bien. "¡Todo está bien, sí! Pero mi señor me informó de la llegada de dos discípulos de los profetas, que acaban de llegar de las regiones montañosas, y me dijo que le pidiera dos talentos de plata y dos hermosas túnicas, para obsequiarles", respondió Guehazí. Naamán tuvo el placer de entregarle dos talentos de plata atados en dos bolsas y también dos hermosas túnicas. Tan pronto como volvió, Guehazí escondió todo en su casa para que nadie supiera lo que había hecho, pero Eliseo le preguntó: "¿Dónde has estado, Guehazí?". "En ninguna parte, mi señor", respondió el sirviente. "Sé lo que hay en tu corazón. Sé que fuiste a ver a Naamán y le pediste plata, túnicas y otras cosas", le increpó el profeta. Eliseo reprendió el comportamiento de su sirviente, pues no era correcto aceptar regalos a cambio de algo que él no había hecho. Era Dios quien había sanado al comandante sirio. Eliseo le dijo que el Señor Dios estaba muy triste por su codicia. Pronto Guehazí sufrió las consecuencias de su error, y lamentó mucho su deshonestidad. ¡Pasar tiempo en la codicia es perder el tiempo dedicado a Dios!

La ceguera de los soldados

La paz entre Israel y Siria no duró mucho tiempo. Pronto, el rey de Siria declaró la guerra a Israel, armó su ejército y reunió a sus oficiales para planear un ataque. Pero Dios advirtió a los israelitas, a través del profeta, que no pasaran por allí, así que el ejército sirio no pudo llevar a cabo su ataque. Al ver que no habían podido cumplir su plan, el rey sirio llamó a sus oficiales y preguntó: "¡¿Quién de ustedes nos está traicionando?! ¡¿Cómo es que los israelitas han sabido de nuestros planes y no han pasado por aquí?!", a lo que uno de sus hombres respondió: "Ninguno de nosotros es un traidor, mi rey. Eliseo, el profeta, es el que le dice a los israelitas qué hacer". El rey sirio se enfureció y decidió arrestar a Eliseo, y envió a sus tropas a su ciudad. A la mañana siguiente, cuando el sirviente de Eliseo despertó, descubrió que la ciudad estaba rodeada, y corrió a advertir a su amo. "¡Estamos rodeados de enemigos, señor! ¡Ay! ¿Qué haremos?!", dijo. "No tengas miedo", respondió Eliseo, "te aseguro que, con la ayuda de Dios, seremos más fuertes que todas sus tropas". El profeta oró para que las tropas enemigas se volvieran ciegas, y eso ocurrió. Entonces los guio a Samaria y, al llegar allí, recuperaron la visión. Al ver aquello, el rey de Israel le preguntó a Eliseo: "¿Qué haremos ahora con esta gente?". El profeta le aconsejó: "Debes alimentarlos y luego enviarlos de vuelta a siria". ¡Debemos ser justos incluso con nuestros enemigos, pues esa es la voluntad de Dios!

Gran hambruna en Samaria

Durante un período, no hubo más ataques de Siria a las tierras de Israel. Sin embargo, Ben-Hadad, rey de Siria, quería conquistar Samaria a toda costa. Reunió a todo su poderoso ejército y fue allí para rodear la ciudad. Los sirios eran inteligentes y sabían muy bien que si rodeaban la ciudad y no dejaban entrar a nadie, la gente pronto se quedaría sin comida. Con la gente hambrienta, el ataque sería más fácil, ¡por supuesto! Debido a esto, hubo una gran hambruna en Samaria. No había comida, y lo poco que había se compraba desesperadamente a un precio muy alto. El rey se entristeció por el sufrimiento del pueblo. Cuando parecía que las esperanzas se desvanecían, el rey envió un mensaje a Eliseo: "El Señor nos ha traído esta desgracia. ¡Incluso pienso en cometer una locura, porque no tengo nada más que perder!". El mensaje llegó a Eliseo, quien pronto envió una respuesta al rey: "Dile a tu pueblo que mañana, a esta misma hora, la harina de trigo y la cebada se venderán a un precio muy bajo a la entrada de Samaria". El capitán del rey de Israel no creyó esto, pues estaban totalmente rodeados por los sirios. Se burló de Eliseo, diciendo: "Aunque Dios hiciera ventanas en el cielo para hacer llover comida en este lugar, eso no sucedería". ¡Nunca debemos dudar del poder de Dios!

20 de julio — Los cuatro leprosos

Cuatro hombres con lepra estaban a la entrada de Samaria. En aquellos días, los leprosos se veían obligados a vivir fuera de las ciudades, pues la gente tenía mucho miedo de esta enfermedad y siempre quería alejarse de quienes la sufrían. Estos cuatro hombres también estaban muy, muy hambrientos. "¿Qué vamos a hacer? No podemos entrar y, aunque pudiéramos, no hay comida allí. Si nos quedamos aquí sentados, tarde o temprano nosotros también moriremos", comentaron los pobres desgraciados. Como no tenían nada que perder, decidieron ir al campamento sirio y pedir comida. Si les daban algo y los dejaban vivir sería un gran beneficio, y si, por el contrario, los mataban, aquello sería preferible al sufrimiento de morir de hambre. Al anochecer, los cuatro leprosos se dirigieron al campamento sirio. A través de su poder, Dios hizo que los sirios escucharan ruido de carros, caballos y un gran ejército que se acercaba, entonces se asustaron y huyeron, dejando todo atrás. Cuando los leprosos vieron que era seguro y que no había nadie, entraron en una de las tiendas, comieron y bebieron hasta quedar saciados. Dios siempre conoce las verdaderas necesidades de los hombres.

21 de julio — Alimentos para todos

Los leprosos sabían que no habían hecho lo correcto al comer tanto y sin reparo mientras las personas de su pueblo pasaban hambre, así que su conciencia pesaba sobre ellos. "Sabemos que toda esta comida podría satisfacer el hambre de todos en Samaria. ¡No debemos mantenerlo en secreto y quererlo todo para nosotros! Los demás están tan hambrientos como nosotros, y no podemos esperar hasta mañana para contarles esto". Así que fueron a las puertas de Samaria y anunciaron en voz alta que habían ido al campamento de los sirios y que allí no quedaba nadie. También dijeron que el ejército enemigo había huido, dejando todas sus reservas de comida allí. El rey no podía creer aquella noticia, y pensó: "Esto debe ser un truco de los sirios. Seguramente están escondidos, y nos atacarán si vamos allí". Siendo precavido, el rey envió algunos soldados para comprobar si aquello era cierto. Tan pronto como sus hombres regresaron y confirmaron la buena noticia, el pueblo se dirigió al campamento en medio de una gran desesperación y hambre. La prisa era tan grande que el capitán del rey, aquel que no había creído el mensaje de Eliseo, fue atropellado y gravemente herido por la estampida. ¡Tal vez aquello fue una lección por su falta de fe!

La profecía

Algún tiempo después, Eliseo fue a Damasco. El rey de Siria, Ben-Hadad, estaba muy enfermo cuando le dijeron que Eliseo estaba en la ciudad. El rey pensó inmediatamente en enviar a su fiel servidor Hazael a hablar con el profeta. Ben-Hadad le dijo al siervo: "Toma estos regalos: encuentra a Eliseo, dáselos, y pregúntale si Dios me curará de esta enfermedad". Hazael fue al encuentro de Eliseo, llevando cuarenta camellos cargados con lo mejor de la ciudad. Cuando lo encontró, le dijo: "El rey de Siria quiere saber si Dios lo curará de la enfermedad que padece". Y el Señor respondió, a través de Eliseo: "El rey se curará de su enfermedad, pero no vivirá mucho tiempo".

Jehú es el ungido rey de Israel

Eliseo llamó a uno de sus discípulos, y le ordenó: "Lleva esta olla de aceite a Ramot de Galaad. Cuando llegues allí, busca a Jehú, hijo de Josafat. Toma este aceite y viértelo en su cabeza: dile que el Señor lo está ungiendo como rey de Israel. Y, tan pronto como lo hayas hecho, vuelve aquí y no te detengas en el camino". El discípulo hizo exactamente lo que Eliseo le había dicho. Cuando llegó a la ciudad se encontró a los capitanes del ejército sentados, y Jehú era uno de ellos. "Tengo un mensaje para usted, capitán Jehú", le dijo el hombre. Ambos se alejaron de los demás, y el joven derramó el aceite sobre la cabeza de Jehú, diciendo: "Dice el Señor Dios: «Yo te unjo como rey sobre el pueblo de Israel». Ya no permitirá que los descendientes de Ajab ocupen el trono, porque Jezabel fue muy malvada con los profetas de Dios. Toda la casa de Ajab será derrotada". Tan pronto como terminó de decir aquellas palabras, el joven se fue rápidamente. No entendiendo muy bien qué había pasado, Jehú volvió con sus compañeros. "¿Estás bien, Jehú? ¿Qué quería ese joven contigo?", le preguntaron aquellos. "¡No se hagan los tontos! Ya saben quién es: vino aquí en nombre del Señor Dios para ungirme como rey de Israel", contestó Jehú, seriamente. Rápidamente, los otros capitanes tomaron cada uno su manto y lo extendieron en los escalones por donde Jehú pisaría. Luego tocaron la trompeta y proclamaron en voz alta: "¡Jehú es el rey!", y todos se regocijaron ante el nuevo rey. La gente siempre piensa que ha elegido a su gobernante sabiamente, pero solo el tiempo y Dios dirán si esto es cierto.

Caballero salvaje

Jehú conspiró contra Joram, que reinaba sobre Israel en ese momento. El rey Joram había sido herido por los sirios en la batalla, por lo que fue a una ciudad para curar sus heridas. Los guardias del palacio vieron desde la torre que las tropas de Jehú se acercaban, e inmediatamente informaron al rey Joram. Preocupado, el rey envió un mensajero para averiguar si las tropas venían en paz. Muy astuto, Jehú persuadió al mensajero para que se uniese a sus tropas, así que el hombre no volvió al palacio. El rey Joram envió otro mensajero, pero, una vez más, Jehú logró convencerlo de que se quedara a su lado. Cuando Joram se dio cuenta de que el segundo mensajero tampoco volvería, decidió usar su carro e ir a encontrarse él mismo con Jehú. "¿Vienes en paz, Jehú?", le preguntó. "¿Qué paz puede haber mientras tu madre, Jezabel, permite tantas cosas malas para su pueblo?", respondió Jehú. Entonces, Joram volvió a las riendas e intentó huir junto a Ocozías, el rey de Judá, que estaba con él. Pero no pudieron escapar: Jehú, con su arco y flecha, pudo vencer a Joram, rey de Israel, y a su amigo Ocozías. Ambos fueron asesinados. ¡Los hombres malvados siempre terminan en las manos de la justicia de Dios!

La muerte de Jezabel

La malvada Jezabel pronto supo que Jehú estaba cerca. Así que se vistió como una verdadera dama, arregló bien su pelo, se maquilló la cara y se quedó en la ventana, esperando su llegada. Tan pronto como este entró a la ciudad, Jezabel, con cara de burla, le preguntó: "¿Crees que tendrás paz solo porque venciste al rey?". Jehú levantó su cara hacia la ventana desde la que ella le hablaba, y dijo: "¿Quién es esta mujer?". Enseguida, tres hombres que estaban cerca respondieron a su pregunta. Aquellos hombres tampoco eran felices bajo el reinado de Jezabel, pues conocían su maldad y sufrían con ella, al igual que toda la gente de ese lugar. Jezabel nunca había hecho nada en beneficio de los demás, solo pensaba en sí misma. ¡Ese fue su gran error! Por eso, con la ayuda de los tres hombres, Jehú sacó a Jezabel de la ciudad. A partir de entonces, el pueblo se libró de la maldad de aquella mujer. ¡Una nación solo es feliz cuando está libre de líderes malvados!

Un rey secreto

Tras la muerte de Ocozías, Atalía, su madre, ordenó que todos sus descendientes fueran eliminados, para que ella pudiera convertirse en reina de Judá. Era una mujer extremadamente vengativa, malvada y violenta en sus acciones, como Jezabel. Sin embargo, una hermana de Ocozías tomó a Joás, uno de los hijos del difunto rey, y se lo entregó a su niñera, con la intención de proteger al niño de las garras de su abuela. Joás permaneció escondido en la casa del Señor durante seis años, bajo la responsabilidad de un sacerdote, mientras reinaba la mala Atalía. El niño tenía siete años cuando el sacerdote mandó llamar a los capitanes de la guardia, y les hizo prometer que no le contarían a nadie algo que tenía que mostrarles. Entonces presentó al pequeño príncipe, y organizó que los capitanes lo vigilaran y lo protegieran de todo peligro. Un día, el sacerdote coronó al niño, y desde ese momento Joás fue el rey.

Joás y el sacerdote

Tan pronto como Joás fue coronado, el pueblo corrió por las calles aclamando al nuevo rey. La malvada reina Atalía, enfurecida, escuchó la algarabía y decidió ver de cerca lo que estaba pasando. Así que se preparó y fue a la casa del Señor, de donde venía toda la euforia. Allí vio al pequeño rey junto al pilar de la entrada del templo, también vio a los capitanes y a los que tocaban las trompetas a su alrededor. Todos estaban muy alegres: incluso había un hermoso coro cantando alabanzas. Muy indignada, Atalía rasgó sus ropas y gritó: "¡Traición! ¡Traición!". El sacerdote ordenó a los capitanes que capturaran a la reina fuera del templo, pues no quería violencia dentro de la casa del Señor. Entonces, el sacerdote hizo una alianza con el nuevo rey y con todos los presentes, y prometieron convertirse en un pueblo del Señor, así que todos fueron al templo de Baal, el falso dios, y desmantelaron sus altares, sus imágenes, ¡todo! Como el pequeño Joás era aún muy joven para tomar todas las decisiones de un rey por sí mismo, el sacerdote se convirtió en su tutor y consejero. Cuando la gente permite la presencia de Dios, siendo honesta y buena, ¡la tranquilidad viene a morar en sus corazones!

La restauración de la casa del Señor

Joás era un buen rey, que solo hacía cosas buenas ante Dios. Pronto se convirtió en un hombre adulto. Un día, Joás decidió restaurar la casa del Señor, pues el templo ya necesitaba una reforma. Necesitaban recolectar dinero del pueblo de Israel para ser usado en la restauración. Aquello podría llevar años, pero Joás tenía prisa y les pidió que se involucraran activamente en esta tarea, ya que la casa del Señor había sido dejada de lado porque los anteriores reyes y reinas la habían abandonado completamente: habían adorado otros ídolos, usado otros templos... Se necesitaba mucho dinero, por lo que el rey ordenó que se hiciera un cofre y se pusiera en la puerta del santuario, para recoger el diezmo como Moisés había indicado. Todos los príncipes y el pueblo de Israel se alegraron de contribuir: trajeron el diezmo y lo pusieron en el cofre. Como recaudaron mucho dinero, una comisión especial se encargó de administrarlo. Todo se enviaba al rey y al sacerdote, que pagaban directamente a los trabajadores, que eran muchos: albañiles, carpinteros, herreros y otros. Reconstruyeron el templo, manteniendo sus características originales para que fuera muy similar a lo que había sido en el pasado. Cuando la restauración terminó, todos estaban satisfechos. El resto del dinero recaudado se utilizó para comprar utensilios para el templo: compraron cuencos y otros objetos de oro y plata. La gente ahora tenía un templo donde podían ofrecer sacrificios a Dios. ¡Dios también se regocija en su casa bien cuidada! Así se da cuenta del afecto de la gente.

Joás reina

El rey Joás y el sacerdote se complementaban en sus respectivas ocupaciones, y cada uno se apoyaba siempre en el otro. El sacerdote, sin embargo, ya era bastante viejo, y un día se fue en paz con el Señor. Había hecho muchas cosas buenas por el pueblo y por Dios. Ahora Joás tendría que reinar completamente solo, sin el sabio consejo de su amigo. Un día, los príncipes de Judá vinieron a hablar con el rey: habían decidido volver a adorar a otros ídolos. Presionaron a Joás y al pueblo para que hicieran lo mismo, para que abandonaran el templo de Dios. Joás no era muy fuerte, y pronto olvidó los tiempos en los que vivía el sacerdote y se dejó influenciar por los príncipes de Judá. Pero, ese día, el espíritu de Dios iluminó a Zacarías, el hijo del sacerdote. En medio del alboroto que se formó en el lugar, Zacarías, de pie ante el pueblo, le dijo a Joás: "¡Estás desobedeciendo las leyes del Señor! Si dejas a Dios a un lado y sirves a falsos ídolos, Él estará muy triste contigo". El pueblo, enviado por Joás, apedreó a Zacarías en el patio del templo, por ir contra ellos. Muy herido, Zacarías le dijo al rey Joás: "¡Dios lo está viendo todo! ¡No lo estás haciendo bien y tendrás que asumir tu error!". A finales de ese mismo año, el ejército sirio marchó contra Judá y Jerusalén y, aunque era más pequeño en número, superó fácilmente a los israelitas, porque Dios ya no estaba con Joás. En esa batalla, Joás quedó muy herido. Incluso sus sirvientes conspiraron contra él, en una actitud desleal y violenta. Joás ya no era el rey. El que abandona a Dios pierde la paz.

Amasías y sus soldados

Amasías, uno de los hijos de Joás, empezó a reinar en Jerusalén a los veinticinco años. Era un rey justo ante el Señor, y obedecía las leyes de Dios. Reunió un poderoso ejército de hombres, a unos trescientos soldados y los entrenó para que, cuando salieran a la guerra, supieran usar bien sus lanzas y escudos. Estaba dispuesto a luchar contra sus enemigos y, como sabía que su ejército no era suficiente, buscó la ayuda de cien mil hombres más de otras tribus. Dios consideró que aquello era innecesario, así que le ordenó al profeta que le dijera a Amasías que enviara a los soldados de vuelta a casa. "Pero he dado mucho dinero para conseguir esta tropa", respondió el rey. "Dios puede darte mucho más que eso", le dijo el profeta. Resuelto, Amasías ordenó a los cien mil soldados que regresaran a sus tierras. Entonces, Amasías decidió liderar la batalla con su gente, por lo que atacó a sus enemigos

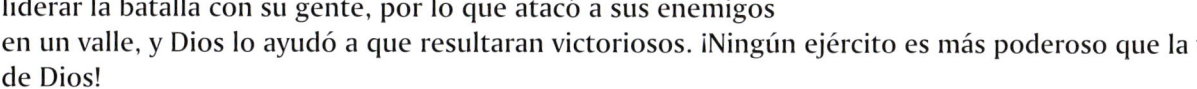

en un valle, y Dios lo ayudó a que resultaran victoriosos. ¡Ningún ejército es más poderoso que la voluntad de Dios!

La gran derrota

Tras ganar aquella batalla, Amasías adoró a falsos dioses, en vez de agradecer a Dios por haber vencido sobre sus enemigos. El Señor envió a un profeta para que le preguntara: "¿Por qué adoras a estos dioses que no existen y que no pueden ayudar a tu pueblo?". Pero Amasías no escuchó lo que el profeta estaba diciendo, lo interrumpió y le dijo: "¿Eres uno de mis consejeros? Detente, de lo contrario...". El profeta se rindió, pero le dio una última advertencia: "Por tu actitud desobediente y porque no escuchaste mis consejos, ¡sufrirás las consecuencias de tus errores!". Más tarde, Amasías reunió su consejo y envió un mensajero al rey de Israel, desafiándolo a medir la fuerza entre ellos. Lucharon, y las tropas de Amasías fueron derrotadas, por lo que él fue llevado prisionero a Jerusalén. El ejército ganador destruyó las murallas de la ciudad y se llevó objetos de oro y plata que estaban en el templo. También se llevó los tesoros del palacio de Amasías y algunos rehenes. Al pueblo no le gustaba que el rey hubiera sido derrotado, por lo que conspiraron contra él. Amasías intentó escapar, sin éxito, y lo mataron. ¡La humildad y la obediencia van de la mano con el amor de Dios!

El aviso de los sacerdotes

El pueblo quiso sustituir a Amasías por su hijo, Uzías, por lo que el joven comenzó a reinar sobre Judá a los dieciséis años. Uzías reconstruyó mucho de lo que había sido destruido en Jerusalén, e hizo torres y altas murallas alrededor de la ciudad para hacerla segura. Era un hombre que quería servir y hacer todo bien ante Dios, y también quería que el pueblo sirviera al Señor. Uzías buscó conocer a Dios y su voluntad a través de los profetas, escuchó buenos consejos e hizo lo que el Señor quería, por lo que Dios lo bendijo: salió victorioso en las batallas contra los filisteos, los árabes y otros enemigos. Uzías se había dado a conocer, y todos temían a su fuerte ejército. Era un hombre confiado, porque Dios estaba con él. Poseía riquezas y poder, sus tropas estaban bien armadas y su ciudad estaba bien protegida por las torres y las murallas. Así, el rey Uzías se hizo fuerte, pero su corazón ya no era el mismo y empezó a creer que podía hacer lo que quisiera. Un día, fue al templo para quemar incienso en el altar donde solo podían entrar los sacerdotes. Los sacerdotes le dijeron: "No puedes entrar aquí y quemar incienso ante el Señor. ¡Estás desobedeciendo las leyes!". Uzías se enojó y no escuchó el consejo: siguió quemando el incienso, indiferente a las peticiones. De repente, aterrorizado, notó signos de lepra en su cuerpo. Los sacerdotes vieron que el rey sufría de aquella temible enfermedad y lo sacaron del templo. En ese momento, la lepra no tenía cura, por lo que era una enfermedad muy temida de la que todo el mundo deseaba distanciarse. Uzías, a causa de la enfermedad, tuvo que vivir fuera del palacio en una casa aislada. Allí tuvo mucho tiempo para reflexionar sobre la vanidad y la humildad. ¡Nada ni nadie es más grande o mejor que Dios!

Eliseo muere

Habían pasado muchos años: el pueblo de Judá y el pueblo de Israel habían sido gobernados por muchos reyes diferentes. Después de la muerte de Salomón, las tribus permanecieron divididas. Dios había prometido al rey Jehú que sus descendientes serían reyes de Israel hasta la cuarta generación. El nieto de Jehú, Joás, comenzó su reinado sobre Israel al mismo tiempo que el profeta Eliseo se enfermó. Joás no era un buen rey: cometía los mismos errores que sus antepasados. Un día, Eliseo recibió la visita del rey Joás. El profeta aprovechó la oportunidad y le dijo al rey: "¡Toma el arco y las flechas y prepárate para usarlos!". Joás lo hizo, y Eliseo puso sus manos sobre las del rey y le dijo: "Abre la ventana al este y dispara". Joás disparó. El profeta le dijo al rey que esa flecha representaba la flecha de la victoria contra los sirios. Luego, le dijo: "Toma las flechas y dispara al suelo". El rey disparó tres flechas hacia el suelo y, desanimado, no disparó más. "Debiste haber disparado cinco o seis veces", declaró Eliseo, "por eso no derrotarás a Siria por completo. Solo vencerás a los sirios tres veces". Eliseo murió y fue enterrado. ¡El desánimo y la pereza obstaculizan nuestros logros!

Frutas de verano

Tras la muerte de Eliseo, el rey Jeroboam II hizo lo que quiso. No había ningún profeta que lo aconsejara o lo guiara, así que Jeroboam II hizo cosas muy malas que desagradaron a Dios. En ese momento, vivía un pastor llamado Amós, que un día fue a Judá a profetizar. Allí encontró a ricos comerciantes que vendían granos, pero alteraban sus balanzas para que reflejaran más peso del que realmente tenían. Amós los criticó duramente, y les dijo que recibirían un castigo por aquella actitud tan injusta. También les dijo que Dios le había hablado en una visión: "Dios me mostró una canasta de frutas de verano. El Señor dijo que la temporada final ha llegado para el pueblo de Israel". Al pueblo no le gustaron esas palabras ni las profecías de Amós, y lo enviaron de vuelta a su casa en Judá. ¡Dios es demasiado bueno! Pero hay personas que ni siquiera se preocupan por Él y escogen el camino equivocado en la vida. ¡Son gente infeliz!

La infidelidad del pueblo

Dios tenía un plan a través de Oseas, por lo que le pidió a este que se casara. Sin dudarlo, Oseas hizo lo que Dios le ordenó: se casó con Gomer, una mujer del pueblo, y tuvieron tres hijos. Un día, sin explicación, Gomer se fue de casa, abandonando a Oseas y a sus hijos. ¡Todo parecía muy extraño! Pero Dios quería mostrarle algo a Oseas: "Mi relación con el pueblo de Israel es más o menos la misma que la tuya con tu esposa", dijo el Señor, "le diste un hogar e hijos, y ahora ella te deja. Ves, también le doy a la gente lo mejor, y a menudo se alejan de mí". Y, así como Oseas todavía amaba a Gomer, Dios todavía amaba su pueblo. Le dijo a Oseas que trajera a su esposa de vuelta a casa. "El pueblo de Israel me ha sido infiel de muchas maneras, pero yo siempre los rescato", le dijo Dios. Oseas encontró a su amada esposa y la trajo a casa, y luego le dijo al pueblo de Israel que todos ellos necesitaban regresar al camino del verdadero Dios, así como Gomer había regresado con su esposo. ¡Dijo que Dios los perdonaría a todos por haberse apartado de sus mandamientos!

El profeta Jonás

Dios escogió como profeta a un hombre llamado Jonás. Sin embargo, él no estaba tan dispuesto a servirle como los profetas anteriores. Un día, el Señor lo llamó y le dijo: "Jonás, quiero que vayas a la gran ciudad de Nínive. Allí advertirás a la gente que si continúan con sus malas acciones, me veré obligado a castigarlos". Jonás no quería ir a Nínive, así que decidió escapar de la presencia del Señor: en lugar de ir a Nínive, se iría a otra ciudad, lejos de allí, pues no estaba dispuesto a obedecer. Jonás se enteró de un barco que zarparía en breve. Aquello le pareció una buena idea, así que pagó su boleto y abordó. Quería alejarse de Dios, pero el Señor vio cada uno de sus pasos, y sabía que Jonás estaba escapando de su presencia. ¡Dios se entristeció! Durante el viaje, en alta mar, una enorme tormenta se formó en los cielos y pronto se apoderó del mar. Aparecieron fuertes vientos, relámpagos y olas violentas. El barco iba de un lado a otro, y estaba en peligro de ser destruido. Con miedo, los marineros pidieron ayuda a sus dioses y tiraron las cargas del barco por la borda para aligerar el peso y evitar así el naufragio. Jonás estaba en la bodega y dormía profundamente. El capitán del barco lo vio y lo despertó, diciendo: "¿Qué haces? ¿No te das cuenta de que casi naufragamos? ¿Cómo puedes estar durmiendo? Vamos, invoca a Dios, ¡tal vez nos escuche y no nos deje morir a todos aquí!". "¿Por qué nos ocurre esta desgracia?", se preguntaba la tripulación. ¡Detrás de todas las situaciones difíciles hay una gran lección bien escondida!

Hombre al agua

La tripulación del barco decidió hacer un juego de suerte para descubrir de quién era la culpa de aquella desgracia, así que escribieron cada uno de sus nombres en pedazos de papel y, al azar, sacaron uno: el de Jonás. Entonces, todos empezaron a hacerle preguntas: "¿Por qué nos ha ocurrido esta desgracia? ¿Quién es usted? ¿De dónde ha salido?". Jonás se vio obligado a decir la verdad: "Soy hebreo y fiel a Dios. El Señor me envió a Nínive, pero desobedecí. Me embarqué con ustedes para huir de su voluntad". La tripulación estaba muy molesta y preocupada al enterarse de que Jonás estaba huyendo de Dios. "¿Qué haremos contigo, Jonás? ¡Fuiste tú quien nos puso en esta situación!", le acusaron. Jonás sabía que, mientras él permaneciera a bordo, la tormenta no cesaría. "Arrójenme al mar y la tormenta cesará, ya que Dios la ha enviado por mi culpa", les dijo, asumiendo las consecuencias de su error. Pero los marineros no querían hacerlo, pues sabían que Jonás moriría fatalmente. Con cada minuto que pasaba, la tormenta empeoraba. Intentaron llegar a tierra firme, pero todos sus esfuerzos fueron inútiles. Clamaron a Dios, diciendo: "Por favor, Señor, no nos dejes morir por las acciones de este hombre". Luego, desesperados, levantaron a Jonás y lo arrojaron al mar. Inmediatamente la furia de las aguas cesó. Llenos de temor, todos los tripulantes del barco ofrecieron sacrificios al Señor y juraron obedecerle todos los días de sus vidas.

Un pez enorme

Sin embargo, todos se salvaron, pues Dios también tenía planes para la vida de Jonás. Tan pronto como lo arrojaron al mar, un gran pez se lo tragó. Pero el pez no lo mató, sino que se lo tragó vivo y entero. Jonás permaneció en el estómago del pez durante tres días y tres noches, y durante ese tiempo pudo reflexionar sobre sus errores. Allí, sin ver una salida y reconociendo que Dios tenía poder sobre todo, oró, humilde y arrepentido, al Señor. Estaba dispuesto a cumplir su voluntad. El Señor escuchó su oración, e hizo que el pez nadara hacia un lugar seguro. Allí abrió su enorme boca y dejó a Jonás libre en la playa. Ahora que estaba sano y salvo, Dios le pidió que retomara su misión: ir a Nínive. Esta vez, Jonás obedeció. Cuando llegó a Nínive, predicó tal como Dios le había indicado: les dijo a los ciudadanos que debían tener una buena actitud ante Dios, e intentar no involucrarse en actos malvados. Las personas del pueblo, arrepentidas, oraron a Dios con todo su corazón, ayunaron y se vistieron con humildes ropas, en señal de obediencia. El rey de Nínive también creía en Dios, por lo que acompañaba a su pueblo en el ayuno. El Señor, al ver el comportamiento de aquella gente, se dio cuenta de que estaban arrepentidos por sus malas acciones, y sintió que sus corazones eran sinceros y estaban llenos de amor. Dios se alegró. ¡La única cosa que Dios nos pide es amor!

Los asirios toman el poder

Aunque Dios se regocijó con los asirios, que eran los habitantes de Nínive, y les dio la oportunidad de seguir sus mandamientos, estos pronto volvieron a hacer cosas malas. Con el pueblo de Israel las cosas no eran distintas: ellos también se habían alejado del camino de Dios, a pesar de haber sido advertidos por los profetas. Un día, los asirios decidieron atacar a Israel, que entonces tenía a Oseas como rey. Los israelitas perdieron la batalla, y se vieron obligados a pagar impuestos al rey de Asiria. A Oseas aquello no le agradaba, por lo que decidió oponerse y, ese año, no pagó los impuestos. El rey asirio, enfadado, invadió Samaria. Como los israelitas no tenían la fuerza para luchar contra el ejército asirio, se vieron obligados a marcharse. ¡Todo esto sucedió como consecuencia de no haber escuchado las advertencias de los profetas del Señor!

Extranjeros en Samaria

Cuando los israelitas dejaron Samaria, no se fueron libremente, pues los asirios, un pueblo muy poderoso y cruel, se los llevaron a vivir a Asiria como prisioneros. Así, Samaria se convirtió en una ciudad de extranjeros. El rey de Asiria trajo gente de varios lugares para vivir allí, y estos rápidamente tomaron posesión de todo en la ciudad. Lo peor es que trajeron sus ídolos con ellos, por lo que cada grupo de extranjeros tenía su propio dios, y ninguno de ellos seguía las enseñanzas del Señor Dios. Acaz era rey de Judá y sabía lo que había sucedido a los israelitas a manos de los asirios. Era extremadamente idólatra, es decir, adoraba falsos ídolos, y era tan fanático que incluso sacrificó a su propio hijo como ofrenda a los dioses. Estaba muy, muy lejos de Dios. Acaz fue amenazado por los extranjeros que estaban en Samaria, y perdió la paz cuando se dio cuenta de que podía ser atacado por los ejércitos de Siria e Israel. Quien se aleja de Dios, tarde o temprano, pierde la paz y conoce la infelicidad.

Acaz paga un alto precio

A pesar de todo, el amor de Dios siempre está presente. Por eso, el Señor le dijo al profeta Isaías: "Ve, toma a tu hijo y encuentra a Acaz. Tengo un mensaje para el rey". Isaías obedeció. Tan pronto como se encontró con Acaz, le dijo: "No tienes por qué temer a estos enemigos. No quiero que tu corazón se desanime por ellos. Están conspirando para atacar Judá, pues quieren asustarte, pero Dios no permitirá que eso suceda. No tendrán éxito. Ahora, si crees en lo que ha dicho el Señor, no te ocurrirá ningún daño; pero si desconfías, perderás el trono". Acaz no creía que Dios le ayudaría, y pensó que actuando por cuenta propia podría

derrotar a los ejércitos de Siria e Israel. Incluso envió un mensajero pidiendo ayuda al rey de Asiria, pero todo tiene su precio. El rey de Asiria accedió a ayudarle, pero quería que le pagara por ello. Así que Acaz tuvo que tomar oro y plata del templo y también de su palacio para pagar a los asirios. Finalmente, el rey de Asiria luchó y salió victorioso contra los enemigos de Acaz. ¡Pensar que cualquiera puede hacer más que Dios es un gran error!

Ezequías rey

Algún tiempo después, Acaz murió, y dejó a su hijo Ezequías como rey. Los asirios pronto supieron que Ezequías era un rey bondadoso y justo y que adoraba al Señor Dios, y que cumplía los mandamientos del Señor. Por eso, Dios puso su confianza en él. Ezequías se negó a servir a los asirios o a someterse a sus amenazas, por lo que el rey de Asiria envió tropas alrededor de las murallas de Jerusalén, pues quería obligar al pueblo a rendirse ante él. "¿Crees que su Dios podrá liberarlos?", se burlaron los asirios, "¡no tienen salida, ríndanse!". Pronto, el rey Ezequías recibió una carta de las manos de los mensajeros enemigos. Lo leyó y fue sin demora al templo, para orar por encontrar una solución: el rey de Asiria le decía en la carta que sería mejor que todos se rindieran. Ezequías entró en el templo y oró, pidiéndole a Dios que lo guiara a través de las palabras del profeta Isaías. "Dios protegerá la ciudad de Jerusalén: los asirios ya no se burlarán del Señor", le dijo el profeta. Esa misma noche, un ángel del Señor pasó por el campamento de los asirios, asustándolos y haciéndolos sentir derrotados. A la mañana siguiente, el rey de Asiria retiró sus tropas de las puertas de Jerusalén y regresó a su nación. Las palabras que Isaías le había dicho al rey Ezequías se habían cumplido. ¡Dios nunca falla!

La enfermedad de Ezequías y su curación

Pasaron algunos años y el rey Ezequías se enfermó. Su enfermedad, por desgracia, no tenía cura. Sabiendo que el rey no viviría mucho tiempo, el profeta Isaías fue a hablar con él. "Organiza todo lo posible, porque pronto morirás", le dijo. Muy triste por no poder estar más con su pueblo, Ezequías volvió su rostro y lloró suavemente por un momento, pensando: "¡Señor Dios, recuerda cuán fiel y recto de corazón he sido, que he hecho todo lo que era correcto a tus ojos!". Isaías ya había salido del palacio y estaba caminando por el centro de la ciudad cuando Dios le pidió que regresara con el rey. "Ezequías, Dios me envió aquí para decirte que escuchó tus oraciones y vio tus lágrimas. Dios te sanará, y en tres días irás a la casa del Señor a darle las gracias", le dijo el profeta. "¿Cómo sabré que esto es cierto y que el Señor me sanará?", preguntó el rey, ansioso de tener alguna señal. E Isaías le preguntó: "¿La sombra de ese reloj de sol suele desvanecerse?". Ezequías le respondió que aquello nunca ocurría, así que el profeta oró, y Dios hizo retroceder la sombra que proyectaba el sol en el reloj. Aquello era una clara señal, y el rey sonrió. ¡Contar siempre con la bondad de Dios es la mejor medicina!

El rey Josías y la ley de Dios

El rey Ezequías vivió otros quince años y, cuando murió, dos de sus descendientes reinaron sucesivamente. Los dos eran reyes muy malos: no solo pecaban, sino que incitaban a la gente a pecar también. Estos dos reyes construyeron altares, adoraron a falsos dioses y sacrificaron incluso a sus propios hijos. También consultaron a hechiceros, pusieron imágenes escultóricas en el templo e hicieron muchas cosas que provocaban la tristeza de Dios. Tras estos reinados desastrosos, fue el turno de Josías de ascender al trono de Judá. Josías, de tan solo ocho años, amaba y obedecía las leyes de Dios, a pesar de que el ejemplo dejado por su padre y su abuelo era terrible. En su corazón, Josías sabía que tenía que seguir a Dios para ser un rey exitoso y, aunque era muy joven, sabía cómo actuar con madurez y sabiduría. Tenía en mente restaurar el templo, que hasta entonces había estado abandonado y necesitado de restauraciones. Josías tenía dieciséis años cuando envió a Hilcías, el sacerdote, a comprobar cuánto dinero se había recaudado para ello, diciéndole: "Hilcías, quiero que cuentes el dinero recaudado y lo entregues a los trabajadores que están restaurando el templo. Hay que pagar a los carpinteros, a los albañiles, pagar por la madera, las piedras y todos los materiales". No había necesidad de explicar a qué se destinaría el dinero, pues Hilcías actuó fielmente ante todos y ante Dios. Un día, Hilcías encontró el libro de las leyes de Dios en el templo, y se lo llevó a Josías. Tras leerlo, el rey pensó, con tristeza en sus ojos: "Hemos hecho muchas cosas malas, y durante muchos años nadie ha seguido estas leyes". Las Leyes de Dios nunca deben ser olvidadas: ¡son ellas los que nos muestran el camino a seguir!

Un período de paz

El rey Josías sabía que tenía que hacer algo para que su pueblo cumpliera fielmente las leyes de Dios. Entonces, ordenó a sus sacerdotes que fueran a pedirle consejo a la profetisa Hulda, para saber si el Señor estaba enojado con su pueblo por no haber cumplido las leyes del libro. Los sacerdotes fueron inmediatamente, y la profetisa les dijo: "El Señor está muy triste con este pueblo que no ha obedecido las palabras del libro. Han abandonado al verdadero Dios y han quemado incienso a otros dioses. Sin embargo, el rey Josías tiene un corazón sabio y es humilde ante Dios. No verá la destrucción de su nación: Josías tendrá paz durante su vida". Cuando los sacerdotes regresaron y le dijeron a Josías lo que la profetisa había dicho, el rey reunió a todo el pueblo y les leyó las palabras del libro. Habló de la importancia de obedecer y seguir a Dios, y todos los presentes hicieron un nuevo pacto ante Dios, en el que se comprometían a seguirle fielmente y a seguir sus mandamientos de todo corazón. Josías ordenó a Hilcías y a los otros sacerdotes que tiraran todos los adornos hechos para el dios Baal, y también todos los falsos ídolos. Ya no aceptaría allí a los sacerdotes que servían a los falsos dioses, a los hechiceros ni a los engañadores, tampoco a los que adoraban al sol, a la luna o a los planetas. Josías hizo una verdadera limpieza del templo, eliminando todo lo que era falso para Dios. Luego, celebraron la Pascua como no se había hecho en muchos años. El pueblo vivió feliz y en paz durante todo el reinado de Josías, y así se mantuvo hasta su muerte. ¡Los que viven en el camino de Dios cosechan mucha paz!

La vocación del joven Jeremías

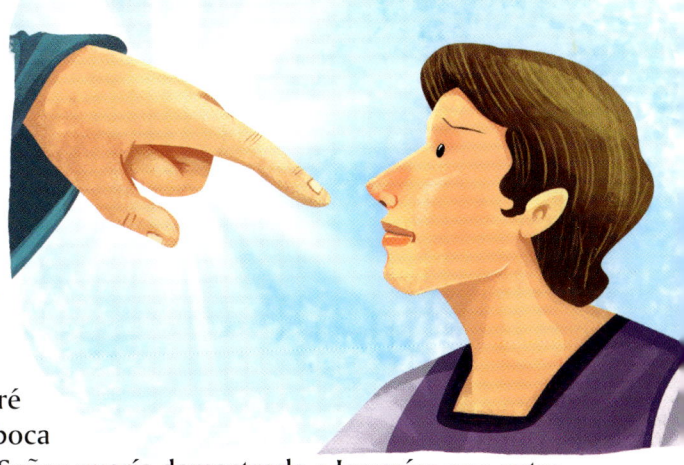

Dios siempre mantiene su amor por la gente. Incluso cuando las personas le fallan, el Señor siempre está dispuesto a perdonarles si se arrepienten de corazón y cumplen los mandamientos. Un día, Dios tocó el corazón de un joven llamado Jeremías, diciéndole: "Te conozco muy bien. Ya antes de que nacieras te conocí y te consagré como profeta. Predicarás mis palabras a las naciones". "¡Ah! ¡Señor Dios! No puedo hacer esto: todavía soy un niño y me falta experiencia", le respondió Jeremías. "Jeremías, no me digas que todavía eres un niño. ¡Llevarás mi palabra a todo el mundo! No tengas miedo, porque yo siempre estaré contigo", y, tras decir esto, Dios extendió su mano, tocó la boca de Jeremías, y añadió: "Pondré mis palabras en tu boca". El Señor quería demostrarle a Jeremías que entre ellos ya había algo muy especial: la comunicación divina. Para probarlo, le preguntó qué veía en ese momento. "Veo una rama de almendra", respondió el joven. Y Dios le dijo: "¡Claro! Soy cuidadoso, cada palabra que digo es capturada y entendida por ti. ¿Qué ves ahora, Jeremías?". "Señor, veo una olla en el fuego, y la boca se inclina hacia el norte", le dijo el joven. El Señor le respondió: "Del norte vendrá un enemigo que rodeará todas las ciudades de Judá. La gente no será feliz si se olvidan de mí y adoran a los dioses hechos por sus propias manos". Jeremías escuchó todo con gran atención y humildad. En silencio, pensó amorosamente en las palabras de Dios. ¡Dios es muy cuidadoso! Él siempre encuentra una manera de advertir a la gente que siga sus mandamientos.

Una vela para los bueyes

Durante el período en que Judá e Israel eran gobernados por varios reyes, unos peores que otros, Babilonia, un país vecino, era gobernado por un rey llamado Nabucodonosor. En esa época todos los pueblos de Israel estaban distanciados de Dios y adoraban a otros dioses. Pero Nabucodonosor era de buen corazón, y se mantenía alejado de las malas costumbres. El rey Sedecías, que ocupaba el trono de Judá en ese momento, creía que podía derrotar a Nabucodonosor si se aliaba con otros reyes, por lo que entre todos empezaron a preparar sus distintos ejércitos

para atacarlo. Sin embargo, Dios ordenó a Jeremías que les enviara yugos de buey a los otros reyes. Así que Jeremías, obediente, envío mensajeros a los reyes de Judá e Israel, para decirles: "Señores, Dios le ha enviado este mensaje: «He creado la tierra y todo lo que hay en ella, y se la daré al justo y de buen corazón. Por lo tanto, le daré todo al rey de Babilonia, Nabucodonosor. La nación que no se ponga a su servicio, será castigada. Cada uno de ustedes debe poner su cabeza dentro de uno de estos yugos que les envío, y, si les sirven, entonces vivirán»". Dios estaba cansado de la ingratitud de los otros pueblos, por lo que resolvió que Nabucodonosor sería soberano sobre Israel. ¡La ingratitud duele!

Jeremías es arrojado a un pozo

Nadie escuchaba los mensajes que Dios enviaba a través del profeta Jeremías. La gente se había cansado de oírlo, pues pensaban que era un mentiroso. ¡Nadie tenía fe en Dios! El rey Sedecías quería que otros profetas hablaran y pidieran ayuda a Dios, pues no confiaba en Jeremías. Un día, Jeremías fue arrestado, pues los príncipes del pueblo le habían pedido al rey que lo apresara. Estaban enojados con él por sus tristes profecías. El pobre profeta permaneció en las celdas del calabozo durante muchos, muchos días. Un día, Sedecías, rey de Judá, mandó a llamarlo para saber si Dios había enviado algún mensaje. Jeremías le dijo: "Dios ha dicho que usted será entregado al rey de Babilonia", y luego añadió: "¿Qué he hecho contra usted, mi rey, para que me haya apresado?". Preocupado, Sedecías ordenó entonces a Jeremías que se quedara un tiempo en los cuarteles de la guardia del rey. Pero pronto el profeta comenzó a anunciar a todo el pueblo que quien permaneciera en la ciudad sería derrotado por el rey de Babilonia. Los príncipes, indignados, le pidieron al rey que asesinara al profeta, pero este les dijo que decidieran por sí mismos qué hacer con Jeremías. Nuevamente arrestaron a Jeremías y lo arrojaron a un pozo seco. Pero un etíope llamado Abdemelec, que servía al rey, sabía lo que los príncipes habían hecho con el profeta. El buen hombre rogó al rey por la vida del profeta, y le pidió permiso para sacar a Jeremías del profundo y oscuro pozo. El rey accedió a la petición del siervo y envió con él treinta hombres más para que Jeremías fuera sacado a salvo del pozo. Pronto Jeremías estaba de nuevo ante el rey. ¡El que realmente cree en Dios nunca se da por vencido ante ningún problema!

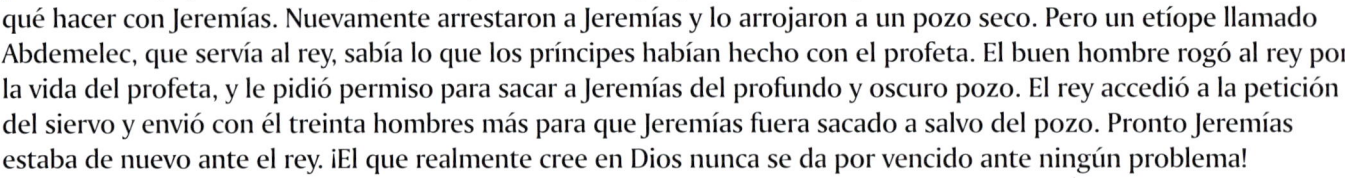

La caída de Jerusalén

Sedecías no quiso escuchar los mensajes de Dios, y se rebeló contra el rey de Babilonia. Entonces sucedió que Nabucodonosor, rey de Babilonia, vino contra Jerusalén: su ejército tomó las entradas principales a la ciudad, de modo que no era posible que entraran comida ni bienes. Unos días más tarde, todos los habitantes de la ciudad ya estaban muriendo de hambre. Nada entraba o salía de Jerusalén: ni siquiera había pan para el pueblo. Poco tiempo después, Jerusalén fue invadida, y Sedecías fue atrapado cuando intentó escapar. Todo su ejército escapó y lo abandonó, así que el rey fue tomado como prisionero. El palacio real fue quemado, al igual que muchas casas y edificios importantes. Los residentes que no lograron escapar a tiempo fueron llevados cautivos. Solo a los más pobres se les permitió quedarse en Jerusalén para trabajar como viñadores y agricultores, y todos los que se quedaron en la tierra de Judá tuvieron que servir a Nabucodonosor, tal como había anunciado el profeta Jeremías. ¡Es sabio creer siempre en las palabras del Señor Dios!

Un profeta en Babilonia

El profeta Jeremías se quedó en Jerusalén, pero Dios tenía otro profeta en Babilonia, llamado Ezequiel, un sabio hombre que también era sacerdote. Un día, Dios le habló a Ezequiel a través de una visión. "Dirás lo que yo te indique a este pueblo rebelde. Eres mi enviado, y tanto si te escuchan como si no, tú transmitirás mi mensaje. Escucha bien lo que voy a decir, y no seas rebelde como el pueblo. Haz lo que te pido". Dios tenía un plan para Ezequiel: en vez de predicar, el Señor quería que Ezequiel representara lo que Él quería decir. Le ordenó que modelara la ciudad de Jerusalén en arcilla, siendo muy cuidadoso con los detalles: las casas, las calles, las murallas… También le pidió que hiciera piezas de hierro que representaran las puertas de entrada a la ciudad, y que pusiera su cara contras estas puertas, representando un enemigo que acampaba cerca de la entrada de Jerusalén. También le ordenó que pusiera algo de comida en el suelo, para mostrarles que el pueblo se quedaría pronto sin comida. Ezequiel, como un verdadero actor, estaba representando los mensajes que Dios quería enviarle a la gente, mostrándoles que habían desobedecido al señor y cuáles serían las consecuencias de esto.

La visión de un valle de huesos secos

Dios solía hablarle al pueblo a través de Ezequiel. Muchos de sus mensajes eran advertencias, pues el Señor quería que la gente fuera feliz, pero primero tenían que aprender ciertas lecciones. Un día, Dios llevó a Ezequiel a un valle lleno de huesos secos: había miles de huesos allí. Dios le preguntó: "Ezequiel, ¿pueden estos huesos volver a la vida?". "Señor Dios, usted puede responder esa pregunta mejor que nadie", le dijo Ezequiel, confiando en el poder de Dios. Entonces, Dios le explicó al profeta que el pueblo de Israel era como esos huesos: sin vida, sin alegría, sin el espíritu de Dios, y le pidió que reflexionara muy bien sobre aquellas palabras. Ezequiel comprendió entonces que el poder de Dios era enorme y que, por la voluntad del Señor, el pueblo de Israel podía tener nueva vida, podía recuperar la alegría de vivir, podía recuperar el espíritu de Dios, la abundancia y la paz. "Ezequiel, estos huesos representan al pueblo de Israel. Les daré una nueva vida: abriré caminos de oportunidades y los sacaré de esta fría y triste vida. Un día, toda esta gente volverá a vivir en sus tierras, y sabrán que yo, el Señor, lo he prometido y lo he cumplido". ¡Qué amable es Dios! ¡Siempre le da a la gente la oportunidad de ser feliz!

La educación de Daniel

Cuando el rey Nabucodonosor conquistó Jerusalén, una de sus primeras acciones fue traer algunos israelitas de la aristocracia para que aprendieran la cultura y el idioma de los caldeos (pueblo de Babilonia). Escogió jóvenes sin defectos, guapos, educados, expertos en ciencias, de amplios conocimientos generales, que fueran competentes y capaces de asimilar todo lo que se les enseñara. El chambelán principal del rey, que había escogido a los jóvenes, seleccionó, entre muchos otros, al joven Daniel. Los chicos recibían un trato especial, según órdenes de Nabucodonosor, y también recibían una alimentación privilegiada. "Comerán la misma comida que se sirve al rey, y también beberán el vino real", les dijo el chambelán. Pero Daniel decidió no comer lo mismo que el rey ni beber su vino, pues no aceptaba ni estaba de acuerdo con algunas de las ideas de Nabucodonosor y le parecía injusto aceptar un trato especial de su parte. Daniel, siempre fiel a Dios, prefería vivir bajo la protección del Señor antes que vivir con los beneficios del rey. Incluso estando en un país extranjero, los jóvenes recordaron las leyes de Dios, y así el Señor los bendijo con mucha inteligencia y alegría.

El sueño del rey Nabucodonosor

Una noche, durante el segundo año de su reinado, el rey Nabucodonosor tuvo un sueño muy extraño, tan extraño que no logró volver a dormir hasta el amanecer. El rey inmediatamente mandó llamar a algunos videntes para aclarar lo que significaba aquel sueño, pues estaba bastante disgustado. Los videntes le dijeron: "Oh, rey, cuéntenos su sueño y lo interpretaremos", pero el rey no lograba recordarlo. "Ustedes son los que me contarán qué soñé y qué significa. Si no son capaces, no quiero verlos más por aquí", amenazó. Los videntes insistieron en que el rey contara el sueño, pero Nabucodonosor, viendo que solo intentaban ganar tiempo, les dijo con decisión: "¡Realmente no saben nada! ¡Solo intentan engañarme!". "No hay ningún mortal, mi rey, que pueda adivinar lo que ha soñado. Lo que el rey pide es extremadamente difícil", le respondieron. Nabucodonosor se enfureció, y ordenó que todos los videntes fueran expulsados de Babilonia por decreto real. Estos decidieron buscar a Daniel y a sus amigos. Daniel, sabiamente, pidió a Dios que le revelara lo que el rey había soñado y el significado del sueño. Luego sugirió a sus compañeros que también oraran, pidiendo al Señor lo mismo, pues solo entonces los videntes escaparían del castigo inminente. Por la noche, Daniel tuvo una visión. Feliz, agradeció y alabó al Señor, pues este le había detallado minuciosamente el sueño y su interpretación. El joven sabía que Dios es poderoso y sabio, capaz de hacer cualquier cosa.

Daniel interpreta el sueño

Daniel pidió ser llevado ante el rey. "¿Puedes decirme qué soñé y su significado?", preguntó Nabucodonosor, incrédulo. "Lo que el rey pregunta ni los magos, ni los videntes ni los astrólogos pueden revelarlo, pero hay un Dios en el cielo que descifrará ese sueño para usted", respondió Daniel. Luego, comenzó a narrar el sueño del rey: "Tú, Nabucodonosor, estabas viendo una gran estatua que estaba delante de ti. Era una estatua terrible: la cabeza era de oro, los pechos y los brazos eran de plata, el vientre y las caderas eran de bronce, las piernas eran de hierro, y los pies eran una parte de hierro y una parte de arcilla. Mientras mirabas, de repente cayó una piedra y rompió los pies de hierro y arcilla. Entonces, el resto de la estatua también se rompió, y el viento se la llevó. Luego, la piedra que había causado todo aquello se convirtió en una gran montaña". Entonces, Daniel comenzó a explicar el significado del sueño: le reveló a Nabucodonosor que aquello representaba su reinado. El reino de Nabucodonosor era la cabeza de oro que significaba el poder, la fuerza y la gloria de Babilonia. Cada una de las otras partes era un reino. Finalmente, Daniel dijo que un día Dios enviaría su propio reino, uno que nunca sería derrotado. Ese reino sería como la piedra que había caído, que derrotaría todos los demás. ¡Con gran sensibilidad, la gente puede entender los mensajes de Dios!

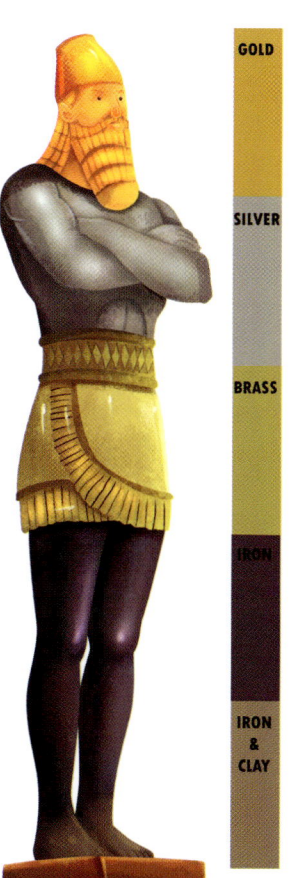

GOLD

SILVER

BRASS

IRON

IRON & CLAY

La estatua de oro

El rey Nabucodonosor decidió hacer una gran estatua de oro para mostrar su poder, y ordenó a todos los alcaldes, gobernadores, jueces, tesoreros, magistrados, consejeros y oficiales de las provincias cercanas que acudieran a la inauguración y consagración de la imagen de oro. Todos asistieron, y Nabucodonosor ordenó que se postraran y adoraran la imagen de oro, pues quien no lo hiciera en ese mismo instante sería castigado. Pronto, algunos caldeos acusaron a los judíos de no seguir las órdenes del rey. Tres jóvenes, compañeros de Daniel, fueron denunciados por no haberse inclinado ante la estatua. Furioso, Nabucodonosor mandó a buscarlos. Ante el rey, los jóvenes dijeron que no se inclinarían ni adorarían a otro ídolo, y declararon con confianza que su único dios era el Señor Dios. Sabían que el castigo sería severo, pero se mantuvieron firmes en su decisión ante el rey. ¡El que realmente ama a Dios no teme a nada!

El horno

Nabucodonosor también quiso convencer a los jóvenes de que adorasen a su ídolo de oro: "Si están dispuestos a adorar la estatua, inclínense ante ella tan pronto como escuchen el sonido de los instrumentos musicales. De lo contrario, serán arrojados al horno. ¿Y qué dios podrá ayudarles entonces?", preguntó el rey, soberbio. ¡En aquellos tiempos los castigos eran terribles! La justicia se impartía según la voluntad del soberano. Ante la amenaza del rey, los jóvenes respondieron, con fe: "Si Dios así lo quiere, nos salvará de ser quemados en el horno". Desconcertado por la firme actitud de los tres jóvenes, el rey ordenó que fueran arrojados al horno, y también que el fuego se encendiera con mucha más intensidad de la habitual. "¡Quiero que el horno se caliente mucho, mucho! ¡Más fuego! ¡Más fuego!", exigió. Antes de lanzarlos, sin embargo, ordenó a los hombres de su ejército que ataran bien a los tres desobedientes. Los jóvenes fueron atados con sus ropas y arrojados al horno. Hay muchas personas en el mundo que, por falta de comprensión y fe en Dios, ¡cometen actos terribles contra todo y todos!

Cuatro hombres dentro del horno

De repente, el rey Nabucodonosor se sorprendió y se levantó rápidamente de su trono real. "¿No hemos echado a tres hombres atados al horno?", preguntó, terriblemente asustado, a sus consejeros. "Es verdad, mi rey", respondieron aquellos, igualmente asombrados. "¡Debo estar loco! Veo cuatro hombres desatados caminando entre el fuego. Además, no se queman, y el cuarto hombre parece un hijo de los dioses", dijo Nabucodonosor. El rey no dudó, se acercó a la puerta del horno y gritó: "Oh, hombres, siervos de Dios Altísimo, salgan y vengan aquí". Pronto los tres estuvieron ante él. Todos los que presenciaban aquella escena estaban muy asustados, pues no podían entender cómo esos chicos estaban vivos y ni un poco quemados. Todos los consejeros del rey se reunieron alrededor de los chicos para verlos de cerca: no pudieron encontrar ni un pelo chamuscado por el fuego, y sus ropas no tenían rastros de quemaduras ni olor a fuego. "Bendito sea su Dios, que envió a su ángel y los liberó de la muerte en las llamas. Confiaron en su Dios y no cumplieron la orden dada por mí", declaró el rey, conmovido, y continuó: "Estos jóvenes llegaron al extremo de servir a Dios y entregaron sus cuerpos a la muerte en una prueba de fe. Por lo tanto, desde hoy en adelante, yo decreto que cada pueblo o nación que diga cualquier cosa en contra del Dios de estos hombres será castigado, pues no hay otro dios que pueda salvar como este Dios verdadero". Feliz, el rey hizo prosperar a los tres jóvenes en Babilonia. ¡Dios es capaz de todo!

El rey sueña con un árbol alto

El rey Nabucodonosor vivía tranquilo y feliz en su palacio, pero se había olvidado de lo más importante: dar gracias al Señor. Debido a esto, Dios le envió otro mensaje. Un día, Nabucodonosor tuvo un sueño que le sorprendió y le disgustó mucho, así que mandó a llamar a todos los videntes para que lo interpretaran, pero nadie pudo hacerlo. Sin tener otra opción, Nabucodonosor mandó llamar a Daniel y le contó el sueño con todo detalle. "Vi un árbol muy alto. Creció y se hizo más y más fuerte hasta que llegó al cielo. Era tan alto que todo el mundo podía verlo, desde cualquier distancia. Sus hojas eran hermosas y su fruto muy abundante, para que todo el pueblo pudiera alimentarse de ella. Los animales encontraban refugio y sombra debajo de él, y las aves podían anidar en sus ramas", dijo Nabucodonosor, "luego, mi corazón se transformaba de un corazón humano a un corazón animal... Daniel, tú que estás lleno de sabiduría, dime qué significa todo esto", preguntó, curioso.

La locura del rey

Daniel reflexionó y estuvo pensativo por algún tiempo. Aquel sueño le perturbaba, pues sabía que revelaba algo muy malo. El rey, astuto, se dio cuenta del estado de ánimo de Daniel tras contarle el sueño, por lo que le rogó que le dijera la verdad, incluso si era dolorosa. "El árbol que viste en el sueño eres tú. Al igual que las ramas, que se han vuelto fuertes y hermosas, así es tu reino, que se ha vuelto fuerte y poderoso. Babilonia proporciona refugio y comida a muchas personas, pero te volviste orgulloso, y no reconoces que fue Dios quien te dio todo esto. El tronco con raíces eres tú, porque serás derrotado y vivirás en el campo con los animales humildes, y te alimentarás de hierbas. Con el rocío limpiarás tu corazón, hasta que reconozcas que el Altísimo tiene dominio sobre el reino de los hombres y se lo da a quien Él quiere", interpretó Daniel. Le aconsejó al rey que se arrepintiera de sus actos arrogantes, y le pidió que fuera justo y amable con los pobres. También le pidió que nunca dejara de dar las gracias al Señor. Si seguía sus consejos, no sería castigado. Pero el rey no le escuchó y, durante doce meses más, reinó a su antojo. Un día, cuando Nabucodonosor caminaba embelesado por el palacio, presumiendo de sus grandes hazañas, sus majestuosos palacios y tantas otras cosas, una voz le dijo desde el cielo: "¡Se acabaron sus días de gloria! ¡No reinarás más!". En ese mismo instante, todo lo que Daniel había profetizado se hizo realidad. Solo después de siete años de sufrimiento el rey reconoció su humildad ante los hombres. Ciertamente había aprendido mucho de la humildad de los animales del campo, había aprendido mucho de la sencillez de la naturaleza. También recordó la bondad y el poder de Dios en la tierra. El rey pensó mucho sobre sus errores y se avergonzó. A veces, el gran sufrimiento sirve para cambiar el rumbo de la vida de una persona. Por lo tanto, ¡en la vida todo tiene una razón para suceder!

Escritura en el muro

Después de Nabucodonosor, Baltasar ocupó el trono de Babilonia. Una noche, ofreció un gran banquete e invitó a mil personas: en la fiesta había importantes oficiales, capitanes y otros hombres de gran valor acompañados por sus esposas. En el banquete, usaron las piezas de oro tomadas del templo de Dios en Jerusalén durante el reinado de Nabucodonosor. En las copas de oro bebían vino, y daban vítores a los falsos dioses. De repente, apareció una mano humana, y sus dedos escribieron un mensaje en la pared del palacio real. El rey Baltasar, asustado, siguió los movimientos de la mano que escribía. Temblando de miedo, ordenó en voz alta que alguien interpretara lo que estaba escrito en la pared. Prometió una gran posición social y recompensas a quien pudiera revelar el mensaje, pero nadie fue capaz de hacerlo. Entonces, la reina madre le recordó al rey Baltasar que su padre, Nabucodonosor, solía consultar a un hombre inteligente y sabio llamado Daniel, así que Daniel fue llamado ante el rey. "¿Eres tú ese Daniel que mi padre trajo cautivo de Judá? He oído que eres extremadamente sabio e inteligente. Ninguno de mis sabios supo interpretar estas palabras", le dijo Baltasar. "Sabes todo lo que pasó en la vida de tu padre, pero has ido en contra de Dios. Hiciste que te trajeran los utensilios del templo, y todos han comido y bebido con ellos. Desobedeciste a Dios, y tu actitud le disgustó profundamente. Por esto, tu reinado pronto terminará", dijo Daniel. Esa misma noche, Baltasar fue asesinado. Las buenas lecciones que los padres dejan a sus hijos deben ser siempre recordadas. Dios también habla a través de los padres que son justos y bondadosos.

Una trampa para Daniel

Daniel no quería aceptar regalos ni una posición en el reino, pues decía que no necesitaba ninguna recompensa. Aun así, antes de morir, el rey Baltasar insistió y le dio las recompensas que había prometido a quien interpretara lo que estaba escrito en la pared del palacio. Tras la muerte de Baltasar, Darío tomó su

lugar en el trono y comenzó a reinar sobre Babilonia. Tenía tres consejeros importantes y uno de ellos era Daniel. El rey Darío pronto se dio cuenta de que Daniel era un hombre extraordinario, y que todo lo que hacía como líder era correcto, así que lo nombró responsable de todo el reino. Los otros hombres estaban celosos de Daniel, y empezaron a planear cómo quitarle aquella autoridad. Ellos sabían que Daniel era judío, y querían que violara alguna ley para poder acusarlo. Entonces, pensaron implementar una ley que estableciera que, durante treinta días, nadie podría adorar a ningún dios excepto el rey. Si alguien desobedecía aquella orden, sería arrojado al foso de los leones. Con mucha maldad en sus corazones, los envidiosos fueron al rey y lo convencieron de que firmara la ley. A pesar de que sabía de esa ley injusta, Daniel siguió orando a Dios, pues no tenía miedo de la ley o del castigo que le traería. ¡Los que confían en Dios se sienten fuertes!

Daniel en la guarida de los leones

Los hombres, astutos, sabían que solo era cuestión de tiempo el que pudieran sorprender a Daniel violando la nueva ley. Como era su costumbre, este se acercó a la ventana, se puso de rodillas y empezó a orar. Inmediatamente, los hombres corrieron hacia el rey, y le dijeron que alguien no estaba cumpliendo la ley. Cuando el rey Darío supo que se trataba de Daniel, lo lamentó mucho, y quiso salvarlo a toda costa. "Daniel, que el Dios a quien siempre has servido te salve", le dijo, pues sabía que por más que quisiera, no podía hacer nada. Daniel fue arrojado al foso de los leones, y cerraron la entrada con una gran piedra. ¡Fue un día triste para el rey Darío! No quiso escuchar música en el palacio ni comer. Pasó la noche pensando en Daniel y en todo lo que había pasado. ¡Estaba muy triste! Al amanecer, el rey corrió a la guarida del león y, muy afligido, ordenó a los soldados que quitaran la piedra de la entrada. Gritó: "Daniel, ¿el Dios a quien siempre has servido ha logrado salvarte de esta tragedia?". No tenía esperanza alguna de escuchar una respuesta, pero, de repente, oyó la voz de Daniel, que decía: "¡Oh, rey Darío! ¡Viva para siempre! Dios envió un ángel que le cerró la boca a los leones. Estoy sano y salvo, no tengo ni un rasguño. Dios sabe que soy inocente, que no he hecho nada malo". El rey se alegró mucho y ordenó a Daniel que saliera de la tumba. Los leones no lo habían lastimado porque Daniel había confiado en Dios. Luego, el rey ordenó que los hombres que habían acusado a Daniel fueran traídos ante él. Recibieron un castigo por ser tan injustos y malvados. ¡La fe en Dios no deja lugar para el miedo y la inseguridad! ¡Qué bueno es tener fe en Dios!

Visiones sobre el futuro

Incluso viviendo en Babilonia, Daniel nunca perdió la esperanza de que su pueblo regresara a Jerusalén. Un día, mientras leía, comprendió que Dios le había revelado a Jeremías que Jerusalén estaría en ruinas y que el pueblo no volvería a sus tierras natales durante al menos setenta años. Daniel buscó a Dios en la oración: hizo súplicas y ayunó, para que ese tiempo pasara rápido. Mientras oraba y oraba sin cesar, el ángel Gabriel vino volando del cielo y lo tocó. Quería hablar con él e instruirlo. El ángel le dijo que Dios había escuchado sus oraciones y que el pueblo pronto volvería a sus casas en Jerusalén: "El pueblo y tú necesitan volver a Jerusalén para reconstruir la ciudad. Y, en el futuro, Dios enviará un salvador para limpiar los males cometidos por los hombres", le dijo. El ángel le dijo a Daniel muchas cosas que sucederían, le contó lo que Dios planeaba para ellos y también le reveló cómo sería la vida en el momento en que el Salvador viniera. Daniel entendía algunas cosas de aquellas visiones a futuro, otras no, pero era un siervo fiel al Señor, que confiaba en un Dios bueno y justo, capaz de hacer maravillas incluso en medio de las dificultades.

El decreto de Ciro

El pueblo de Israel estuvo cautivo durante setenta años, tal como había dicho el profeta Jeremías. Luego, para que los planes del Señor se cumplieran, Dios tocó el espíritu de Ciro, rey de Persia, para que hiciera un decreto en el que debía establecer que todos los hijos de Jerusalén debían volver a su tierra y reconstruir el templo. Ciro sabía lo bueno que Dios había sido con él y por eso, de corazón, liberó al pueblo para que volviera a Jerusalén a reconstruir su santuario. Todos estaban muy contentos de volver. Tenían el gran desafío de reconstruir el templo, y todos querían ayudar. Incluso los que se habían quedado en las afueras de la ciudad ayudaron, trayendo voluntariamente objetos de plata, oro, bienes, ganado y otras cosas para contribuir. La destrucción había sido grande, y el templo necesitaba una reforma urgente. Cada uno ayudaba donde y como fuera necesario, y cada persona tenía una función y tareas que realizar. Los sacerdotes construyeron el altar para ofrecer sacrificios al Señor. También organizaron y administraron el dinero, pagando a los albañiles, carpinteros, la comida, la bebida y el aceite para que otras personas trajeran madera de cedro del Líbano. Todo aquello sería usado en la restauración. Después de casi dos años reuniendo material y planificando la reconstrucción, el trabajo finalmente comenzó. Cuando pusieron los cimientos del templo, todos celebraron y alabaron a Dios por haber llegado a ese momento. La gente lloró de alegría. ¡Servir a Dios siempre trae mucha felicidad!

Los problemas y la construcción

A muchas personas que vivían cerca de Jerusalén no les gustaba que el pueblo de Israel hubiera vuelto, así que empezaron a molestarlos y a intentar desanimarlos sobre la reconstrucción del templo. Incluso trataron de sabotear los planes: escribieron cartas a varios reinos, quejándose de los habitantes de Jerusalén, y llegaron a amenazar con no pagar sus impuestos si la ciudad seguía siendo reconstruida por su gente. Estos y otros problemas siguieron ocurriendo durante muchos, muchos años. Un día, sin embargo, dos funcionarios del gobierno israelí enviaron una carta al rey Darío, contándole sobre la antigua decisión del rey Ciro, que había reinado antes de él. Ciro había decretado enviar a los israelitas de vuelta a Jerusalén para reconstruir el templo. En la carta, los funcionarios hablaban del decreto del rey Ciro y pedían a Darío que revisara los archivos reales de Babilonia, donde se guardaban los documentos. ¡Darío se aseguraría entonces de hacer lo correcto! Rápidamente, buscaron y encontraron un pergamino donde se relataba aquel suceso. Entonces, Darío se aseguró de que se reconstruyera el templo de los israelitas. Ordenó a las personas que dejaran de sabotear estos planes, y además aportó bueyes, carneros y corderos para hacer sacrificios a Dios. ¡Nadie puede ir en contra de la voluntad de Dios!

La reconstrucción de los muros

Finalmente, el templo fue reconstruido. Sin embargo, la ciudad y las murallas de Jerusalén permanecieron en ruinas durante muchos años más. Nehemías, un judío que se había quedado en Babilonia cuando el pueblo regresó a Jerusalén, se enteró de aquello y se entristeció. También le preocupaba que el pueblo estuviera sin protección debido a los muros destruidos. Lloró y se lamentó durante unos días. Ayunó, rezó a Dios y pidió la ayuda del Señor. En ese momento, era el mayordomo del rey Artajerjes. Un día, el rey se dio cuenta de lo triste que estaba Nehemías. "Nunca te he visto triste antes", le comentó el rey, queriendo averiguar la causa de la tristeza de su mayordomo. "Estoy triste porque la ciudad donde están las tumbas de mis padres está desprotegida. Sus muros están destruidos. Ojalá pudiera ir a Jerusalén para ayudar a reconstruirlos", respondió Nehemías, esperanzado. El rey quería saber cuánto tiempo estaría el otro fuera si le permitía ir. Nehemías fijó una fecha límite, y el rey estuvo de acuerdo. Tan pronto como llegó a Jerusalén, muy emocionado, encontró inmediatamente hombres y se puso a trabajar. Muchos enemigos se burlaron cuando vieron que estaban reconstruyendo los muros, otros incluso los amenazaron, así que Nehemías pidió que sus hombres se cuidaran mucho durante la reconstrucción. Trabajaban duro, pero siempre estaban atentos a cualquier señal de peligro. Como precaución, también colocaron centinelas día y noche para evitar cualquier ataque enemigo. Así pudieron continuar la obra hasta que el muro se levantó de nuevo para proteger la ciudad de Jerusalén. ¡Nehemías estaba muy contento! ¡Qué bueno es servir a la ciudad, a los demás! ¡Dios también se complace en eso!

La fiesta de Asuero

Una vez terminada la muralla de Jerusalén, sus habitantes se sintieron más tranquilos, pues sabían que una invasión sería más difícil y ya no estaban a merced de ser atacados en cualquier momento. Sin embargo, los israelitas que habían tenido que quedarse en Babilonia estaban bajo el dominio de Persia. Asuero era, en ese momento, el rey persa. Hacía muchas fiestas, y los príncipes y oficiales estaban siempre entre sus invitados. El rey era muy vanidoso, y se jactaba siempre de sus riquezas. Un día, ofreció una fiesta para todos los habitantes de la ciudad: desde los nobles hasta los más humildes ciudadanos. Durante la celebración bebió demasiado y, ya borracho, envió a un sirviente a llamar a Vasti, su esposa. Como era muy vanidoso y Vasti era una mujer hermosa, el rey quería mostrarla a todos. Le ordenó que apareciera en la fiesta usando un hermoso vestido y su corona. Ella se negó a atender su llamado y no se presentó en la fiesta. Asuero, furioso, pidió consejo a sus sabios, pues quería saber cómo actuar

ante la desobediencia de su esposa. Estos le aconsejaron que no le permitiera acercarse a él ni mirarlo nunca más. El rey aceptó el consejo y, como tampoco quería verla más, decidió que le daría su lugar a otra mujer, como castigo para ella y para todas las esposas del pueblo que pensaran en desobedecer a sus maridos. Así que se enviaron cartas a todas las provincias, que decían: "Las esposas deberán obedecer a sus maridos, de lo contrario, lo perderán todo, como le ocurrió a la reina Vasti". Poco después, el rey pidió que le trajeran otras jóvenes hermosas, para encontrar una nueva esposa que ocuparía el lugar de la reina. El orgullo y la vanidad solo traen problemas a la vida de las personas.

Ester se convierte en reina

El rey Asuero quería una nueva reina en su palacio. Así que, sin tristeza alguna, ordenó que se reunieran a las jóvenes más bellas de todas las provincias de su reino: debían ser jóvenes bellas y de apariencia saludable. Ellas se quedarían un tiempo en el palacio, bajo la mirada de un cuidador, y así el rey podría escoger cuál le gustaba más para convertirse en su esposa. En la ciudad había un judío llamado Mardoqueo, que cuidaba a una joven huérfana llamada Ester. La chica era realmente hermosa, de rasgos suaves y finos. Mardoqueo la había criado desde que los padres de Ester habían fallecido, por lo que era como su hija. Cuando Mardoqueo escuchó que el rey buscaba una joven para ser su nueva reina, pensó en Ester. Le dijo que se presentara, pero que ocultara el hecho de que era judía. Poco después, Ester estaba con las otras chicas dentro del palacio, bajo el cuidado del sirviente del rey. Finalmente llegó el gran día y, tras meses de preparación, las jóvenes debían presentarse ante el rey.

Apenas Asuero vio a Ester, se enamoró de ella sobre todas las demás mujeres. Hizo que le pusieran la corona a la chica y la convirtió en la nueva reina. Muy feliz, tenía un gran banquete preparado para celebrar. También envió regalos y fue generoso con los habitantes de sus provincias. Mientras tanto, el leal Mardoqueo se enteró de un complot que se estaba gestando contra el rey: dos hombres querían derrotar a Asuero. Mardoqueo fue al palacio y le dijo a Ester, quien se apresuró a advertir al rey. El caso fue investigado, y los dos hombres fueron arrestados. Poco después, Asuero nombró a Amán jefe de gobierno. Este quería que todos se inclinaran ante él, pero Mardoqueo se negó, pues se inclinaba solo ante Dios. Nadie debe creerse superior a los demás, pues todos somos iguales.

Amán planea matar a todos los judíos

La negativa de Mardoqueo de inclinarse ante él puso furioso a Amán, así que decidió castigarlo a él y a su gente. El malvado Amán quería deshacerse de todos los judíos que vivían en Persia. Después de mucha reflexión, elaboró un plan para llevar a cabo su venganza. "Hay un pueblo entre nuestras provincias que tiene leyes diferentes a las que el rey ha ordenado", dijo Amán a Asuero, "si usted está de acuerdo, creo que es prudente que hagamos un decreto para eliminarlos". "Haz lo que creas conveniente con esa gente", le dijo el rey, aceptando sin pensarlo mucho. Entonces, Asuero escribió un decreto para que todos los judíos fueran eliminados y sus bienes fueran confiscados. El decreto fue enviado a todas las provincias, en el idioma de cada lugar. Todo el mundo estaba aterrorizado por aquello. ¡Muchas personas olvidan que es solo Dios quien decide sobre la vida!

Ester ora por su pueblo

Apenas Mardoqueo se enteró de aquello, lloró mucho. Rompió sus ropas y se vistió con pobres atuendos, en señal de protesta. Ester se enteró de esto a través de sus sirvientes, y envió a uno de sus criados a ver a Mardoqueo y a preguntarle la razón de tanta tristeza y dolor. Este le contó todo, y le pidió a la nueva reina que ayudara a su gente. Le sugirió que hablara con el rey para que anulara aquel terrible decreto. Ester le dijo a Mardoqueo que no se podía hablar con el rey a menos que la persona fuera llamada por él: era una orden que debía ser obedecida estrictamente. "¿Crees, Ester, que por estar en el palacio escaparás del castigo cuando todos los judíos sean asesinados?", le preguntó Mardoqueo. Entonces, Ester le dijo que reuniera a todos los judíos en Susa, para que oraran y ayunaran mientras ella intentaba hablar con el rey. Se puso su mejor vestido y fue al encuentro de su esposo. Cuando Asuero vio a Ester, se sintió conmovido por su presencia y extendió el cetro de oro hacia ella: esto significaba que era bienvenida. En aquellos días, las esposas no tenían mucho diálogo con sus maridos. "¿Qué quieres, Ester?", le preguntó Asuero, curioso. "He venido a invitar al rey y también a Amán a una fiesta especial que he preparado", dijo ella. El rey aceptó la invitación, y le dijo a Amán que se apresurara, ya que debían asistir a la fiesta de la reina. A veces parece que Dios está lejos de la gente, pero no es verdad. ¡Siempre está cerca de todos!

La fuerza

Esa noche, el rey Asuero y Amán fueron al banquete que Ester había preparado. Deseando complacerla, el rey le preguntó qué quería. "Si realmente he complacido a mi rey, les pido a ambos que vuelvan mañana por la noche, porque voy a hacer otro festín", respondió Ester. Amán se fue del palacio alegre, pero su humor cambió tan pronto como vio a Mardoqueo cerca de las puertas de entrada. Y se puso de peor humor cuando vio que Mardoqueo no se puso de pie ni se inclinó ante él. Sin embargo, Amán contuvo su ira y se fue a casa. Cuando llegó, mandó llamar a sus amigos y a su esposa, Zeres. Les dijo cuántas cosas buenas habían pasado en el curso de su vida, y que incluso la reina Ester lo había invitado a cenar con el rey. "Solo una cosa me hace infeliz: es ese judío Mardoqueo. Hoy lo he visto a la entrada del palacio, pero él, como siempre, no se inclinó ante mí, ni siquiera se movió", dijo, indignado. Entonces Zeres, muy malvada, sugirió que se construyera una horca muy alta y que Amán le pidiera al rey que colgara a Mardoqueo al día siguiente, para librarse de aquel judío. La sugerencia de su esposa fue bien aceptada, y la horca se levantó en poco tiempo. ¡Cuánta gente injusta existe! ¡Pero Dios siempre espera el momento exacto para mostrarles cómo ser justos!

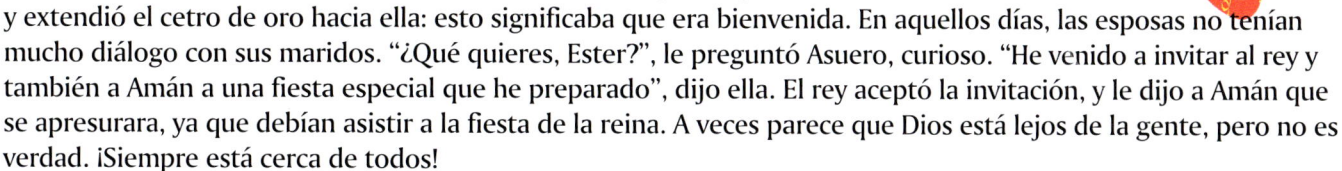

Amán es obligado a honrar a Mardoqueo

Después de autorizar que se construyera la horca, un extraño sentimiento invadió el corazón del rey Asuero: el soberano perdió el sueño y la paz. Intranquilo, ordenó a sus hombres que le trajeran los libros donde se registraban los hechos importantes. Allí, leyó que Mardoqueo había ayudado a capturar a los dos hombres que habían conspirado contra él. "¿Qué ganó Mardoqueo como recompensa por salvar mi reino?", preguntó el rey. "¡No recibió nada!", respondieron sus sirvientes. Entonces, el rey permaneció pensativo. Poco después, mandó a llamar a Amán a su presencia. "¿Qué harías para recompensar a un hombre justo?", le preguntó Asuero. Amán, muy presuntuoso y creyendo que el rey hablaba de él, le respondió, orgulloso: "Le pondría las vestiduras reales, le daría el caballo que el rey suele montar y le pondría una corona en la cabeza". Al rey le gustó la idea, así que le dijo: "Busca a Mardoqueo, el judío, y haz con él todo lo que acabas de decirme". Angustiado, Amán no podía creer lo que el rey le había dicho. Fue a su casa y le contó a Zeres y a sus amigos lo que había sucedido, preguntándoles cómo podría colgar a un hombre a quien el rey honraba. Mientras hablaban, los siervos del rey vinieron y llevaron a Amán al banquete que Ester había preparado. Amán debía aprender que las grandes lecciones de la vida suceden cuando la gente menos lo espera.

Ester denuncia a Amán

Tras aquel segundo banquete preparado por Ester, Asuero volvió a preguntarle: "¿Qué quieres que haga por ti? Pide lo que quieras, hasta la mitad del reino te daré". "Bueno, mi rey, si tiene toda esta consideración y afecto por mí, me gustaría ofrecer mi vida por la de mi pueblo. Hay alguien en la corte que quiere acabar con el pueblo judío para siempre. Por favor, mi rey, ayude a mi gente", le dijo la reina, arriesgándolo todo, incluso su propia vida. "¿Quién es esta persona de la que me hablas?", le respondió su esposo. La reina señaló a Amán,

y dijo: "Él es nuestro enemigo. ¡Amán es malvado!". Tras oír esto, Asuero fue a dar un paseo por el jardín para calmar su ira. Cuando regresó, vio a Amán muy cerca de Ester, y pensó que el hombre estaba intentando hacerle daño a la reina. Aquello fue la gota que colmó el vaso para Asuero: el rey recordó la horca que Amán había construido para quitarle la vida a Mardoqueo, y se indignó aún más. Sin pensarlo dos veces, le aplicó un severo castigo. Más tarde, Ester le rogó al rey que revocara aquella ley que eliminaría a su pueblo. Desafortunadamente, en aquella época era imposible revertir una ley que ya había sido firmada por el rey. Entonces, astutamente, Ester le pidió a su esposo que hiciera una nueva ley, en la que establecería que el pueblo judío podía defenderse de quienes intentaran quitarles la vida. Así, el rey permitió que cada judío defendiera su propia vida, la de sus hijos y sus mujeres para que nada malo les sucediera. Luchar con justicia por el propio bien y por el de los demás es una actitud generosa.

12 de septiembre — Job: el siervo leal

En la Biblia encontramos varias historias de hombres y mujeres que sirvieron a Dios, personas que obedecieron los mandamientos del Señor incluso en situaciones extremadamente difíciles, pues tenían una fe inquebrantable. Job es un ejemplo muy claro: aunque ocurrieron cosas tristes y terribles en su vida, permaneció fiel, sirviendo al Señor. Era un hombre digno y honesto, que creía en Dios y evitaba las actitudes malvadas. Tenía una hermosa familia: siete hijos y tres hijas, y estaba agradecido a Dios por todo lo bueno que tenía en su vida. Se levantaba regularmente al amanecer y ofrecía sacrificios a Dios: hacía esto por todos sus parientes que habían pecado. Un día, un ángel malvado se presentó ante el Señor, y Dios le preguntó de dónde venía. El ángel le respondió que estaba rondando la tierra para poner a prueba la fe de las personas, pues no creía que existiera la fe verdadera y estaba seguro de que, ante la tentación, todos dejarían a Dios de lado. Sin embargo, Dios le dijo, satisfecho: "¿Has visto a mi siervo Job? No hay nadie en la tierra como él: es bueno y generoso, ama al Señor y no hace el mal". "No es de extrañarse, ya que tiene todo lo que el Señor Dios le ha concedido. Pero, si le quitan sus riquezas y bondades, Job no le será tan fiel", dijo el ángel malvado, que estaba tramando un plan para poner a prueba a Job.

13 de septiembre — Aflicciones del trabajo

Dios permitió que Satanás, el ángel malvado, tentara a Job, siempre y cuando no le hiciera daño. Podía poner a prueba su fe, afligirlo de muchas formas, incluso quitarle sus posesiones materiales. Sin embargo, no podría maltratarlo ni quitarle la vida. Así que Satanás empezó a ejecutar su plan. Job estaba tranquilo en su casa cuando, de repente, un mensajero vino corriendo a darle malas noticias: "Se han llevado todos sus bueyes y asnos, también sus siervos han desaparecido. Solo yo he podido escapar para traerle este mensaje", dijo el hombre, casi sin aliento. Poco rato después, otro sirviente vino, contando que sus ovejas habían muerto todas. Entonces, vino un tercer criado y comunicó que los camellos habían sido tomados por los caldeos. Y pronto llegó un cuarto siervo, diciendo desesperado: "¡Tengo noticias muy tristes! Sus hijos e hijas han muerto: un viento muy fuerte derribó su casa". Job se quedó sin palabras: todo lo que había logrado en su vida se había perdido en un momento. Se levantó, se afeitó el pelo, rasgó sus vestidos y se arrojó a la tierra, adorando a Dios: "He venido a este mundo sin nada,

totalmente desnudo, y desnudo me iré. El Señor Dios me dio todo lo que tenía y ahora me lo ha quitado. Sin embargo, estoy agradecido a Dios por toda la felicidad que he podido vivir", dijo, con un corazón sincero. Entonces, Satanás tuvo que presentarse de nuevo ante Dios y admitir lo que el Señor le había dicho: Job era realmente un hombre de fe. Incluso frente a las mayores tragedias, había sido fiel a Dios. "Sin embargo, ha mantenido la fe estando sano. Dale al menos una enfermedad, seguramente así te maldecirá", le dijo el mal ángel. "Haz lo que desees, pero no puedes quitarle la vida", le dijo el Señor. Y Satanás hizo que dolorosas heridas aparecieran por todo el cuerpo de Job. Aquello fue una gran prueba para el pobre hombre, pero tendría que confiar en Dios. Incluso en las horas más tristes, ¡la fe es la mejor compañía!

Un hombre inocente

Job tenía muchos amigos. Tres de ellos fueron a visitarlo cuando se enteraron de las desgracias por las que estaba pasando, pues querían consolar a su pobre amigo. Pero cuando llegaron a la casa de Job y lo vieron sentado allí, lleno de heridas y víctima de un dolor terrible, no pudieron decir ni una sola palabra: se sentaron y lloraron con él. Lo acompañaron durante siete días y siete noches, sin decir absolutamente nada. Durante aquellos momentos, Job empezó a decir que desearía no haber nacido, para no vivir tanta aflicción. Finalmente, uno de sus amigos interrumpió el silencio, y preguntó: "¿De verdad no has hecho nada malo, nada para merecer todas estas desgracias?". Job reflexionó, pero estaba seguro de que no había hecho nada para desagradar a su Dios. "¿Crees que estoy mintiendo? Deberías mostrar compasión por mí, un hombre en apuros. Puede parecer que he abandonado mi amor por el Señor Todopoderoso y que por ello estoy siendo castigado, pero no es así. En lugar de consolarme, ¡me acusas! ¡Eso no me ayuda en absoluto!", le respondió a su amigo. A veces, es difícil entender el porqué de las penas de la vida. Solo Dios tiene todas las respuestas, ¡para todo hay una razón!

Las preguntas de Job y la bondad de Dios

Sin embargo, los amigos de Job tenían razón para cuestionarse. Si Job era un hombre fiel a Dios y no había hecho nada para desagradarle, como él mismo había dicho, ¿cómo es que Dios permitía que ocurrieran tantas cosas malas en su vida? De igual forma, Job comenzó a preguntarse por qué todo aquello estaba ocurriendo: no podía entender por qué Dios permitía que le ocurrieran tantas injusticias, pues no creía merecer ninguna.

Su realidad era bastante dura, y el Señor, en medio de un torbellino, le dijo: "¡Job, no te preocupes! Fui yo quien te envió todas estas desgracias, pero sé lo que hago", y añadió una pregunta: "Job, dime quién ha creado y sostenido todo, incluso antes de que tú nacieras". Entonces, Job reconoció la grandeza del Señor y se arrepintió humildemente de haber hecho tantas preguntas, dudando de Dios. Pidió perdón y rezó: "Sé muy bien que el Señor puede hacer cualquier cosa. Hablé de forma impulsiva, y lo siento mucho". Dios escuchó la oración de Job y le dio el doble de lo que tenía antes, para bendecirlo por haber aguantado tantas desgracias. Job volvió a tener una hermosa familia y Dios le dio muchos años de vida, con mucha felicidad, abundancia y salud. ¡Dios siempre sabe lo que hace! ¡Todo el mundo debe tener fe en ello!

Una promesa

16 de septiembre

El Señor envió un profeta, llamado Malaquías, para que el pueblo de Israel supiera que Él enviaría un Salvador. Malaquías advirtió a la gente de muchas cosas, y también les dijo que debían prepararse para la venida del Salvador. El profeta dijo: "Están entristeciendo al Señor con tantas dudas y preguntas interminables, ¿creen que pueden engañar a Dios? Juegan a hacerse los buenos, pero detrás hacen el mal y todavía tienen el valor de preguntarse dónde está el Dios de los justos. ¡Piensen en ello!". Y siguió: "Desde el principio de los tiempos y desde el tiempo en que sus padres vivieron, han desobedecido los mandamientos de Dios. Para ustedes no hay razón para servir a Dios, pero un día Dios los juzgará a todos. Y los que fueron verdaderamente buenos y no se apartaron de las leyes del Señor serán recompensados: recuerden las leyes de Dios escritas en las tablas cuando Moisés las recibió en el Monte Sinaí". Este era el plan de Dios: Él pronto enviaría al Salvador para que todos los que creyeran en Él se salvaran.

Un visitante diferente

17 de septiembre

Pasaron muchos años antes de que el pueblo finalmente volviera a vivir en Jerusalén. Pero, aun así, no eran soberanos: el imperio romano dominaba, con su fuerza militar, a muchos pueblos, entre ellos los israelitas, obligándolos a pagar importantes impuestos. Herodes había sido elegido por el emperador romano para ser el rey de las tierras de Israel. En ese momento, había un sacerdote llamado Zacarías, que estaba casado con Isabel. Ambos eran gente justa y vivían de acuerdo a los mandamientos de Dios. Realmente querían tener hijos, pero se estaban haciendo demasiado viejos para tener un bebé. Además de Zacarías, también había otros sacerdotes que, como él, cuidaban del templo y hacían todo lo necesario para adorar a Dios. Los sacerdotes siempre escogían, al azar, un nombre de entre ellos para entrar al santuario y adorar a Dios. Un día, Zacarías fue elegido para hacer esta tarea, y mientras preparaba el altar, un ángel apareció de repente. Zacarías se asustó mucho. "¡Zacarías! ¡No tengas miedo! Tu oración ha sido escuchada: Dios les concederá a ti y a Isabel un hijo, al que debes llamar Juan", dijo el ángel. ¡Las buenas personas siempre son escuchadas por Dios!

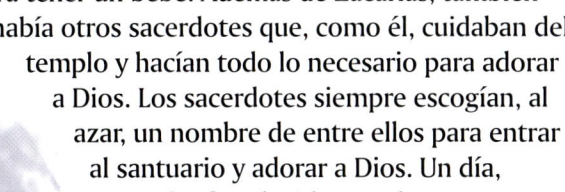

El mensajero de Dios

El buen ángel había sido enviado por Dios, y en el nombre de Dios habló a Zacarías, quien escuchó atentamente sus palabras: "Este hijo te dará mucho gozo. Su nacimiento será motivo de celebración. Tú e Isabel serán padres orgullosos, porque Juan estará lleno del Espíritu Santo". El ángel continuó explicando que Juan sería el mensajero de Dios, y que convertiría a muchos israelitas al Señor. También prepararía al pueblo para la venida del Salvador. "¿Cómo puedo creer todo esto? Isabel y yo ya somos demasiado mayores para tener un hijo", dudó Zacarías. "Soy Gabriel y estoy ante Dios siempre: créame, su voluntad se cumplirá", respondió el ángel.

Un ángel visita a María

Tal como el ángel Gabriel había dicho, sucedió: Isabel tuvo un niño. Pero, unos meses antes de que Juan naciera, el ángel fue enviado por Dios a una ciudad de Galilea llamada Nazaret, donde Gabriel visitó a una joven llamada María, que estaba comprometida con José, un joven carpintero y muy trabajador. Pronto se casarían. El ángel entró en el lugar donde estaba María y le dijo, felizmente: "¡Alégrate, María! Has sido bendecido por Dios, y Él está contigo". María, asustada al oír las palabras del ángel, no entendía a qué se refería. Y el ángel continuó: "¡María, no tengas miedo! Has sido bendecida por Dios. Dentro de unos meses tendrás un hijo y le pondrás el nombre de Jesús. Dios le dará el trono de David, que reinará para siempre. Él salvará a su pueblo de sus propios pecados, y su reinado no tendrá fin". "Pero ¿cómo sucederá eso? Ni siquiera estoy casada todavía con José", cuestionó María, a lo que el ángel respondió: "¡María, escucha! El Espíritu Santo vendrá sobre ti, y el poder del Altísimo te dejará embarazada. Su hijo será la obra del poder del Señor. Este santo niño será llamado Hijo de Dios". ¡Cuánto puede hacer Dios en su infinita bondad!

¡Cuánta alegría!

20 de septiembre

El ángel también le dijo que Isabel, su prima, tendría un hijo, aunque ya era mayor. María no dudó, y le respondió al ángel que conocía el poder de Dios para hacer cosas que parecían imposibles a los ojos humanos. "¡Estoy dispuesta a servir a Dios! Que Dios cumpla a través de mí lo que ha planeado", dijo la joven, feliz y confiada. Y el ángel se fue. María pasó un tiempo pensando en todo lo que él había dicho y luego decidió visitar a Isabel. Cuando María se encontró con su prima y la saludó, el bebé de Isabel se movió en su vientre, al reconocer la voz de la madre de Dios.

El nacimiento de Juan el Bautista

21 de septiembre

María se quedó en casa de Isabel y Zacarías durante tres meses, y luego regresó a su casa. Poco después, llegó el momento de que Isabel tuviera su hijo: tuvo un niño, tal como el ángel le había dicho a Zacarías. Los vecinos, amigos y parientes se alegraron mucho por ellos. Después de tantos años, Zacarías e Isabel finalmente tenían un hijo. Todos se reunieron en la casa de la pareja para celebrar la llegada del tan deseado bebé. Sus parientes les aconsejaron que llamaran al niño Zacarías, como su padre. "¡De ninguna manera!", respondió Isabel, "¡su nombre será Juan!". Los parientes y amigos le dijeron: "Pero, Isabel, no hay nadie con ese nombre en la familia", pues en esa época era costumbre poner al recién nacido el nombre de alguno de sus parientes. Pero Zacarías también estuvo de acuerdo en que el nombre del chico debía ser Juan, y todo el mundo se sorprendió por aquella decisión: más aún de que Zacarías estuviera de acuerdo con su esposa. Zacarías e Isabel alabaron a Dios, y los vecinos comentaron en toda la región montañosa de Judea sobre aquel nacimiento. Muchos se preguntaban qué sería del niño cuando creciera: ¿sería él mismo un mensajero de Dios? ¡Dios hace todo para que la gente crea en Él, para que todos sigan el camino del bien!

22 de septiembre — Nace el Salvador

Poco tiempo antes de que naciera el bebé de María, se publicó un decreto del emperador romano: el emperador César Augusto convocaba a toda la población a registrarse en un censo. Por ende, cada persona tendría que regresar a su tierra natal para ser contada. Obviamente, aquello era solo para recaudar la mayor cantidad posible de impuestos. José era descendiente de la familia de David, y tendrían que ir a la ciudad de Belén. María ya estaba en su último período de gestación y para ella sería un viaje muy cansado, pues les tomaría por lo menos una semana, pero como era obligatorio registrarse, la pareja no tenía otra opción. Muy cariñoso, José hizo todo lo posible para que María se sintiera cómoda. La sentó en un burro, y los dos se fueron a Belén. Cuando finalmente llegaron, ambos estaban exhaustos y querían descansar. Sin embargo, la ciudad estaba abarrotada debido al censo, y no encontraron habitación en ningún albergue: el único lugar que José pudo encontrar para pasar la noche fue un establo que servía como refugio para los animales. No era un lugar hermoso ni muy cómodo, pero al menos servía de refugio y les ofrecería protección de la intemperie. Poco después, María comenzó a sentir los dolores del parto, y en aquel lugar dio a luz a un hermoso niño. Lo envolvió muy calurosamente y, como no había cuna para acostarlo, María improvisó, usando un pesebre con suficiente paja para acostar a su bebé recién nacido. Por muy simple que fuera el lugar, había amor y calor para el niño, ya que sus padres lo amaban mucho.

23 de septiembre — Los pastores conocen al niño

En aquella región había mucha cría de ovejas y, como era habitual, algunos pastores estaban cuidando sus rebaños en los campos. Entonces, suavemente, un ángel del Señor bajó donde estaban los pastores, y todo a su alrededor empezó a brillar. La gloria de Dios estaba presente en ese momento. Asombrados, los pastores se miraron unos a otros y, con miedo, esperaron a ver qué pasaría. "¡No tengan miedo! ¡Estoy aquí para darles la

buena nueva! Esta noticia también será grande para todo el pueblo", dijo el ángel, vibrando de felicidad, "hoy, en la ciudad de Belén, nació el Salvador: Jesucristo. Encontrarán al niño envuelto en paños y acostado en un simple pesebre". Cuando dijeron esto, el cielo se llenó de ángeles cantando con alegría hermosas canciones de alabanza a Dios, y se oyeron voces de ángeles, que decían: "¡Gloria a Dios en las alturas y paz en la tierra a los hombres amados por Él!". Cuando los ángeles se fueron, los pastores decidieron ver al niño Jesús. Dejaron sus ovejas en los campos y corrieron rápidamente a Belén. Buscaron por toda la ciudad, y finalmente encontraron al bebé acostado en un pesebre y dulcemente envuelto por su madre, María. Después de verlo, comenzaron a decir a todos en la ciudad que el Salvador había nacido, y que el ángel del Señor les había llevado aquella maravillosa noticia a los campos. María, muy cautelosa, reflexionó sobre todo lo que estaba sucediendo en su vida. María y José eran muy pobres, ¡pero tenían una gran riqueza de amor para dar a su pequeño hijo!

Los Reyes Magos visitan a Jesús

24 de septiembre

Algunos sabios de Oriente iban camino a Jerusalén. En aquel entonces, los hombres de gran inteligencia, erudición y sabiduría eran llamados magos. Los magos que iban a Jerusalén, siendo muy observadores, pronto notaron una estrella muy brillante que apuntaba a la región de Judea, y dedujeron que aquello era una señal de que el Salvador había nacido. Se encaminaron a la ciudad, donde preguntaron al rey Herodes: "¿Dónde está el rey de los judíos, que acaba de nacer? Hemos visto su estrella y estamos aquí para adorarlo", dijeron, convencidos. Herodes se disgustó mucho, pues no le gustaba en absoluto saber que había nacido un rey judío. Convocó a sus sacerdotes y consejeros, y les preguntó dónde había nacido el Salvador. "Según las escrituras, debe haber nacido en Belén, la tierra de Judá", le respondieron. Entonces, Herodes le preguntó a los Reyes Magos cuándo habían visto la estrella en el cielo, y les ordenó que fueran a Belén a buscar al niño. "Cuando encuentren al bebé, envíenme un mensaje, para que yo mismo vaya a Belén a adorarlo", les dijo Herodes, con malicia en sus ojos. No importa lo que Dios haga, ¡siempre hay hombres con malas intenciones!

Oro, incienso y mirra

25 de septiembre

Después de escuchar las instrucciones del rey, los Reyes Magos se pusieron en camino a buscar al Salvador. La estrella que habían visto los guio hasta Belén, y luego se detuvo sobre el lugar donde estaba Jesús con sus padres. Los sabios estaban muy contentos, apenas podían contener su felicidad. La emoción fue grande cuando vieron al niño Jesús con María: se postraron y lo adoraron, y también ofrecieron regalos muy especiales. Les dieron oro, incienso y mirra. Llegado el momento de que aquellos hombres se fueran a su tierra, Dios, muy cuidadoso, advirtió a los magos que no debían regresar y decirle a Herodes acerca del Salvador. Les ordenó que volvieran por otro camino, y ellos obedecieron al Señor. ¡Dios cuida muy bien de los niños! ¡Él tiene un gran amor por ellos!

La fuga a Egipto

Poco después de que los Reyes Magos se fueran, un ángel se le apareció en un sueño a José. "Toma al bebé y a María y huye a Egipto. Quédate ahí hasta que te avise de nuevo. El rey Herodes va a buscar al niño para quitarle la vida, pues no quiere un rey judío", le advirtió el ángel. José no perdió ni un segundo: hizo sus maletas y, aunque todavía era de noche, tomó a María y a Jesús y se puso en camino hacia Egipto. Algún tiempo después, cuando Herodes descubrió que los Reyes Magos se habían ido sin avisarle dónde habían encontrado al niño, se enfadó mucho. Su ira fue tal que ordenó, por decreto, la eliminación de todos los bebés de Belén y de las ciudades vecinas. Todos los niños menores de dos años estaban en peligro. Al establecer esa edad, no se arriesgaría a dejar vivo al futuro rey de los judíos. ¡Qué maldad! El pueblo lloró mucho por este decreto. Mientras Herodes vivió, José, María y Jesús permanecieron en Egipto. Después de su muerte, un ángel del Señor se le apareció de nuevo en un sueño a José, que vivía con su familia en Egipto. "José, toma al niño y a María y vete a la tierra de Israel, porque los que estaban dispuestos a quitarle la vida a Jesús ya no existen. Ahora ya no hay peligro para él", anunció el ángel. Así que los tres regresaron a la tierra de Israel, y se enteraron de que, en lugar de Herodes, reinaba ahora su hijo Arquelao. Con cierta sospecha, José temió por la vida de su familia y, por la divina providencia, fue nuevamente advertido en un sueño. Regresó a las regiones de Galilea y llegó a Nazaret, y fue allí donde Jesús pasó su infancia. Dios protege a los niños pequeños, porque son frágiles y necesitan mucho amor.

Jesús crece

Jesús seguía creciendo y se convirtió en un niño fuerte, saludable y también muy inteligente. La gracia de Dios estaba con él. Cada año, sus padres iban a Jerusalén a celebrar la Pascua, y cuando Jesús cumplió doce años decidieron que ya era lo suficientemente mayor para acompañarlos. Eso hicieron, y tan pronto como los días de fiesta terminaron, todos debían regresar a sus ciudades. María y José hicieron lo propio: volvieron a Nazaret, pero no se dieron cuenta de que su hijo no estaba en la caravana. Al darse cuenta, pensaron que Jesús estaría con sus amigos, así que continuaron su viaje durante todo un día. Ya al anochecer, José y María notaron con desesperación que Jesús no estaba en ningún sitio, ni con ninguna de las personas que viajaban con ellos. Buscaron por todas partes, entre la gente, entre sus parientes y conocidos, pero el niño no aparecía. Muy angustiados, se apresuraron a regresar a Jerusalén en busca del niño. Buscaron en las calles y plazas hasta que se cansaron, sin resultado. Después de tres largos días de búsqueda y ansiedad, lo encontraron en el templo, sentado entre los sacerdotes. Jesús les hacía preguntas y escuchaba sus respuestas atentamente, y ellos también le hacían preguntas a él. Era muy sabio para tener solo doce años. Tan pronto como lo vieron, José y María se sintieron aliviados y, al mismo tiempo, asombrados. María le preguntó, con celo maternal: "Hijo, ¿por qué hiciste esto? ¡Tu padre y yo estábamos tan angustiados buscándote!". "Lo siento, madre, pero no debiste preocuparte. ¿No te imaginaste que yo podría estar en la casa de mi Padre?", le respondió Jesús con cariño. José y María no entendieron las palabras de su hijo. ¡Dios quería hablar con los sacerdotes directamente, usando las palabras de Jesús!

Juan el Bautista predica

Dios tenía una misión para Juan, el hijo tan deseado de Zacarías e Isabel: también sería un mensajero de Dios. Muchos creían en las escrituras que profetizaban la llegada del Salvador al mundo, mientras que otros pensaban que aquello era una tontería. Antes de que Jesús naciera, Dios había designado a Juan a preparar al pueblo, porque un Salvador pronto estaría entre ellos. Un día, Dios llamó a Juan en el desierto y le dijo que recorriera toda la región del río Jordán, advirtiendo a la gente de que se arrepintieran de sus pecados. También predicó el bautismo, para que todos pudieran ser parte del Reino de Dios. "Deben esforzarse en hacer solo el bien, porque el reino de los cielos está por venir. Busquen hacer el bien y ser justos según los mandamientos de Dios, y sean bautizados", predicaba, confiado y lleno de fe. Muchos creyeron en sus palabras y fueron bautizados allí mismo, en las aguas del río Jordán. Juan les dejaba claro a todos que pronto vendría el mesías prometido, el Salvador.

Una regla para obedecer

Juan predicó el evangelio a la gente y los animó a seguir los mandamientos de Dios. Muchos llegaron a pensar que era el mismo Cristo, otros creían que tenía el espíritu de Elías. Pero Juan fue siempre claro en sus palabras: "Yo les bautizo con agua, pero vendrá un hombre mucho más poderoso que yo: ni siquiera soy digno de desatar sus sandalias. Él les bautizará con el Espíritu Santo". La multitud se acercó a Juan, preguntándole cómo debían actuar. Este respondió: "Quien tenga dos prendas de vestir debe compartirlas, dándole una a alguien que no tenga nada. El que tenga suficiente comida debe compartirla con el hambriento". Algunos publicanos fueron a bautizarse y también le preguntaron qué podían hacer para demostrar que habían cambiado su estilo de vida. "¡No cobren más de lo estipulado!", les dijo Juan, pues aquellos hombres eran los responsables de recaudar los impuestos. Los soldados también se bautizaron e hicieron la misma pregunta, a la que recibieron por respuesta: "No maltraten a nadie, no den falsos testimonios y estén satisfechos con el salario que reciben". Así, día tras día se difundió la noticia de que había un hombre llamado Juan que predicaba el evangelio y bautizaba a la gente que quería ser parte del Reino de Dios. Con el tiempo, empezaron a llamarlo Juan el Bautista. ¡Qué buena y generosa es la gente en este mundo!

El bautismo de Jesús

Un día, Jesús fue a la región de Galilea donde pasaba el río Jordán, pues quería ser bautizado por Juan. En el mismo instante en que vio a Jesús, Juan supo que era el Salvador. Juan no se creyó digno de bautizar al Hijo de Dios, por lo que le dijo: "¡Yo necesito ser bautizado por ti, y no tú por mí!". Pero Jesús tenía una respuesta sabia para todo: "Debemos hacer lo que Dios quiere, así que debo ser bautizado". Entonces, Juan admitió que Jesús tenía razón: Dios quería que Jesús fuera bautizado como todos los demás hombres. Aquello serviría como ejemplo, mostrando que Jesús también era obediente a Dios. Juan lo condujo al río y lo bautizó, empapando su cuerpo en las aguas. Tan pronto como Jesús salió del agua, los cielos se abrieron, y el Espíritu de Dios descendió sobre él en forma de paloma. Entonces, Jesús escuchó una voz del cielo, que decía: "¡Este es mi Hijo amado! ¡Lo amo, él solo ha traído alegría!".

Satanás tienta a Jesús

Después de su bautismo, Jesús fue llevado por el Espíritu al desierto. Allí, Satanás, el ángel maligno, lo pondría a prueba. Durante cuarenta días y cuarenta noches Jesús no comió nada, así que tenía mucha hambre. Entonces, un ángel maligno se le acercó y le dijo: "Si realmente eres el Hijo de Dios, usa tu poder y haz que estas piedras se conviertan en pan". "Está escrito que no solo de pan vivirá el hombre, sino de la palabra de Dios", respondió Jesús, que conocía las escrituras y las malas intenciones de aquel ángel. Entonces, Satanás llevó a Jesús a Jerusalén, lo dejó en la parte más alta del templo y le dijo: "¡Bien hecho, Jesús! Si realmente eres el Hijo de Dios, ¡sal de aquí y ordena a tus ángeles que te salven!". Pero Jesús le contestó, sin rastro de duda: "También está escrito que no tentarás al Señor Dios". Como Satanás sabía que sus tentaciones no estaban funcionando, llevó a Jesús a una montaña muy alta y le mostró todos los reinos del mundo. "Jesús, te daré todos estos reinos, sus riquezas y glorias, si te inclinas ante mí en señal de adoración", le dijo. Tranquilo, Jesús le respondió: "Debemos adorar solo al Señor Dios, y solo a Él adoraremos". Finalmente, Satanás se rindió: no había manera de tentar a Jesús. ¡Quien realmente solo tiene a Dios en su corazón no puede ser engañado por nadie!

Jesús y los pescadores

2 de octubre

Algún tiempo después, Juan el Bautista fue arrestado, pues se le acusaba de ir en contra de las ideas del gobierno. Al rey no le gustaba lo que Juan predicaba, ya que hablaba de un nuevo rey que gobernaría sobre Israel, y les decía que debían creer en el evangelio y hacer el bien para ser parte del Reino de Dios. En ese momento, Jesús fue a Galilea a predicar, y allí encontró a dos hermanos que eran pescadores: Simón, a quien Jesús llamaría luego Pedro, y Andrés. Al verlos, Jesús les dijo: "¡Vengan conmigo y los haré pescadores de hombres!". Sin demora, aceptaron la invitación y siguieron a Jesús. Los pescadores estaban muy contentos, e incluso olvidaron las redes que habían lanzado al agua. Un poco más adelante, se encontraron a Jacobo y a su hermano Juan, que estaban en un barco reparando sus redes para la pesca. Jesús los llamó, y ellos también siguieron rápidamente al Maestro (así lo llamaron, por sus enseñanzas). En el barco se quedó su padre, Zebedeo, para ocuparse de todo. Jesús tenía el poder de la palabra, ¡confiaba tanto en lo que decía que todos se convencían al escucharlo!

Un matrimonio en Galilea

3 de octubre

Los discípulos acompañaban a Jesús a todas partes. Escuchándolo, aprendieron mucho sobre Dios y se sintieron capaces de predicar la palabra del Señor al pueblo. Una vez, hubo una boda en Galilea, y Jesús, su madre y los discípulos fueron invitados. Después de la ceremonia, todos los invitados fueron recibidos en un festín en el que había mucha comida deliciosa. También había vino, que era la bebida habitual en esa época. Inesperadamente, se acabó el vino, pues había muchos invitados y no se había calculado correctamente la cantidad de bebida que se serviría en la fiesta. María vio la desesperación de los criados al ver que no había más vino para servir: aquello era muy vergonzoso. Entonces, decidió hablar con Jesús, pues su hijo sabría ayudarles. ¡Todas las actitudes amables son reflejos de Dios!

Las tallas y el agua

4 de octubre

En el lugar de la boda había seis enormes tallas de piedra, que eran usadas por los judíos para la purificación antes de las comidas. Cada una podía contener, fácilmente, muchos litros de agua. Jesús les pidió a los criados: "Por favor, llenen estas tallas de agua. Luego sirvan el agua en las copas, y llévenlas a los comensales en el salón principal". Así hicieron, y todos los invitados bebieron del contenido de aquellas copas. Entonces, uno de los invitados llamó al novio, y le dijo: "Es costumbre servir primero el buen vino y luego, cuando todos han bebido suficiente, pasar a uno inferior. Pero usted, joven, me ha sorprendido, guardando un vino mucho mejor para después". Los discípulos supieron que Jesús había convertido el agua de las tallas en vino: aquel fue su primer milagro. Casi nadie en la fiesta se enteró de lo que había ocurrido realmente. Sin embargo, rápidamente se corrió el rumor de que un hombre de Nazaret, llamado Jesús, hacía milagros, por lo que mucha gente acudió a verlo y escucharlo. Cuando el amor, la justicia y la fe están en una persona, todos quieren ir a él.

Las curaciones

5 de octubre

Un sábado, Jesús fue con sus discípulos a la sinagoga, que es el lugar de culto para los judíos. Allí sorprendió a todos con sus palabras y actitudes, pues enseñaba con sabiduría y autoridad. Tras la visita a la sinagoga, fueron a la casa de Simón y Andrés. Al llegar, se enteraron de que la suegra de Simón estaba en cama, con fiebre. Con una mirada amable, Jesús se acercó a ella y le tomó la mano. Instantáneamente, la fiebre pasó, y la señora se sintió tan bien y recuperada que sirvió comida para todo el mundo. ¡La alegría fue enorme! Al anochecer, la noticia de que Jesús hacía milagros se había extendido tanto que las personas empezaron a salir a su encuentro para llevarle enfermos. El Hijo de Dios sanó a muchas personas con diferentes enfermedades y también dio mucha paz a los nerviosos y desesperados. Un tiempo después, un leproso se acercó a Jesús y le rogó que lo curara de esa cruel enfermedad. Jesús se conmovió profundamente y extendió su mano, tocó al hombre y le dijo: "¡Quiero que te cures!". En ese mismo instante, el hombre se dio cuenta de que la enfermedad se había ido por completo. Jesús le pidió al hombre que no le dijera a nadie lo que

había pasado, y que como agradecimiento únicamente cumpliera las leyes de Dios. Pero el hombre se marchó con tal alegría que no pudo contenerse, y empezó a contarle a todos que Jesús había obrado un milagro en él. Así, cada vez más gente quería acercarse a Jesús, y llegó un momento en el que ya no pudo entrar a las ciudades por la cantidad de personas que lo buscaban. Así que empezó a quedarse en montes y colinas a los alrededores, y la gente acudía a él para escuchar sus palabras y ser sanados. Todas las curaciones dependen de la voluntad y la fe: con ambas cosas en el corazón, todas las personas pueden contar con la ayuda de Dios.

La gente va a Jesús

Dondequiera que Jesús fuese, pronto una multitud lo seguía. Una vez, fue a la ciudad de Cafarnaúm y se quedó en una pequeña casa, pero no pasó mucho tiempo antes de que la gente se enterara de su presencia allí. Rápidamente, la casa se llenó de personas: todos llegaban curiosos, esperanzados y con deseos de escuchar sus palabras. Como no cabían todos, muchos escuchaban desde fuera, intentando encontrar el mejor lugar desde el que ver y oír al Maestro. En un momento llegaron cuatro hombres cargando una camilla en la que iba un paralítico. Querían acercarse a Jesús, pero había tanta gente que aquello era imposible. Como no lograban abrirse camino entre la multitud apretujada, decidieron abrir un hueco en el techo de la casa y bajar a su amigo paralítico hasta el interior, donde estaba Jesús. Cuando este se dio cuenta de lo que estaba pasando, le dijo al hombre paralítico: "Hijo, tus pecados están perdonados. ¡Levántate y camina!". En ese momento, muy emocionado y agradecido, el hombre se levantó y se fue por su propio pie. Las personas allí presentes no podían contener su admiración y alegría ante aquel milagro, y las miradas de sorpresa siguieron al hombre mientras se alejaba. ¡Para Dios nada es imposible!

Ayuda para los pecadores

Jesús viajó por todo el país, recorriendo varias ciudades y pueblos predicando la palabra de Dios. Mientras predicaba, muchos terminaron convirtiéndose en sus discípulos y seguidores. Un día, cuando estaba en uno de sus viajes, Jesús vio a Leví, un recaudador de impuestos, sentado al lado del camino. Jesús le dijo: "¡Sígueme!" y Leví, que más tarde se llamó Mateo, se levantó y siguió a Jesús. Por la noche, muy contento, Mateo fue a preparar un banquete especial en su casa para Jesús, sus discípulos y muchos otros que les seguían. Entre ellos había muchos publicanos y pecadores. También estaban presentes algunos líderes religiosos, los fariseos. Cuando los fariseos vieron que Jesús comía en compañía de pecadores y publicanos, preguntaron en voz baja a los discípulos del Maestro: "¿Por qué come y bebe con esta gente malvada?". Jesús escuchó sus comentarios y, antes de que nadie pudiera responder, él mismo explicó: "Los que están sanos no necesitan ir al médico, pero los que están enfermos sí. No he venido solo para estar con los buenos y justos: he venido, principalmente, a salvar a los pecadores". La gente que comete errores no debe ser rechazada. ¡Necesitan ayuda para saber cómo actuar correctamente!

Jesús sana el sábado

Jesús conocía todos los mandamientos de Dios, y los obedecía también. En uno de los mandamientos, Dios expresó su deseo de que el pueblo trabajara seis días, pero en el séptimo debían descansar. Ese séptimo día sería un día sagrado, para alabar y agradecer a Dios por las bendiciones recibidas. Los fariseos, que se oponían a las ideas de Jesús, querían que violara alguna ley o hiciera algo malo, para así poder deshacerse de él. Un sábado, Jesús entró a la sinagoga y encontró allí a un hombre con una mano terriblemente defectuosa. Los fariseos se quedaron observándolo de lejos, para ver qué haría ante aquello. "Ven aquí", le dijo Jesús al hombre, y luego preguntó a los fariseos: "¿Está prohibido hacer el bien a alguien en el día de descanso?", pues sabía que los líderes religiosos consideraban la curación una forma de trabajo, y que si hacía algo podrían acusarle de haber violado los mandamientos del Señor. Sin embargo, los fariseos no se atrevieron a decir nada ante la seria pregunta de Jesús. Entonces este, volviéndose hacia el hombre, le dijo: "Extiende tu mano". Así lo hizo aquel, e inmediatamente su mano estuvo curada por completo. A pesar de haber guardado silencio, los fariseos seguían queriendo encontrar una manera de deshacerse de Jesús, así que se reunieron para conspirar en su contra. ¡Qué bueno sería si todos entendieran lo que es el bien! ¡El mundo sería mucho mejor!

Nicodemo visita a Jesús

Los fariseos estaban disgustados con la popularidad de Jesús, con sus milagrosas curaciones y con sus conversaciones sobre el evangelio. Uno de los principales líderes de los fariseos era Nicodemo, y una noche fue a hablar con Jesús. Le dijo: "Todos sabemos que eres un maestro enviado por Dios: solo así podrías hacer todas las curaciones que has hecho". "Nicodemo, si uno vuelve a nacer puede ver el Reino de Dios", le respondió Jesús. Nicodemo no entendió esta respuesta, así que le dijo: "¿Cómo puede una persona adulta volver a nacer? ¿Es posible volver al vientre de la madre y nacer por segunda vez?". Entonces, Jesús le explicó: "Todos nacemos una vez en la carne, pero quien no nazca en espíritu no podrá entrar nunca al Reino de Dios. Cuando alguien nace, la gente solo ve un bebé, porque es algo carnal, pero Dios ve lo que nace en el espíritu". Nicodemo le hizo una última pregunta: "¿Cómo sucede esto, Maestro?", a lo que Jesús respondió: "¡Tú, que eres un maestro religioso en Israel, deberías entender estas cosas! Ni siquiera crees en las cosas terrenales, ¡mucho menos en las celestiales!". Dios solo quiere que todos tengan fe, ¡Él proporcionará el resto!

Dios y su amor por el mundo

Jesús continuó explicando a Nicodemo cuál era el plan de Dios para el pueblo, pero para el fariseo todo aquello resultaba demasiado confuso. Jesús le dijo que Dios lo había enviado al mundo para enseñar a la gente qué tenía que hacer para entrar a su reino. "El Hijo de Dios vino a la tierra para rescatar a quienes deseen ir por el camino del bien. Moisés levantó la serpiente en el desierto para que el pueblo pudiera ser sanado, pues lo mismo será para quienes crean en el Hijo de Dios: tendrán vida eterna", le dijo Jesús. Luego, añadió: "Dios amó tanto al mundo que envió a su único hijo no para juzgar a la gente, sino para que sean salvados por Él". Y así, siguió explicándole el plan de Dios. La gente, sin embargo, siempre da más importancia y valor a la oscuridad. Todos los que practican el mal quieren alejarse de la luz, que es Jesús, para que sus acciones no sean vistas, pero aquellos que actúan con el bien se acercan a la luz para que sus acciones sean conocidas, porque son hechas como Dios quiere.

Jesús es el agua de la vida

Los Muchos fariseos, preocupados por la cantidad de gente que seguía a Jesús, fueron bautizados y se convirtieron en sus discípulos. Entonces, Jesús decidió dejar Judea y viajar a Galilea, por lo que sus discípulos y él debían cruzar la provincia de Samaria. Tras mucho caminar, finalmente llegaron a una ciudad samaritana, y los discípulos se fueron a intentar encontrar comida, mientras Jesús se quedaba cerca de un pozo que la gente de

la ciudad usaba para sacar agua. Poco rato después llegó una mujer samaritana, y Jesús le dijo: "Por favor, dame agua". Ella lo miró, sorprendida, pues en aquella época los judíos y los samaritanos no se llevaban bien, y no solían hablarse. "¿Cómo es que tú, siendo judío, me pides agua para beber?", preguntó ella, a lo que Jesús respondió: "Si conocieras los dones de Dios, me pedirías agua tú, y yo te daría el agua de la vida". La mujer vio que Jesús no tenía ollas, jarras ni ningún otro recipiente para sacar agua del pozo, entonces le dijo: "Señor, veo que no tiene nada para sacar agua. ¿Dónde está el agua de la vida de la que habla?". "Quien beba el agua de este pozo siempre volverá a tener sed, pero la persona que beba del agua que yo le dé no volverá a estar sedienta, pues tendrá una fuente de agua que fluye hacia la vida eterna", le dijo Jesús. La mujer estaba muy intrigada, y no tardó en decirle: "Quiero de su agua, señor. Por favor, así no tendré que volver a sacar agua de este pozo". Pensó que Jesús debía ser un profeta, pues sabía mucho sobre la vida eterna. Un rato después se fue y, alegre, corrió hacia la ciudad, pues quería decirle a la gente que había conocido a un hombre que, en su opinión, era el mesías del que tanto se hablaba. Las enseñanzas de Dios, a través de las palabras de Jesús, satisfacen plenamente el espíritu de todos en la tierra.

Jesús cura al hijo de un oficial del rey

Jesús y sus discípulos pasaron dos días en aquella ciudad de Samaria. A través del relato de la mujer, muchos samaritanos habían empezado a creer en el mesías, y creyeron aun más cuando oyeron las palabras de Jesús. Días después, Jesús y sus discípulos emprendieron un viaje a Caná, el lugar donde Jesús había transformado el agua en vino. Apenas llegaron a la ciudad se les acercó un oficial del rey, quien pidió hablar con Jesús y le dijo, muy angustiado: "¡Por favor, señor! ¡Mi hijo está muy enfermo, y creo que va a morir!". Jesús, queriendo ponerlo a prueba, le respondió: "Incluso si nos ves milagros o señales divinas, ¿igual creerás en mí?". El hombre contestó afirmativamente, y empezó a rezar para que Jesús sanara a su hijo. Entonces, Jesús le dijo: "Puedes irte a casa: ¡tu hijo está sano!". El oficial del rey confió ciegamente en aquellas palabras, y se fue de vuelta a su casa. En el camino, se encontró con algunos de sus criados, que lo buscaban para comunicarle que su hijo se había recuperado repentinamente. "¿Cuándo se recuperó?", preguntó el oficial. Y, ante la respuesta, confirmó que había sido justamente cuando él había hablado con Jesús. Entonces supo que su fe lo había sanado. Solo Dios hace milagros, ¡y los hace a través de gente muy especial!

Juan el Bautista es arrestado

El pueblo judío no era completamente libre, pues vivían bajo el dominio del Imperio romano. El rey Herodes, que gobernaba aquellas regiones, era un hombre muy estricto, que había tomado a Herodías, la esposa de su hermano, para que fuera su esposa. Herodías era una mujer cruel y vengativa. Por aquellos días, Juan el Bautista había sido arrestado por órdenes del rey, pero, incluso en la prisión, siguió predicando la palabra de Dios. Ni siquiera el rey escapaba a sus palabras. Un día, Juan le dijo a Herodes: "Lo que hiciste no estuvo bien ante Dios: te llevaste a la esposa de tu hermano para hacerla tu esposa". Al rey no le gustó sentirse juzgado, y sentía desprecio por Juan, aunque sabía que este era un hombre justo y sabio. Por esto, el rey de vez en cuando escuchaba sus palabras, aunque lo mantenía en prisión. El día de su cumpleaños, Herodes organizó una gran fiesta: invitó a personas importantes, militares, nobles y otros. En algún momento de la fiesta la hija de Herodías, que era bailarina, hizo una presentación que agradó mucho al rey, y este le dijo que pidiera lo que deseara. La chica consultó con su madre qué podía pedirle a Herodes, y esta, malvada, le respondió que pidiera la cabeza de Juan el Bautista. "Quiero que la cabeza de Juan el Bautista sea traída en un plato inmediatamente", pidió la joven. El rey se arrepintió de haberle dicho a la chica que pidiera lo que quisiera, pero tenía que honrar su palabra. Entonces, ordenó a su verdugo que cumpliera aquella espantosa orden. ¡Se debe pensar muy cuidadosamente antes de hacer cualquier promesa, pues luego deberá ser honrada!

El sermón de la montaña

Muchos hombres seguían a Jesús, pero Él quería que algunos en particular lo acompañaran siempre, ayudándolo; así que escogió doce hombres de diferentes personalidades y profesiones, que estarían siempre con Él para aprender y predicar el evangelio de Dios. Jesús escogió a Pedro, Andrés, Santiago, Juan, Felipe, Bartolomé, Mateo, Tomás, Santiago, Simón, Judas Tadeo y Judas Iscariote. Un día, una multitud había llegado a la montaña donde estaban Jesús y sus discípulos, pues querían escuchar sus palabras y ser sanados de distintas enfermedades. También habían acudido porque estaban preocupados por la influencia de espíritus malignos, y querían ser librados de aquel mal. Todos querían tocar a Jesús, porque su tacto sanaba a través de la fe. Pero como había demasiadas personas, Jesús decidió subir a lo alto de la montaña y hablarles desde allí: así todos podrían oírle mejor. El Hijo de Dios enseñaba con su poder y con su vida, y sus palabras tenían mucho más efecto que las de los sacerdotes en las sinagogas. "Bienaventurados los que tengan hambre de sed y justifica, porque serán satisfechos", empezó. Luego siguió predicando, recordándoles a todos el mandamiento de no matar a otro, y añadiendo que quien se enfadara con otros sin razón alguna también estaría pecando. Les dijo que no solo debemos amar a quien nos hace bien sino también a nuestros enemigos, lo cual es mucho más difícil; y le pidió a quienes le escuchaban que fueran amables con los demás, para que dieran el ejemplo a quienes todavía no creían en Dios. "Sean sinceros y tengan un corazón limpio: así verán a Dios. Felices son aquellos que quieren que reine la paz, pues ellos serán llamados los hijos de Dios", les dijo.

Una casa sobre una base sólida

En los tiempos de Jesús, la gente solía contar historias para explicar ciertas cosas de forma más fácil, y que así todos las entendieran. Estas historias se llamaban parábolas, y a Jesús le encantaba utilizarlas para enseñar a los pueblos sobre Dios. Un día, les contó a sus discípulos la siguiente parábola: "Todo aquel que cree en mis palabras es como un hombre sabio que construye su casa sobre una roca grande y firme. Puede venir la lluvia, una inundación, el viento fuerte, y la casa se mantendrá firme, porque fue construida sobre una base sólida. Pero toda persona que no cree en mis palabras y no las practica es como un tonto que construye su casa sobre la arena. La lluvia vendrá, los ríos se desbordarán causando inundaciones, los fuertes vientos golpearán la casa, y esta se derrumbará, pues no tiene una buena base". Con esta historia, Jesús quiso mostrar lo importante que es para la gente tener una base muy sólida de fe en sus vidas, es decir, que deben seguir las leyes de Dios y vivir en amor con los demás, como Jesús siempre decía.

La parábola del sembrador

16 de octubre

Jesús iba a todas partes, sin importar lo simple o humilde que fuera el lugar. En una ocasión fue a predicar junto al mar y, en pocos minutos, la playa se llenó de gente, pues todos querían oír lo que tenía que decir. Como el número de personas era muy grande, Jesús decidió subirse a una barca y alejarse un poco de la orilla, para que todos pudieran escucharlo y verlo. Entonces, comenzó a contar la siguiente parábola: "Un hombre salió a sembrar. Algunas de las semillas cayeron al lado del camino y los pájaros se las comieron. Otras cayeron en un área de muchas piedras, y crecieron pequeñas plantas que estaban muy expuestas al sol, por lo que terminaron quemándose y secándose. Otras semillas cayeron entre espinas y, tan pronto como brotaron, las espinas las ahogaron, por lo que tampoco dieron fruto. Pero algunas de las semillas cayeron en un suelo bueno y muy fértil, así que pronto brotaron, crecieron fuertes y saludables y comenzaron a dar frutos". Muchos de los que estaban allí no entendieron el significado de aquella historia, y algunos hicieron preguntas. "El hombre de la parábola es toda persona que siembra la palabra de Dios: muchos no creen en la palabra divina, solo unos pocos la escuchan, aceptan y viven según sus mandamientos", explicó Jesús. ¡Sería muy bueno que todas las personas fueran como las pequeñas semillas que florecen fuertes y saludables! ¡Sería bueno que todos, como ese suelo fértil, aceptaran las palabras de Jesús!

Las parábolas del grano de mostaza, el trigo y la levadura

17 de octubre

Jesús contaba aquellas parábolas porque quería que la gente entendiera de forma sencilla los mandamientos del Reino de Dios. Una de aquellas historias era sobre el trigo y las malas hierbas: "El Reino de Dios es como una persona que solo planta buenas semillas, pero algunos de sus enemigos vienen y siembran malas hierbas entre sus buenas semillas de trigo. Tanto el trigo como las malas hierbas crecen: al principio, mientras brotan, no se puede percibir la maleza entre el trigo. Pero, en el momento de la cosecha, es muy fácil diferenciar el trigo de las malas hierbas. El trigo se cosecha y se almacena en el granero, mientras que las malas hierbas se separan y se queman", contó Jesús. Luego relató otra parábola, diciendo: "El Reino de Dios es como un grano de mostaza que alguien tomó y plantó en su campo. Como saben, la semilla de mostaza es la más pequeña de todas las semillas, pero después de que brota y crece se convierte en una de las plantas más grandes. El diminuto grano se convierte en un gran árbol, en cuyas ramas incluso los pequeños pájaros encuentran

refugio". Como la gente quería escuchar más, contó otra parábola: "La palabra divina sobre el Reino de Dios es similar a la levadura que una mujer pone en medio de una buena cantidad de harina para hacer pan: la levadura actúa y hace que el pan crezca". En el mundo, hay muchas cosas como las malas hierbas que tratan de tomar el lugar de la verdadera fe, pero al final son destruidas. La fe a menudo puede parecer pequeña como un grano de mostaza o incluso un puñado de levadura, pero, si se trabaja bien, puede crecer y difundir el mensaje del amor de Dios a través de Cristo.

Jesús calma la tormenta en el mar

18 de octubre

Ya era tarde ese día y, después de contar las parábolas, Jesús y sus discípulos decidieron ir por mar a otro lugar. Jesús le pidió a la gente que fuera a sus casas porque ya estaba oscureciendo, y ellos se pusieron a trabajar para cruzar las aguas. Muy cansado, Jesús se acostó en la popa del barco y durmió. Los discípulos estaban ocupados con sus tareas en el barco: muchos tenían experiencia, pues habían sido pescadores. Sin embargo, una terrible tormenta estalló de repente. Los vientos soplaban con fuerza, formando olas gigantescas que pronto empezaron a golpear fuertemente el barco. El agua lo invadió por todos lados, y la embarcación empezaba a inundarse. Los discípulos hacían todo lo que podían, pero la situación empezaba a ser preocupante. Mientras esto ocurría, Jesús seguía durmiendo tranquilamente, hasta que los discípulos decidieron despertarlo. "¡Maestro! ¿No se preocupa por nosotros? ¡Vamos a morir!", le dijeron. Entonces, Jesús se puso de pie y, con poder y autoridad, dijo al viento y al mar: "¡Cálmense!". A los pocos minutos, el mar estaba en perfecta calma: solo una leve brisa soplaba. Jesús miró a sus discípulos y les dijo, con voz firme: "¿Por qué desconfían así de mí?", pero ellos, todavía aterrorizados por la tormenta, no respondieron nada. Los discípulos susurraron, entre ellos: "¿Cuánto poder se ha concedido a aquel a quien incluso el viento y el mar obedecen?". Aquello los intrigaba profundamente, y fue motivo de reflexión por mucho tiempo. Nada puede asustar cuando la fe en Dios es más grande que todo.

19 de octubre

La curación de una mujer

Jesús y los discípulos cruzaron el mar de Galilea y, apenas llegaron a una playa, una nueva multitud se aglomeró de nuevo para escucharlo. Un hombre llamado Jairo, que era uno de los jefes de la sinagoga, se acercó a Jesús: se arrodilló e hizo una reverencia ante él. Con gran insistencia, Jairo le pidió por su pequeña hija, que estaba al borde de la muerte. "Por favor, maestro, venga y ponga sus manos sobre ella, para que se cure y viva", le suplicó con desesperación. Entre las muchas personas que se encontraban allí también había una mujer que había sufrido de una grave enfermedad durante los últimos doce años, y ningún médico había sido capaz de ayudarla. Pero la mujer tenía fe y creía que, con tan solo tocar las vestiduras de Jesús, sería sanada. En un momento, Jesús sintió que alguien había tocado su capa, por lo que dijo: "¿Quién me ha tocado?". Los discípulos, que no habían visto nada, le respondieron: "Debe haber sido la multitud, señor. Mire cuánta gente a su alrededor". Pero Jesús no estaba convencido, pues sentía que lo habían tocado de una manera especial. Entonces, de repente, la mujer se acercó temblorosa, se postró ante Jesús y le contó su sufrimiento. "Hija mía, has tenido fe y por ello te has salvado. Vete a casa, ¡estás curada de este mal!", le dijo Jesús.

La cura de la hija de Jairo

Jesús todavía estaba hablando con la mujer cuando aparecieron algunos de los gobernantes de la sinagoga, advirtiendo a Jairo que su hija ya no respiraba. Muy afligido por la noticia, este se dirigió a Jesús y le rogó que lo ayudara. "Tu hija ya no está viva, Jairo. No molestes al maestro", le dijeron los allí presentes. Pero Jesús los silenció, diciéndole a Jairo que no temiera, que confiara en Él. Así que se fue con Pedro, Santiago y Juan a ver a la niña. Cuando llegaron a la sinagoga, vieron que todos estaban llorando, pues la hija de Jairo apenas tenía doce años. "¿Por qué lloran? La niña solo está durmiendo", les dijo Jesús, con calma. Quienes estaban allí no creían en Él, así que les pidió que se fueran y le dijo a Jairo y a su esposa que lo acompañaran a la habitación donde estaba la niña. "Te pido que te levantes", le dijo Jesús, con autoridad, a la niña. Y los padres, incrédulos, vieron cómo su hija se levantaba, sana y salva. Entonces, Jesús les pidió que no le contaran a nadie lo que había sucedido, y que alimentaran muy bien a la niña. ¡Creer en Dios es renacer para una vida mejor!

La curación de dos ciegos

Tras hacer el milagro con la niña, Jesús y sus discípulos se fueron, felices. Tenían rato caminando cuando Jesús se dio cuenta de que entre las muchas personas que les seguían había dos ciegos, que suplicaban: "¡Ten compasión de nosotros, hijo de David!". Jesús los miró con amor, y les hizo la siguiente pregunta: "¿Creen que puedo curarlos?", a lo que ambos respondieron "¡sí, señor!", con fe. Jesús conocía los corazones de las personas, y sabía que aquellas palabras eran sinceras. Así que se acercó a los dos ciegos y les tocó los ojos, diciendo: "¡Que se haga según su fe!". Inmediatamente, los dos hombres recuperaron la vista. Como había hecho otras veces, Jesús les pidió que no comentaran el hecho con nadie. Pero, tan pronto como se fueron, los hombres difundieron la noticia por todas partes. Aquello disgustó mucho a los líderes judíos, pues a los

fariseos no les gustaba saber que Jesús podía hacer tantos milagros entre la gente. Un día, trajeron ante él a un hombre cuyo espíritu estaba muy perturbado. Tan pronto como Jesús lo vio, echó al diablo, puso paz en su espíritu y le dio la bendición de Dios, y el hombre fue sanado. ¡La multitud estaba asombrada! Aquello también se difundió rápidamente. Siempre incrédulos, los fariseos solo podían criticar y comentar: "¡Ese hombre debe ser el mismo Satanás, para poder sacar las cosas malas del espíritu!". Jesús, en su misión, recorrió pueblos y ciudades, enseñó en sinagogas, predicó el evangelio de Dios y sanó a los enfermos.

La pecadora que lavó los pies de Jesús

Los fariseos sospechaban de Jesús, pues no podían aceptarlo como el mesías prometido. Siempre prestaban atención a lo que Jesús decía o hacía, en un intento inútil por desenmascararlo. Un día, un fariseo llamado Simón invitó a Jesús a cenar a su casa. Él aceptó la invitación y al llegar se sentó a la mesa. Sabiendo que Jesús estaba allí, una mujer pecadora, llevando una olla de aceite aromático, fue a la casa. Mansamente y sin interrumpir a los que estaban en la mesa, se puso a los pies de Jesús. Sabía que era una pecadora, pero estaba muy arrepentida, y con sus lágrimas mojó los pies de Jesús, los secó con sus propios cabellos y los besó. Luego les pasó el aceite aromático que había traído. Simón el fariseo, al ver aquello, pensó para sí mismo que Jesús no podía ser en absoluto un profeta: si lo fuera, no habría permitido que aquella pecadora lo tocara. Jesús sabía lo que pasaba por la mente de Simón, y dijo: "¡Simón, quiero decirte algo!". "¡Habla, Maestro!", le respondió el fariseo. "Un hombre tenía dos deudores: uno debía mucho dinero, el otro solo un poco, pero ninguno de los deudores tenía cómo saldar la deuda, así que el hombre los perdonó a ambos sin tener en cuenta las cantidades. ¿Qué deudor amará más a este hombre por haberle perdonado la deuda?", preguntó Jesús. "Bueno, supongo que aquel cuya deuda era más grande", respondió el fariseo. "¡Bien hecho, Simón! Eso es cierto", dijo Jesús, "verás, me invitaste a tu casa a cenar. Cuando llegué, ni siquiera pudiste ofrecerme agua para que me quitara el polvo de los pies, pero esta mujer me lavó los pies con sus lágrimas, los secó y les puso este aceite aromático. Sus pecados han sido perdonados, porque mostró mucho amor y respeto por mí. El que se arrepiente poco es porque ama poco". Y todos en la mesa se maravillaron de que Jesús tuviera tanta bondad y autoridad para perdonar a los pecadores.

El hijo de la viuda

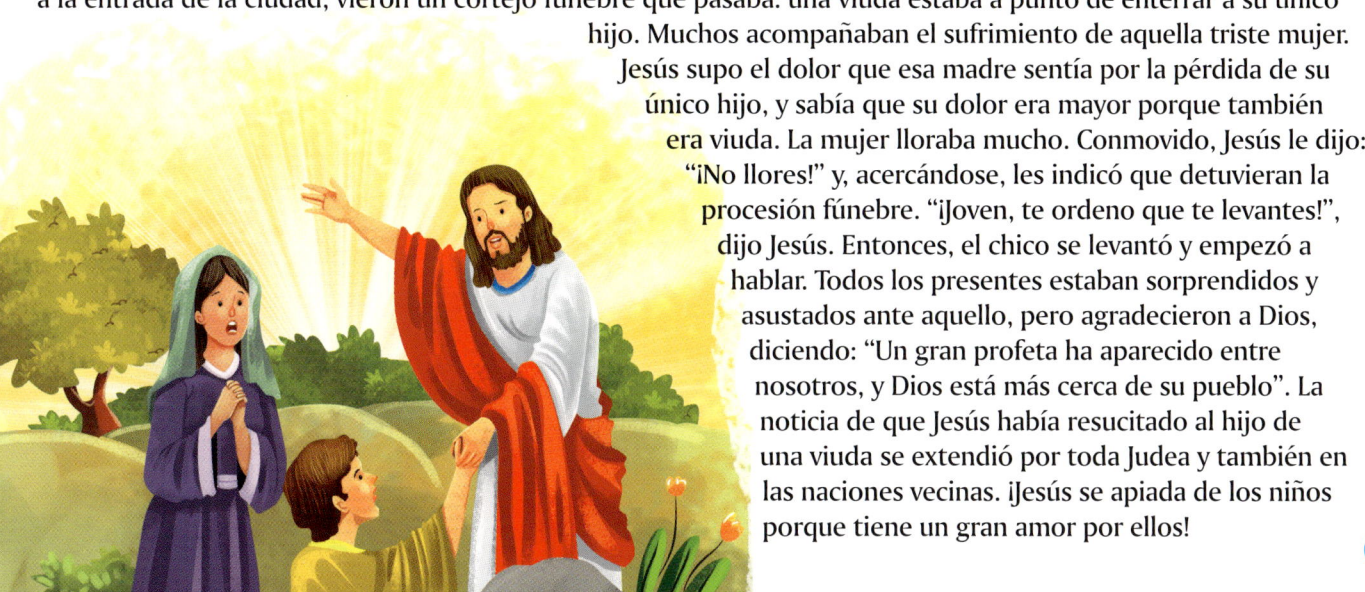

Jesús estaba llegando con sus discípulos a la ciudad de Naín y, como era habitual, una multitud les seguía. Al llegar a la entrada de la ciudad, vieron un cortejo fúnebre que pasaba: una viuda estaba a punto de enterrar a su único hijo. Muchos acompañaban el sufrimiento de aquella triste mujer. Jesús supo el dolor que esa madre sentía por la pérdida de su único hijo, y sabía que su dolor era mayor porque también era viuda. La mujer lloraba mucho. Conmovido, Jesús le dijo: "¡No llores!" y, acercándose, les indicó que detuvieran la procesión fúnebre. "¡Joven, te ordeno que te levantes!", dijo Jesús. Entonces, el chico se levantó y empezó a hablar. Todos los presentes estaban sorprendidos y asustados ante aquello, pero agradecieron a Dios, diciendo: "Un gran profeta ha aparecido entre nosotros, y Dios está más cerca de su pueblo". La noticia de que Jesús había resucitado al hijo de una viuda se extendió por toda Judea y también en las naciones vecinas. ¡Jesús se apiada de los niños porque tiene un gran amor por ellos!

Instrucciones para los discípulos

24 de octubre

Los discípulos de Jesús iban con él a todas partes, pues aprendían mucho de él y sus enseñanzas. Cuando no entendían algo, siempre podían preguntarle, y recibían de su parte pacientes explicaciones. Habían visto a Jesús realizar varios milagros con fe, y también sabían que hablaba del evangelio con valor. Jesús dio a sus discípulos poder y espíritu divino para ayudarles a curar a la gente, pero, sobre todo, quería verlos predicar sobre el Reino de Dios. Un día, Jesús dijo: "¡Van a viajar por diferentes ciudades y pueblos! No lleven nada con ustedes durante el viaje: no tomes pan, dinero ni túnicas. Lleven solo la ropa de sus cuerpos".

La primera multiplicación de pan y pescado

25 de octubre

Los apóstoles, como también se llamaba a los doce discípulos de Jesús, regresaron de sus viajes y fueron a encontrarse con el Maestro. Entusiasmados, contaron en detalle todo lo que había pasado, lo que habían hecho y cómo habían enseñado y predicado el evangelio. Habían viajado a través de muchos lugares, y muchas veces el viaje había sido muy cansado. Jesús también lo sabía. "Vayamos a descansar un poco en un lugar más apartado y tranquilo", les dijo, y todos fueron en una barca a un lugar solitario. Mucha gente los seguía siempre, y en cuanto veían la dirección que tomaba la barca, corrían al lugar, llegando incluso antes que Jesús y sus apóstoles. Cuando Jesús desembarcó y vio cuánta gente había venido, incluso de otras ciudades, se arrepintió: parecían ovejas que no tenían un pastor que las cuidara. Así que en pocos minutos estaba de nuevo predicando y hablando con la multitud. A veces era difícil para Jesús estar aislado, o tener momentos a solas con sus discípulos. Aquel día estaba llegando a su fin. Ya era tarde, y el sol pronto se pondría en el horizonte. Los discípulos, muy preocupados, dijeron: "Este lugar está muy aislado, desierto y también es tarde. Será mejor enviar a toda esta gente a casa para que cada uno vaya a alimentarse". "Alimenten a la gente", les dijo Jesús. Pero los discípulos no tenían dinero suficiente para comprar pan para toda esa gente. Entonces, Jesús dijo: "¿Cuántos panes tenemos?", a lo que los discípulos respondieron: "Solo cinco panes y dos peces, Maestro". Entonces, Jesús pidió a todos que se sentaran en grupos de cincuenta personas. Tomó los cinco panes y los dos peces, levantó los ojos al cielo, bendijo los panes y los rompió. Pidió a los discípulos que los distribuyeran, y él hizo lo mismo con los peces. Cinco mil personas comieron hasta quedar satisfechas, y aun quedaron doce cestas llenas de trozos de pan y pescado. Así como el pan es alimento para el cuerpo, las enseñanzas de Dios son alimento para el espíritu. ¡Estas enseñanzas también pueden ser multiplicadas por nosotros!

Jesús sobre las aguas del mar

Poco después de la multiplicación de los panes y los peces, Jesús llevó a sus discípulos a la barca, porque sabía que estaban cansados. Debían embarcarse y cruzar el mar hacia otra ciudad. Los discípulos obedecieron, mientras que Jesús fue a despedirse de la multitud. Cuando la despedida terminó, subió a una montaña para rezar y tener unos momentos a solas en comunión con Dios. Ya era muy tarde y estaba empezando a oscurecer. Desde lejos, Jesús vio que la barca de sus discípulos estaba lejos, pero se dio cuenta de que les resultaba difícil remar porque el viento soplaba en dirección contraria. Los discípulos se esforzaban mucho, pero no servía de nada. De repente, vieron a Jesús caminando sobre el agua hacia el barco. ¡No podían creer lo que veían! Pensaron que aquello era una visión extraña o una locura, y gritaron. Ninguno de ellos podía apartar la vista de Jesús, que los calmaba: "¡No se asusten, soy yo, Jesús!". Temeroso, Pedro dijo: "Si tú eres Jesús, haz que yo también camine sobre el agua hacia ti". Así que Jesús le dijo que lo hiciera, por lo que Pedro bajó de la barca e, igual que su maestro, comenzó a caminar sobre las aguas hacia él. Pero pronto empezó a temer la fuerza del viento y el peligro de las aguas, y empezó a hundirse, gritando: "¡Ayúdame, Señor!" En ese momento, Jesús extendió su mano, lo salvó y le dijo: "Pedro, eres un hombre de poca fe. ¿Por qué dudaste?". Poco después los dos subieron al barco, y el fuerte viento dejó de soplar. Todos los discípulos en la barca adoraron a Jesús. Sabían que era verdaderamente el Hijo de Dios. Nunca debemos dudar del poder de Dios. ¡La fe nos da la fuerza para vivir con alegría!

La mujer cananea

Jesús y los discípulos siguieron viajando entre ciudades para predicar el evangelio. En una de sus paradas se les acercó una mujer cananea, que lloraba, diciendo: "Señor, Hijo de David, tenga compasión de mí. Mi hija tiene el espíritu turbado, no está nada bien". Los discípulos insistieron, diciéndole: "Maestro, escuche la petición de esta mujer: tiene mucho rato siguiéndonos, no deja de llorar y hacer un escándalo", a lo que Jesús respondió: "Fui enviado en nombre del Padre, no para tomar el pan de los niños y tirarlo a los perros". Con esto no había querido ofender a la mujer, sino decir que había venido al mundo a salvar a la humanidad del pecado, no a resolver problemas menores. "Sí, señor, pero incluso los problemas menores necesitan la ayuda de Dios, pues son grandes para quien los lleva", dijo la mujer. Jesús, asombrado, le dijo: "¡Mujer, veo que tu fe es grande!" Lo que desees se te concederá. Y, en ese momento, la hija de la mujer se quedó tranquila y sana. ¡Dios vela por todos y por todo! Si la fe es grande, los problemas son pequeños.

Jesús cura a un sordo y tartamudo

En otra de sus paradas, trajeron ante Jesús a un hombre que era sordo y que apenas podía hablar, y le rogaron que pusiera sus manos sobre aquel pobre hombre, pues solo él podría curarlo. Jesús sacó al hombre de la multitud y se alejaron de la conmoción. Entonces, puso sus dedos en los oídos del hombre y también con su saliva tocó su lengua. Levantó los ojos al cielo y suspiró, diciendo: "¡Que pueda oír!". El hombre empezó a oír y, al mismo tiempo, su problema del habla también desapareció. El hombre, muy conmovido, agradeció. Una vez más, Jesús no quería que la noticia de aquel milagro se difundiera, así que le pidió que no se lo dijera a nadie. Sin embargo, cuanto más pedía a las personas que no hablaran, más se corría la voz: todos estaban asombrados por la bondad y el poder curativo de Jesús. A pesar de esto, él siempre advirtió que no eran sus manos las que sanaban: era la voluntad de Dios unida a la fe de la persona. Jesús abre nuestros oídos para escuchar sus palabras y pone sus palabras en nuestra boca. ¡Jesús nos ama y quiere que vivamos con Dios en nuestros corazones!

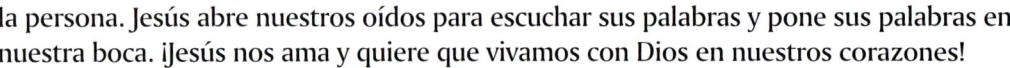

La segunda multiplicación de los panes y los peces y la curación de los ciegos

Por aquellos días, volvió a ocurrir que una gran multitud se congregó en torno a Jesús y sus discípulos, y ellos no tenían suficiente comida para alimentarlos a todos. Jesús era consciente de que había allí demasiada gente, y sabía lo que estaban pensando sus discípulos. "Siento pena por estas personas: han estado conmigo durante tres días, sin comer nada. Si les envío a sus casas, seguramente se desmayarán en el camino, pues están realmente hambrientos y muchos han venido de lejos", pensó Jesús. "¿Cómo podremos alimentar a tanta gente, en este lugar tan alejado de todo? Es casi imposible", se preguntaban los discípulos, visiblemente preocupados. Una vez más, Jesús preguntó: "¿Cuántos panes tenemos?", a lo que alguno le respondió: "Solo siete". Entonces, Jesús les dijo a todos que se sentaran en el suelo, que rezaran y dieran gracias a Dios por todo. Luego, partió los panes y les dijo a los discípulos que los repartieran entre la gente. También había

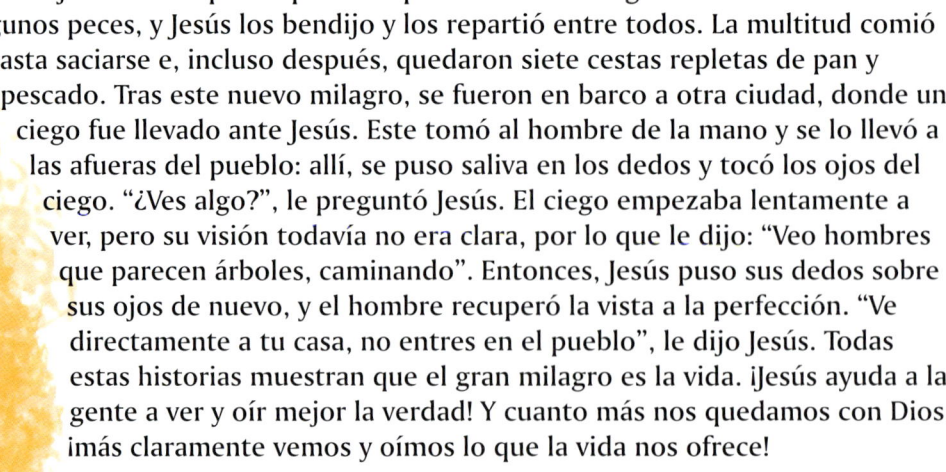

algunos peces, y Jesús los bendijo y los repartió entre todos. La multitud comió hasta saciarse e, incluso después, quedaron siete cestas repletas de pan y pescado. Tras este nuevo milagro, se fueron en barco a otra ciudad, donde un ciego fue llevado ante Jesús. Este tomó al hombre de la mano y se lo llevó a las afueras del pueblo: allí, se puso saliva en los dedos y tocó los ojos del ciego. "¿Ves algo?", le preguntó Jesús. El ciego empezaba lentamente a ver, pero su visión todavía no era clara, por lo que le dijo: "Veo hombres que parecen árboles, caminando". Entonces, Jesús puso sus dedos sobre sus ojos de nuevo, y el hombre recuperó la vista a la perfección. "Ve directamente a tu casa, no entres en el pueblo", le dijo Jesús. Todas estas historias muestran que el gran milagro es la vida. ¡Jesús ayuda a la gente a ver y oír mejor la verdad! Y cuanto más nos quedamos con Dios, ¡más claramente vemos y oímos lo que la vida nos ofrece!

La confesión de Pedro

30 de octubre

A pesar de todas las acciones de Jesús, la gente tenía dudas sobre él: no sabían si Jesús era un profeta, el mesías prometido o un hombre con poderes especiales, capaz de curar y realizar otros milagros. Había muchos rumores. Entonces un día, en uno de sus recorridos con sus discípulos, decidió poner a prueba la fe de aquellos, pues eran quienes pasaban más tiempo con él. "¿Qué dice la gente de mí? ¿Quién creen que soy?", preguntó Jesús. Uno de los apóstoles, llamado Juan, respondió: "Algunos piensan que eres Juan el Bautista, otros que eres el profeta Elías, y otros que eres solo un profeta". "Y para ti, que estás conmigo todo el tiempo… ¿Quién soy?", le preguntó entonces Jesús, a lo que Pedro respondió, rápidamente: "¡Tú eres Cristo, el Hijo de Dios!". Jesús estaba satisfecho y feliz con la respuesta: los apóstoles realmente sabían quién era él y cuál era su misión en la tierra. Les indicó que no debían decir a nadie que él era el Salvador enviado por Dios, pues todavía tenía muchas cosas que hacer. También les dijo que tendría que sufrir mucho antes de regresar al cielo.

Seguir a Cristo exige renunciar a la antigua vida

31 de octubre

Jesús les contó a sus discípulos que tendría que ir a Jerusalén, donde sería víctima de una injusticia, sería acusado por los sacerdotes y por los ancianos, y entonces sería crucificado, para luego resucitar. Los apóstoles no entendían muy bien aquello, pero se entristecían al oír estas palabras y cada vez que Jesús tocaba el tema. Pedro, que era muy temperamental, un día llevó a Jesús a un lado y empezó a reprocharle que dijera aquellas cosas: "¡De ninguna manera le ocurrirá eso que dice a usted, maestro!". Pero Jesús le respondió: "No puedes interferir con la voluntad de Dios, Pedro. Todos debemos cumplir la voluntad del Señor, no la de los hombres".

Luego, les dijo a todos los discípulos que quien quisiera estar con él tendría que tomar su propia cruz y seguirlo: cada uno tendría que renunciar a la vida que llevaba y a sus propios deseos. "Si alguien quiere proseguir con su vida tal y como está, la perderá. Pero quien deje su vida por mí tendrá una nueva vida, al predicar el evangelio. ¿De qué le sirve al hombre ganar un mundo entero si pierde su alma?", les dijo. Dios, a través de Jesús, solo quería mostrarles a todos cómo conquistar una nueva vida: ¡una vida de amor y paz!

La transformación de Jesús

Seis días después, Jesús llamó a Pedro, Santiago y Juan, y se fue con ellos tres a una montaña muy alta, para estar solos. Fue ante estos discípulos que Jesús tomó otra apariencia: sus ropas se volvieron blancas y brillantes, y los apóstoles también vieron que Jesús estaba hablando con Elías y Moisés. Pero aquello no podía ser posible: ¡Elías y Moisés habían muerto hacía muchos años! Los apóstoles estaban asustados, y se habían quedado sin palabras. Tras unos minutos, Pedro dijo: "Maestro, qué bueno estar aquí, así podremos poner tres tiendas, una para usted, otra para Moisés y otra para Elías". Lentamente, una nube bajó suavemente y los envolvió, y pronto escucharon una voz que decía: "Este es mi hijo amado. Escuchen sus palabras". Apenas la voz terminó de hablar, vieron que Jesús estaba solo de nuevo: no había nadie más con él. "Ya podemos volver con los demás. No deben decirle a nadie lo que vieron aquí en la montaña", les instruyó Jesús. Dios siempre quiere que las palabras de Jesús sean escuchadas y seguidas. ¡Quien lo haga se ganará la vida feliz!

La curación de un joven

Jesús y los tres discípulos se acercaron a los otros apóstoles, que los habían estado esperando, y pronto vieron una gran multitud en la que todos estaban discutiendo entre ellos. Apenas las personas vieron a Jesús, se agitaron más y corrieron a saludarlo. "¿Qué está pasando?", preguntó Jesús, y un hombre le dijo: "Maestro, he traído a mi hijo para que lo cure con sus manos. ¡Mi hijo echa espuma por la boca, se tira al suelo, cruje sus dientes! Supliqué a sus discípulos que lo sanaran y sacaran el mal de él, pero no pudieron". Entonces Jesús se molestó, y les dijo: "¡Ustedes son realmente personas sin fe! ¿Hasta cuándo seguirán así? ¡Traigan al niño aquí!". Apenas el niño estuvo cerca de Jesús, empezó a agitarse con violencia, y su padre dijo: "¡Así ha sido desde que era pequeño! ¡Por favor, ayúdenos!". Entonces, Jesús le dijo: "Todo es posible para quien cree", y el hombre respondió: "¡Quiero creer! ¡Ayúdeme con mi falta de fe!". Jesús comprendió que el deseo del hombre era sincero, por lo que sanó al niño.

El más grande en el Reino de Dios

A pesar de intentar ser tan correctos como Jesús, los discípulos eran personas como cualquier otra: sujetos al fracaso y a equivocarse. Un día, fueron a Cafarnaúm y, durante el día, discutieron quién era el más grande del Reino de Dios. Jesús no estaba con ellos en esa ocasión, pero cuando se encontraron de nuevo, el Maestro tenía curiosidad: "¿De qué han hablado durante el viaje?". No se escuchó ningún sonido: todos estaban en silencio ante Él, pues sabían que habían hablado de algo muy tonto. Incluso ante aquel silencio, Jesús sabía lo que pasaba por la mente de cada uno de sus apóstoles. Así que se sentó tranquilamente, y les dijo: "Escuchen bien, si un hombre quiere ser el primero, será siempre el último". Jesús llamó a un niño que estaba jugando allí, lo puso en el centro para que todos lo vieran, lo tomó en sus brazos y dijo: "He aquí que el que recibe a un niño como este, me recibe a mí. Y el que me reciba a mí, recibirá al que me envió". A Dios no le importa quién es el mejor o el más grande entre los hombres. Para Dios lo que vale es ser realmente bueno, seguir sus mandamientos, recibir a Jesús y amarlo de corazón.

El primero será el último

Para explicarles lo que quería decir sobre el primero siendo el último, Jesús les contó la siguiente parábola: "El Reino de Dios es como cierto terrateniente que, una vez, salió al amanecer para contratar algunos campesinos que cultivaran su viñedo. Encontró un grupo de hombres desocupados y les ofreció trabajo: estos aceptaron de inmediato la oferta y pactaron el salario. Tres horas más tarde, el hombre encontró a otros hombres desocupados y

también los contrató. Cuando terminó el día, el terrateniente les pagó los salarios: empezó por los últimos hombres que había contratado y luego pagó a los primeros. Estos pensaban que a ellos les pagarían más, pero todos recibieron la misma cantidad. Entonces se quejaron, diciendo que aquello era injusto, pero el terrateniente les recordó que había fijado pagar el mismo salario a todos los que trabajaran en su viñedo". Entonces, Jesús les recordó a sus apóstoles que quien quisiera ser el primero debía seguir solo las palabras de Dios.

El buen samaritano

Un sabio acudió un día a Jesús con el propósito de ponerlo a prueba. Le dijo: "Maestro, ¿qué debo hacer para obtener la vida eterna?", a lo que Jesús le respondió con otra pregunta: "¿Qué dice la ley? ¿Cómo lo interpretas tú?". El hombre le dijo: "Dice que debo amar a Dios sobre todas las cosas, con fervor, comprensión, alma y corazón, y también amar al prójimo como a mí mismo". Entonces, Jesús le dijo que aquello era correcto, y que si actuaba así tendría la vida eterna. Pero el sabio, queriendo probarlo, le pregunto: "Pero ¿quién es el prójimo?". Jesús decidió contarle una parábola, para ayudarlo a entender: "Un hombre viajaba de Jerusalén a Jericó, pero en el camino llegaron unos ladrones y lo asaltaron. Los ladrones le quitaron todo y lo golpearon, dejándolo tirado en el suelo, casi muerto. Por casualidad, un sacerdote pasaba por esa misma ruta y, al ver al hombre en el suelo, caminó lejos de él. Luego pasó un levita que, al ver al hombre herido en el suelo, hizo lo mismo. Sin embargo, después pasó por allí un samaritano que, al ver al hombre en aquel estado, se compadeció y se acercó. Con gran cuidado empezó a curar sus heridas, lo subió sobre su propio animal y lo llevó a una posada. Al día siguiente tomó dos denarios y se los dio al posadero, diciendo: «Cuida de este hombre, y si debes gastar más, te pagaré cuando vuelva»". Al terminar, Jesús le preguntó al sabio cuál de los hombres de la parábola había amado al prójimo como a sí mismo. Este le respondió, sin dudar: "El samaritano, que actuó con misericordia". Entonces, Jesús le dijo: "Exacto. Haz tú lo mismo". ¡El que ayuda al prójimo está más cerca de Dios!

Una oración como ejemplo

A Jesús le gustaba rezar. Sentía, al rezar, que estaba en plena comunión con su Padre celestial. A menudo iba a un lugar aislado, o subía una colina para estar solo en sus oraciones. La verdadera oración es muy importante, pues es a través de ella que también podemos tener comunión con Dios: rezando podemos hablar con Él y decirle todo lo que nos concierne, cuáles son nuestras necesidades, alegrías y debilidades, y también darle las gracias por nuestras bendiciones. Un día, Jesús estaba orando y, cuando terminó, uno de sus apóstoles le pidió algo especial: "Jesús, enséñanos a orar, como Juan el Bautista enseñó a sus discípulos". Y Jesús, viendo que los discípulos necesitaban saber cómo debían relacionarse con Dios a través de la oración, les enseñó una oración. "Cuando recen, digan: «Padre nuestro, que estás en el cielo, santificado sea tu nombre; venga a nosotros tu reino; hágase tu voluntad en la tierra como en el cielo. Danos hoy nuestro pan de cada día y perdona nuestras ofensas, como nosotros perdonamos a los que nos ofenden. No nos dejes caer en la tentación y líbranos del mal. Porque tuyo es el reino, el poder y la gloria para siempre. Amén»". Jesús también enseñó a sus discípulos que, cuando rezaban, no debían ser como los hipócritas, gente que se llamaba a sí misma religiosa y que, solo para demostrarlo, se enorgullecía de rezar de pie dentro de la sinagoga, o le gustaba rezar en las esquinas de las calles para ser vista por los demás. Jesús dijo que cada persona debería ir a su habitación, cerrar la puerta y rezar a Dios Padre, o encontrar un lugar tranquilo para estar a solas con Dios. Y Él, que ve y oye todo, entendería a la persona. Les dijo que serían escuchados por la fe con la que rezaban. El mismo Jesús daba este ejemplo siempre que se retiraba a algún lugar aislado para rezar a solas, y así es como todo el mundo debería hacerlo.

¿Quién llama?

Tan pronto como Jesús explicó a sus discípulos cómo rezar, les contó la siguiente parábola: "¡Todos ustedes tienen amigos! Imaginen que uno de estos amigos viene a llamar a su puerta a medianoche, y les pide que le presten tres panes, porque recibió una visita y no tiene nada que ofrecerle. Entonces ustedes, desde dentro de sus casas, dicen: «¡Es tan tarde! Todos mis hijos ya están acostados conmigo, ahora no puedo levantarme a ayudarte». Sin embargo, si la persona que ha tocado la puerta es sincera, de buen corazón, un verdadero amigo, no podrán negarse a su petición de ayuda. Es más, si hay verdadera amistad y afecto, su petición será respondida. De igual forma, la oración tiene un gran efecto en la vida de las personas: es en estos momentos cuando, más que el oído de Dios, el corazón de las personas debe estar abierto. Solo aquellos que están dispuestos a escuchar sus palabras con la verdad, el afecto y la amistad de un niño deben llamar a la puerta de Dios". ¡Si es así, la oración irá hacia Dios y será comprendida por Él!

El hombre rico y las preocupaciones de la vida

Otro día que Jesús estaba predicando a una multitud, un hombre se le acercó y le dijo: "Maestro, ordene a mi hermano que comparta conmigo la herencia". Jesús le explicó que no era juez y que su función no era intervenir en asuntos de aquel tipo, pero le dio un consejo: "Ten cuidado de no volverte codicioso. La vida de una persona no se juzga por la abundancia material que posea". Seguidamente, le narró una parábola a la multitud: "Un hombre rico tenía tierras que producían en abundancia. Pero pronto empezó a sentir codicia, y pensó en destruir los viejos graneros, donde guardaba la cosecha, para construir unos más grandes y producir más. Se imaginó que sería tan rico y tendría tanto que no necesitaría trabajar hasta el final de su vida. Pero aquella noche, Dios le dijo: «Esta noche cerrarás los ojos para siempre. ¿De qué te servirá toda esta riqueza?». Quienes hacen como este hombre, almacenando riquezas para sí mismos, no son ricos ante Dios: son solo unos avaros". Entonces, les dijo a los discípulos que no debían preocuparse por los aspectos materiales de la vida. "Miren las aves del cielo, que no tienen granero o lugar para guardar la comida durante la noche, pero Dios las alimenta. Ustedes tienen poca fe en Dios, y por eso se preocupan por las cosas cotidianas". ¡La mayor riqueza es estar bien con Dios!

El joven rico

Jesús estaba caminando cuando un joven corrió hacia él. El joven se arrodilló y le dijo: "Buen maestro, ¿qué debo hacer para obtener la vida eterna?". Jesús respondió, pacientemente: "¿Por qué me llamas bueno? ¡Solo Dios es realmente bueno! Conoces los mandamientos: no matarás, no cometerás adulterio, no robarás, no darás falso testimonio, no harás daño a nadie, honrarás a tu padre y a tu madre... ¿Los sigues?". "Sí, maestro. A todo he obedecido estrictamente desde mi juventud", respondió el joven. Jesús lo miró a los ojos, sabiendo lo que faltaba en la vida de aquel hombre: "Estás apegado a tus riquezas. Vamos, abandona todo lo que tienes: dáselo a los pobres, y entonces tendrás un tesoro en el cielo. Cuando hayas hecho esto, ven y sígueme. Tendremos la vida eterna". El muchacho, sin embargo, se entristeció por lo que Jesús había dicho, porque era dueño de muchas propiedades y tenía muchas riquezas, de las que no quería desprenderse. Entonces se fue en silencio, porque su corazón estaba atado a sus posesiones materiales. Las posesiones materiales se agotan, traen preocupaciones, no son un tesoro eterno. El verdadero tesoro es poseer las bendiciones de Dios, ¡es vivir cerca del Señor!

La ofrenda de la viuda

Cuando el joven se fue, Jesús miró alrededor y dijo a sus discípulos: "¡Es muy difícil que un rico entre en el Reino de Dios!". Al ver que los apóstoles estaban confundidos, añadió: "Es imposible que una persona entre al cielo solo por ser rico. Es más fácil que pase un camello por el ojal de una aguja, a que un rico sin amor por Dios entre al Reino de los Cielos". Mientras hablaban, estaban todos sentados cerca del arca donde se colocaban las ofrendas del templo, y veían cómo la gente se acercaba y ponía su dinero en el cofre. Llegaban muchos ricos, que depositaban grandes cantidades de dinero, y en un momento llegó también una mujer muy pobre, que se acercó y puso dos monedas de muy bajo valor en el arca. Entonces, Jesús les dijo a los discípulos: "Esta viuda, una mujer pobre, dio en realidad más que todos los ricos que han dejado grandes cantidades. Todos los demás depositaron lo que les sobraba de lo mucho que tienen, mientras que la mujer puso aquí todo lo que tenía, el dinero que necesita para subsistir". A Dios no le importa cuánto se le ofrezca a Él o a otros: importa con qué sentimiento se hace la ofrenda.

La higuera infructuosa

Jesús predicaba el mensaje de salvación a todos los que querían escucharlo. Muchos, como el joven rico, no querían seguir a Dios porque tenían el corazón puesto en el dinero o en la comodidad. Otros se avergonzaban de sus parientes y amigos, por tener que dejar de lado viejas tradiciones, costumbres y otras cosas para seguir a Jesús. La gente siempre escuchó de Jesús que tenía que abandonar el pecado, arrepintiéndose de corazón, de lo contrario no podrían complacer a Dios y menos entrar en el Reino de los Cielos. Pero la mayoría seguía sin la palabra de Dios en sus corazones, preferían continuar sus vidas como les pareciera. Ante esta realidad, Jesús contó la siguiente parábola: "Un hombre tenía una higuera plantada en su viñedo. Cuando fue a recoger un poco de fruta de ella, no encontró ninguna. Entonces, el hombre le dijo a su capataz: Llevo tres años intentando recoger frutos de esta higuera, ¡pero nunca da frutos! Puedes cortarla, no sirve para nada. Además, ¿por qué debería quedarse aquí, ocupando inútilmente la tierra?. Y su sirviente respondió: Maestro, que se quede allí un año más. Pondré un poco de fertilizante alrededor de la planta: si el año que viene da frutos, no se cortará, pero si continúa sin frutos, puede enviarme a cortarlo y derribarlo completamente". Al terminar, Jesús les dijo: "Reflexionen. De la misma manera, Dios quiere que todos sean productivos, para sembrar sus enseñanzas". Jesús vino al mundo para sembrar: si sus semillas caen en corazones abiertos para absorberlas, ciertamente darán frutos. Si una persona no abre su corazón, Dios le dará la oportunidad a otra. La fecundidad significa hacer cosas buenas a los ojos de Dios, vivir de acuerdo a sus mandamientos, enseñar a los demás lo que Jesús enseñó una vez.

Una gran cena

Muchas personas piensan que son importantes porque son ricos, o porque poseen una gran inteligencia, o porque son de una cierta raza. Nada de esto tiene valor ante Dios, pues Dios ama a todos sin distinción. No importa si son ricos o pobres, feos o guapos, gordos o delgados, negros o blancos, fuertes o débiles. Dios conoce muy bien a todos y los ama a todos, sin importar sus defectos y cualidades. Muchas veces el pueblo de Israel, a pesar de haber sido elegido por Dios para ser una nación de ejemplo para otros pueblos, se jactaba y se enorgullecía de este hecho, así que tuvieron que soportar las consecuencias. Dios es justo, y eso significa que nadie es mejor que el otro en el Reino de Dios. Jesús contó una vez: "Un hombre decidió hacer una gran cena en su casa e invitó a mucha gente. Cuando todo estuvo listo, envió a su sirviente a avisar a los invitados que vinieran, porque todo estaba ya preparado. Sin embargo, uno por uno los invitados se negaron a asistir, dando excusas muy tontas. Cuando el buen hombre

se enteró de aquello, se puso muy triste. Entonces ordenó al criado que fuera a las calles y callejones de la ciudad para invitar a los mendigos, los pobres, los lisiados, los ciegos... El sirviente los trajo a todos, y le informó que aún había espacio para más invitados. Entonces, el hombre ordenó que también se trajera a cenar a todos los que estuvieran en el pueblo. ¡Quería ver su casa llena de gente! Todo el mundo era digno de recibir una invitación para participar en esa maravillosa cena, excepto, por supuesto, los que se habían negado antes". De la misma manera, Dios invita a todos a ser parte de una vida alegre y abundante a su lado. Si le dan mil y una excusas para no aparecer, Dios no insiste. Puede que invite a otros a sentarse con él. Es la elección de la persona si quiere o no vivir con Dios. ¡Todos, sin importar su raza, riqueza, apariencia o inteligencia, son invitados por Dios!

El poder de curar

13 de noviembre

El amor es la mayor enseñanza que Jesús trajo a sus discípulos y a toda la gente del mundo. Sin amor, nuestras acciones, palabras y pensamientos están vacíos y sin sentido. Cuando Jesús dijo que cada uno debe amar a su prójimo tanto como a sí mismo, quiso decir que cada uno debe cuidar de su prójimo y ayudarlo a cualquier hora del día o de la noche. Siguiendo este mandamiento, a Jesús le gustaba enseñar a todo el mundo, en cualquier momento y en cualquier lugar. Un sábado, cuando predicaba en una sinagoga, vio entrar a una mujer que llevaba dieciocho años enferma: estaba totalmente inclinada y no podía mantener su cuerpo recto. Cuando Jesús la vio, le puso sus manos encima, e inmediatamente la mujer se enderezó y dio gracias a Dios con todo su corazón. El jefe de la sinagoga, indignado de ver a Jesús curando un sábado, día de descanso, dijo a la multitud: "Saben que esto no está bien: según los mandamientos de Dios debemos trabajar seis días y descansar el séptimo. ¡Por lo tanto, hoy no se puede trabajar sanando enfermos!". Pero Jesús respondió: "¡Estás siendo injusto! ¿No sueltas tus ovejas, tus bueyes y los otros animales que están en el pesebre y los llevas a beber agua también el sábado? Eso también es un tipo de trabajo. Así que, ¿por qué no sanar un sábado a esta mujer, que ha estado sufriendo durante dieciocho años?". Todos los que criticaban a Jesús estaban callados y avergonzados, pues sabían que tenía razón. No hay un momento inadecuado para hacer el bien.

Un ciego de nacimiento se cura

14 de noviembre

El poder de Jesús iba mucho más allá de las curas y milagros que realizaba ante el pueblo: el poder que tenían sus palabras era mucho mayor de lo que cualquiera podría imaginar. Las palabras de Jesús causaron una transformación interior en la vida de las personas y también mostraron el amor y el poder de Dios. Un día, mientras caminaba, Jesús vio a un hombre que era ciego de nacimiento. Los discípulos querían saber cómo podía ocurrir aquello: ¿era culpa del hombre, o de sus padres? Entonces, Jesús les explicó: "No es su culpa, ni la de sus padres. Nació así porque Dios tiene un propósito para él. Dios quiere mostrar a la gente su trabajo a través de este hombre también". Añadió que él era el encargado de hacer el trabajo del Padre celestial en la tierra, y que tenía que hacerlo mientras tuviera tiempo. "Yo soy la luz del mundo", les dijo, y tomando un poco de tierra, la mezcló con saliva y la aplicó a los ojos del ciego, diciendo: "Ve y lávate en el estanque de Siloé". El ciego hizo lo que Jesús le había dicho y, cuando regresó, era capaz de ver perfectamente. Feliz, se fue a contarle a todos que Jesús había sanado su ceguera. ¡Jesús ayuda a todos a ver claramente el Reino de Dios!

Jesús se revela a sí mismo a los ciegos

Los fariseos no entendían muy bien qué estaba ocurriendo, así que le pidieron al hombre que había nacido ciego que les contara otra vez la historia de su sanación. Entonces, pensaron que quien lo había curado no podía ser realmente un hombre de Dios, pues no obedecía el mandamiento de no trabajar los sábados. Otros se cuestionaban: "¿Cómo puede un hombre que está incurriendo en pecado realizar tales milagros?". Ante la duda, resolvieron preguntarle al ciego cuál era su opinión, y este les dijo: "Yo creo que es un profeta". Pero los fariseos no creían que aquel hombre hubiera estado ciego toda la vida y, de repente, pudiera ver. Sin embargo, sus padres testificaron que había nacido ciego, y que alguien lo había sanado. Sabían que había sido Jesús, pero no dijeron su nombre porque no querían ser expulsados de la sinagoga. Entonces, los judíos le dijeron al hombre: "Es mejor que agradezcas a Dios esta bendición, porque quien dice haberte curado es solo un pecador". Sin embargo, el ciego afirmó que solo un verdadero hombre de Dios podía haber realizado aquel milagro, y fue expulsado de la sinagoga. ¡Pero el hombre creía en Jesús, y su fe se hizo más grande! No importa cuánto tiempo alguien haya estado alejado de Dios, lo importante es la voluntad de volver al Señor.

Jesús es el buen pastor

Jesús sentía en lo más profundo de su ser que aquellos que escucharan sus palabras y las dejaran entrar en sus corazones se transformarían para siempre. Muchos siguieron a Jesús, pero no todos aceptaban lo que tenía que decir. Muchas personas eran ciegas, sordas y mudas, no físicamente sino en sus corazones, porque no querían aceptar la salvación que Jesús ofrecía. Entonces, él les contó otra parábola: "Imaginen un redil. Si alguien entra por

otro lugar que no sea la puerta, esa persona seguramente será un ladrón. Pero, si alguien entra por la puerta principal, se sabe que debe ser el pastor de ovejas. Incluso las ovejas lo saben, porque conocen la voz y el modo en que las llama a salir del redil y acercarse a él. Después de que salen, el pastor camina adelante, y ellas lo siguen. Nunca seguirían a un extraño, porque no reconocerían su voz. Se escaparían y se dispersarían". Y luego añadió: "Pues bien, yo soy la puerta del redil: todos los que vinieron antes que yo no eran verdaderos pastores, y las ovejas ni siquiera los escucharon. Yo soy la puerta, y si alguien pasa por mí, se salvará y encontrará alimento para su alma, pues doy vida en abundancia. Yo también soy el buen pastor, y el buen pastor da su vida por sus ovejas. Conozco a mis ovejas y ellas me conocen a mí. Doy mi vida espontáneamente por amor a mis ovejas".

La oveja perdida

Un día, Jesús contó otra parábola muy interesante. Escogió esa historia porque había muchos fariseos entre aquella multitud, y solían criticar sus acciones. Entonces, empezó: "Si tienes cien ovejas y pierdes una, ciertamente dejarías las noventa y nueve a salvo en el desierto para salir en busca de la que se ha perdido, ¿no es así? ¡Harías cualquier cosa para encontrarla, pues todas las ovejas son valiosas! Y cuando finalmente encontraras a la descarriada, cualquiera de ustedes estaría tan feliz que, además de llevarla de vuelta, llevaría la ovejita todo el camino sobre sus propios hombros. Al volver a casa seguramente reunirían a su familia, amigos y vecinos para celebrar el regreso de la oveja perdida". Luego, concluyó: "¡Pues bien! ¡Es exactamente así en el Reino de los Cielos! Dios se siente muy glorioso y feliz cuando un pecador se da cuenta de sus errores, se arrepiente y decide quedarse con el Señor. En cuanto a los otros, que son siempre justos y que no se separan del Padre, ¡Dios los ama con calma, sin preocupaciones!".

Una moneda perdida

Luego, Jesús contó otra historia sobre la alegría de Dios cuando ve que un pecador se arrepiente y decide apegarse a sus mandamientos: "Una mujer tenía diez monedas y, de repente, se encontró con que le faltaba una. Tomó su escoba e intentó barrer cuidadosamente la casa para encontrar la moneda perdida. Tan pronto como la encontró, corrió a llamar a sus vecinos y amigos para contarles la buena noticia". Jesús usó este ejemplo para mostrar que, así como la mujer se había alegrado de encontrar su moneda perdida, lo mismo sucede en el cielo. ¡Hay mucha alegría entre los ángeles y Dios cuando un pecador se arrepiente y vuelve a Dios! Eso no significa, de ninguna manera, que las otras monedas no fueran importantes: todos somos importantes para Dios, incluso cuando no estamos perdidos, como era el caso de las otras nueve monedas. Sin embargo, es motivo de gran alegría cuando alguien reconoce que está equivocado y cambia su comportamiento.

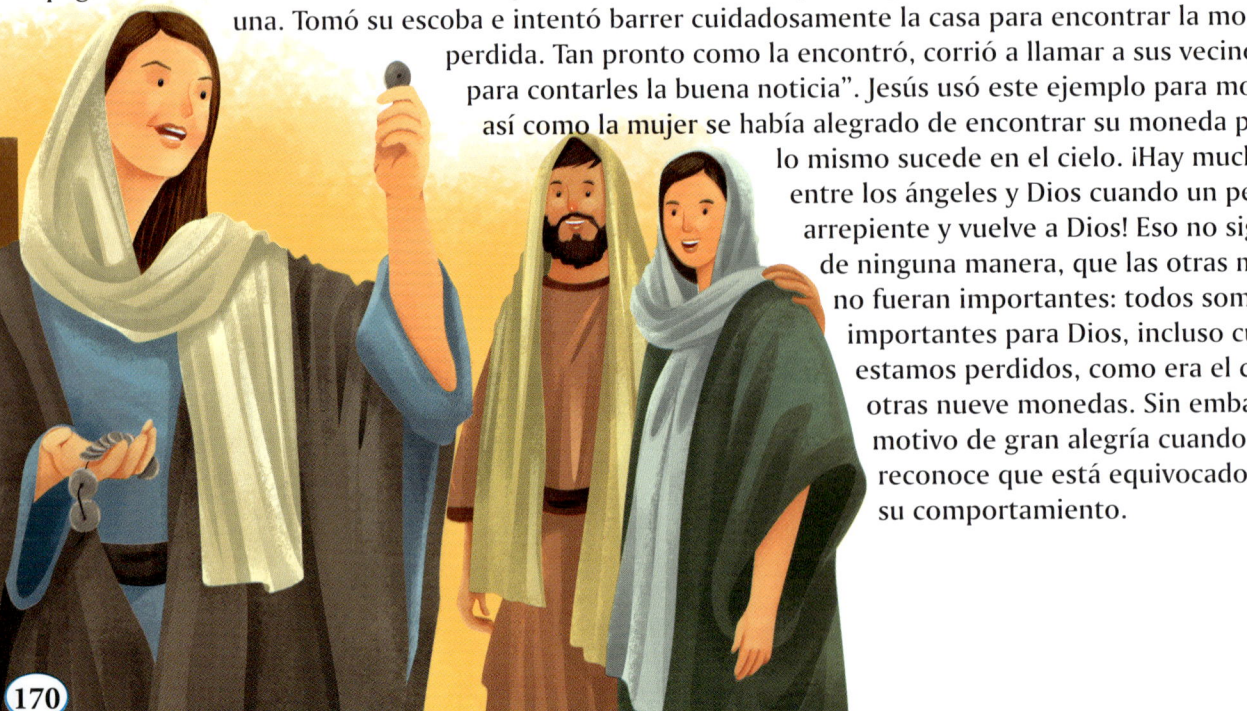

Los dos hijos

Dios ama a todo el mundo. Incluso aquellos que no tienen buen comportamiento son amados por el Padre, quien siempre está dispuesto a perdonar a los que se arrepienten de verdad. Jesús contó esta parábola, con la intención de mostrar el amor de Dios por la gente: "Un hombre tenía dos hijos. El más joven se acercó a su padre y le dijo: «Padre, quiero la parte de los bienes que es mía por herencia». El padre atendió la petición de su joven hijo y compartió los bienes. Tan pronto como el joven tomó lo que le correspondía, se fue a un país extranjero. Allí vivió a su antojo, y gastó tanto que malgasto su fortuna en poco tiempo. Poco tiempo después tuvo que reconocer que estaba completamente arruinado. Por desgracia, para empeorar las cosas, en el país donde estaba empezó una temporada de hambruna. El único trabajo que consiguió el joven fue en una granja, cuidando los cerdos. Su hambre era tan grande que a menudo deseaba poder comer la comida de los animales, pero nadie le daba nada. Días después, en medio de la más absoluta desesperación, recordó lo tranquila que era su vida en casa con sus padres. Así que preparó sus cosas y se puso en camino de regreso a casa". Ningún lugar del mundo es mejor que el hogar familiar. ¡La casa donde vive la gente que se ama es siempre un lugar acogedor!

El hijo pródigo vuelve a casa

Y Jesús continuó: "El hijo derrochador reflexionó mucho a lo largo del camino, y decidió pedirle a su padre que lo aceptará de vuelta simplemente como uno de sus empleados. Después de todo, sabía que había actuado mal. Era tan consciente de que había hecho mal que ni siquiera permitió que su padre le llamara 'hijo' de nuevo: solo sería un simple sirviente. Mientras esto ocurría en la vida del joven, su padre estaba ansioso en casa, preocupado por el bienestar de su hijo, pues lo amaba profundamente. Cuando lo vio acercarse, a lo lejos, corrió hacia él para abrazarlo y besarlo. El hijo pronto dijo: «Padre, he hecho mucho mal. He pecado contra Dios y ante ti. Ni siquiera soy digno de ser llamado hijo. Quiero que me traten como a uno de tus trabajadores». El padre del chico, viéndolo en ese estado, dijo a sus sirvientes: «Traigan rápidamente la mejor ropa para que se ponga, y también pónganle sandalias en los pies a mi hijo. Quiero que preparen un buey joven para comer, porque mi hijo estaba muerto y ha vuelto a vivir, se había perdido y ha sido encontrado». Cuando su hermano mayor volvió del campo, escuchó que había una fiesta, música y baile en su casa, así que llamó a uno de los empleados y le preguntó qué estaba pasando. El criado pronto aclaró su curiosidad. Sin embargo, el muchacho estaba indignado y no quería participar en la fiesta, aunque su padre trató de convencerlo de que asistiera. Herido, el hijo mayor le dijo a su padre: «He trabajado para ti durante tantos años, sin desobedecer nunca una orden tuya, y nunca me has hecho una fiesta como esta. Pero para mi hermano, que desperdició su herencia en tonterías, preparas un joven buey y organizas una fiesta en su honor». El padre respondió: «Hijo mío, siempre has estado conmigo. Siempre hemos compartido nuestras grandes alegrías. Todo lo que es mío es también tuyo. Tu hermano, por otro lado, estaba totalmente muerto y perdido, pero ahora ha revivido. Esa es la causa de nuestra alegría y la razón de la celebración. ¡Ha sido encontrado!». Dios también se regocija mucho cuando uno de sus hijos reconoce que ha cometido un error y vuelve a Él.

El rico y el mendigo

Los fariseos eran codiciosos, es decir, no les gustaba dar nada a los demás. En su exterior mostraban un tipo de vida, pero Dios conocía sus corazones y sus verdaderas intenciones. Como eran muy codiciosos, Jesús decidió contar esta parábola, para mostrar que lo importante es ayudar, sin importar si uno es rico o pobre: "Había un hombre rico, vestido con ropas caras y hermosas, que siempre había vivido en la comodidad y el privilegio de sus posesiones. También había un mendigo llamado Lázaro, que estaba muy enfermo y siempre rogaba a la puerta del rico. ¡Pero aquello no servía de nada! El hombre rico ni siquiera le prestaba atención. Llegó el día en que ambos murieron, y el mendigo, que era un buen hombre, fue llevado al cielo. El hombre rico, siempre muy egoísta y orgulloso, se fue al infierno. Desde el infierno, el rico le rogó a Abrahán, que estaba en el cielo: «Deja que Lázaro al menos moje la punta de tu dedo, y dame una gota de agua para refrescar mi lengua. Tengo mucha, mucha sed». Sin embargo, Abrahán respondió: «Recuerda, tuviste una buena vida y mucha riqueza en la tierra. ¿Pensaste entonces en el hambre de los demás? ¿Pensaste en compartir? Lázaro, a pesar de las cosas malas que tuvo que soportar, era un buen hombre. Ahora le toca a él estar en el paraíso, y tú te quedas allí en ese feo y triste lugar». Entonces, el rico respondió: «Por favor, tengo cinco hermanos, envíen a alguien para decirles lo malo que es estar aquí, para que actúen bien y no terminen aquí», a lo que Abrahán le dijo: «Tus hermanos deben escuchar a los profetas enviados por Dios. Si no creen a Moisés o a los profetas del Señor, tampoco escucharán a nadie más. Pero si siguen las enseñanzas del Señor, ¡todos ellos vendrán a Dios!»".

El perdón

¡La oración que Jesús nos enseñó es muy hermosa! Para orar hay que ser muy humilde. Una de las cosas más difíciles de esta oración es cuando dice que tenemos que perdonar a alguien si queremos que Dios nos perdone, porque a veces es muy doloroso perdonar a alguien que nos ha hecho daño. Pero como Jesús, tenemos el deber, aunque sea un trabajo duro, de perdonar a nuestro prójimo. Jesús contó a sus discípulos una parábola para mostrar la importancia del perdón: "El Reino de los Cielos es como un rey que decidió ajustar sus cuentas con sus empleados. Uno de ellos le debía al rey mucho dinero en efectivo, pero no podía pagar esta deuda. Se estableció, entonces, que vendería todas sus cosas, incluso su casa, para poder saldar la deuda. En desesperación, el sirviente suplicó, rogó y se humilló: «Por favor, tenga paciencia y pronto pagaré todo lo que debo». El rey se apiadó de él, perdonó su deuda y lo despidió. El criado, aliviado, salió de allí muy contento. Pero tan pronto como llegó a la calle, encontró a un sirviente suyo que le debía dinero. Lo agarró por el cuello y, asfixiándolo, le dijo: «¡Págame lo que me debes ahora mismo!». El pobre hombre, en ese momento, no tenía forma de pagar, así que rogó y pidió compasión. Prometió pagar la deuda tan pronto como pudiera, pero el otro no le dio ninguna oportunidad y lo envió a prisión. El rey pronto se enteró aquello, por lo que ordenó que detuvieran a su sirviente, y le dijo: «Malvado, te perdoné la enorme deuda porque me suplicaste compasión, ¿no debiste haber hecho lo mismo cuando tu sirviente te pidió compasión? Pero no, lo enviaste a prisión». El rey, indignado, lo obligó a pagar toda su deuda, como lección". Jesús terminó diciendo que Dios espera que cada uno de nosotros sepa perdonar a los demás como Él nos perdona a todos.

Jesús ama a los niños pequeños

Un día, mientras Jesús hablaba con la multitud, trajeron algunos niños para que los bendijera. Los discípulos consideraban que aquello era muy inapropiado, pues los niños se meterían en el camino de Jesús, así que intentaron impedir que se acercaran. Cuando Jesús vio lo que estaba pasando, se entristeció mucho por sus discípulos, y le dijo claramente: "Dejen que los niños vengan a mí. No se lo impidan, porque de ellos es el reino de Dios. Y les digo a todos ustedes aquí: quien no acepte el Reino de Dios como un niño no puede entrar en él". ¡Jesús amaba mucho a los niños! Así que, frente a sus discípulos, miró tiernamente a los niños que se le acercaban y, poniéndoles las manos encima, los bendijo a todos sin distinción. Tenía un afecto especial por los pequeños, porque un niño tiene un corazón puro, es sincero cuando pregunta algo y siempre responde con la verdad. Muchos olvidan que Dios ama a los que son puros, sinceros y honestos. Muchos incluso tratan de engañar a Dios, pero olvidan que Él puede hacer cualquier cosa. ¡Incluso puede ver dentro de tu corazón y saber lo que pasa en la cabeza de cada persona!

Los diez leprosos

En los tiempos de Jesús, la lepra era una enfermedad muy grave y que no tenía cura. Además, era padecida por mucha gente. Cuando Jesús iba camino a Jerusalén, pasó por medio de Samaria y Galilea y, al entrar en cierta aldea, diez leprosos vinieron a su encuentro. El resto de la gente se mantuvo un poco alejada cuando vieron que los leprosos se acercaban, pues tenían miedo de contraer la enfermedad. Ante Jesús, los diez leprosos pidieron:

"¡Maestro, ten compasión de nosotros!". Entonces, Jesús les dijo: "Deben ir a la sinagoga y presentarse ante los sacerdotes". Los leprosos se fueron, con fe, y en el camino se dieron cuenta, sorprendidos y felices, de que se habían curado de la enfermedad. Uno de ellos, al verse completamente sanado, volvió dando gracias a Dios en voz alta. Se acercó a Jesús y, con su rostro alegre y agradecido, se postró en el suelo a sus pies. Este hombre era un samaritano. Jesús se sorprendió al verlo solo, y le preguntó: "¿No había diez hombres que tenían lepra y fueron curados? ¿Dónde están los otros nueve? ¿Por qué no dan las gracias? ¿Por qué no le dan gloria a Dios?". Desafortunadamente, los otros fueron desagradecidos: habían buscado a Jesús cuando estaban necesitados, pero tan pronto como se libraron de la enfermedad, se olvidaron totalmente de Dios. Incluso se olvidaron de darle las gracias. Jesús le dijo al samaritano: "Levántate y vete: tu fe te ha salvado. Me alegro porque estás agradecido". No hay que dirigirse a Dios solo para pedir, pues dar las gracias es igual de importante.

Lázaro enferma

En todas partes había gente a la que no le agradaba Jesús. Muchos lo criticaban, otros estaban celosos de él, y también había quienes gustaban de contradecir las verdades que Cristo decía sobre el Reino de Dios. Pero él tenía buenos y queridos amigos, gente que vivía con él, que lo conocía y lo amaba, gente con la que podía contar en caso de necesitarla. Entre los amigos de Jesús había tres hermanos: María, Marta y Lázaro, que vivían en un pueblo llamado Betania. María era la mujer que había lavado los pies de Jesús con aceite y los había secado con su propio cabello. Un día, Lázaro se puso muy enfermo. Preocupadas, las hermanas enviaron un mensaje a Jesús. Cuando recibió la noticia, este dijo: "Esta enfermedad no es para la muerte, sino para mostrar la gloria de Dios". Jesús amaba a los tres hermanos, pero aun así se quedó dos días más en el lugar donde estaba, y solo entonces fue con sus discípulos a ver a sus amigos. Pero los discípulos tenían miedo de ir a aquella ciudad, y le dijeron: "Maestro, los judíos todavía quieren apedrearte, ¿y tú quieres ir allí?". "Nuestro amigo Lázaro está dormido: voy allí para despertarlo", respondió Jesús. Los discípulos no entendieron qué significaba aquello: pensaron que Lázaro estaba realmente durmiendo. Entonces, Jesús les explicó claramente: "¡Lázaro está sin vida! Y estoy feliz porque despertará. ¡Vamos!". Los discípulos pensaron que morirían al llegar a aquella ciudad, que serían perseguidos y asesinados. ¡Quien esté con Jesús no debe temer!

Marta y su fe

Fueron a la casa de los tres hermanos. Lázaro, sin embargo, había sido enterrado hacía cuatro días. Muchos amigos de Marta y María estaban allí para consolarles por la muerte de su hermano. Cuando Marta se enteró de que Jesús venía, corrió a su encuentro. "Señor, si hubiera estado aquí, mi hermano no habría muerto", se lamentó la chica, entristecida por la pérdida de su hermano, "pero también estoy segura de que todo lo que usted pida a Dios, se lo concederá", dijo con fe. "Tu hermano resucitará. Yo soy la resurrección y la vida, y quien crea en mí, aunque haya muerto, vivirá. ¿Crees en eso, Marta?", le dijo Jesús, a lo que ella respondió: "¡Sí, señor! Creo en Cristo, el Hijo de Dios enviado al mundo". Tras decir esto, Marta se fue rápidamente a decirle a su hermana que Jesús se acercaba. Le habló en voz baja, porque no quería que los otros judíos de allí la escucharan: temía que maltrataran a su amigo. Jesús quería hablar con María también, así que ella se levantó, salió de la casa y pronto fue a encontrarse con él a las afueras del pueblo. Los judíos que estaban en su casa para consolarla, cuando la vieron salir, pensaron que María iba al cementerio y decidieron seguirla. ¡Los verdaderos amigos siempre están cerca, incluso en tiempos difíciles! En todos.

La resurrección de Lázaro

María, en cuanto vio a Jesús, se arrojó a sus pies y lloró. Le dijo, sollozando: "Señor, si hubiera estado aquí, mi hermano no habría muerto". La chica lloraba mucho, al igual que todos los que la habían seguido pensando que iba al cementerio. Jesús, compadecido de las dos hermanas y de los muchos amigos que amaban inmensamente a Lázaro, preguntó: "¿Dónde fue enterrado Lázaro?". Todos acompañaron a Jesús al lugar indicado. Jesús también lloró, y todos se dieron cuenta de cuánto amaba a su amigo Lázaro. También se preguntaban por qué no hacía algo, si había hecho milagros y sanado a tantas otras personas. Lleno de tristeza, Jesús pidió que abrieran la tumba, a lo que María, preocupada, le dijo: "Señor, Lázaro ha estado enterrado durante cuatro días". Pero Jesús insistió, diciendo: "¿No te he dicho que, si crees, experimentarás la gloria de Dios?". Así que quitaron, con gran esfuerzo, la piedra de la entrada de la tumba. Jesús, con su alma desbordante de amor y fe, miró al cielo y rezó: "Padre, te doy gracias porque has escuchado mi súplica. Sé que siempre me estás escuchando, pero te lo repito, para que la multitud que me rodea pueda oír y ver que tú me has enviado a la tierra". Entonces, Jesús llamó con una voz fuerte: "¡Lázaro, sal!". Muchos judíos se quedaron atónitos ante aquella escena: Jesús acababa de resucitar a Lázaro. ¡Las personas que estaban presentes se conmovieron! ¡Lázaro estaba vivo otra vez! Así se demostró que Jesús era el Hijo de Dios, y todos creyeron en él. Algunos incluso corrieron a decir a los fariseos que Jesús había devuelto la vida a Lázaro.

Un regalo demasiado caro

Justo antes de la Pascua, Jesús y los apóstoles fueron de nuevo a Betania a visitar a Lázaro y a sus hermanas, Marta y María. Fue una alegría para ellos recibir a Jesús y sus discípulos en su casa, y tuvieron una cena muy especial. Reunidos allí, comiendo deliciosa comida hecha con amor y dedicación, todos estaban felices de estar juntos de nuevo. María se había puesto un perfume muy caro, pues sabía que la ocasión era especial. Tomó el perfume y lo pasó suavemente sobre los pies de Jesús, y luego los limpió con su pelo largo. Toda la casa estaba perfumada con el agradable aroma. Indignado, Judas Iscariote, uno de los discípulos, que más tarde traicionaría a Jesús, comentó:

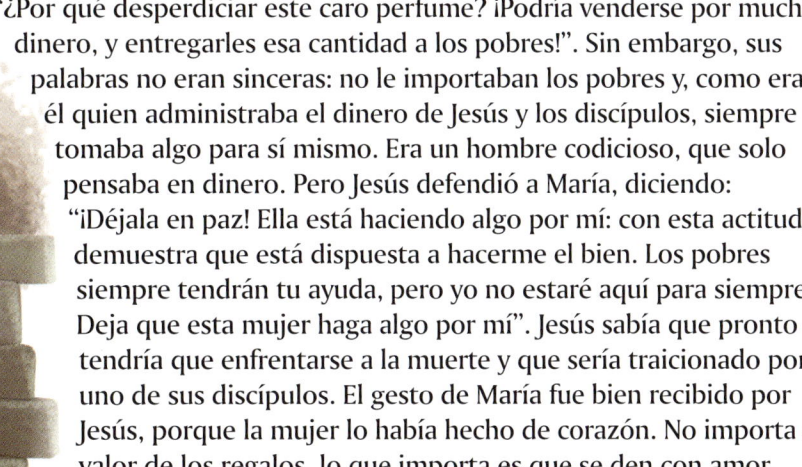

"¿Por qué desperdiciar este caro perfume? ¡Podría venderse por mucho dinero, y entregarles esa cantidad a los pobres!". Sin embargo, sus palabras no eran sinceras: no le importaban los pobres y, como era él quien administraba el dinero de Jesús y los discípulos, siempre tomaba algo para sí mismo. Era un hombre codicioso, que solo pensaba en dinero. Pero Jesús defendió a María, diciendo: "¡Déjala en paz! Ella está haciendo algo por mí: con esta actitud, demuestra que está dispuesta a hacerme el bien. Los pobres siempre tendrán tu ayuda, pero yo no estaré aquí para siempre. Deja que esta mujer haga algo por mí". Jesús sabía que pronto tendría que enfrentarse a la muerte y que sería traicionado por uno de sus discípulos. El gesto de María fue bien recibido por Jesús, porque la mujer lo había hecho de corazón. No importa el valor de los regalos, lo que importa es que se den con amor.

La curación del ciego de Jericó

Jesús y sus discípulos iban a Jerusalén a celebrar la Pascua, y en el camino pasaron por Jericó. Cuando se acercaron a la ciudad, una gran multitud comenzó a seguirlos. Un ciego llamado Bartimeo estaba sentado a un lado del camino, y tan pronto escuchó que era Jesús quien se acercaba, gritó: "¡Jesús! Hijo de David, ten piedad de mí, ¡soy el ciego Bartimeo!". Mucha gente le dijo que se callara, porque estaba causando un gran revuelo, pero cuanto más le pedían que se detuviera, más gritaba él. Entonces, Jesús se detuvo y dijo a sus discípulos: "Llamen a ese hombre: quiero que venga aquí". Pronto le acercaron al ciego, diciendo: "¡Has conseguido llamar la atención del Maestro! Levántate y ve hacia Él con valor. ¡Jesús quiere hablar contigo!". Bartimeo saltó de alegría. Sin perder tiempo, fue al encuentro de Jesús, quien solo le hizo una breve pregunta: "¿Qué quieres que haga por ti?". Y el ciego respondió, con decisión y lleno de esperanza: "Maestro, quiero volver a ver". "Puedes irte ahora, Bartimeo, tu fe te ha salvado", le dijo Jesús al hombre. Bartimeo vio inmediatamente a Jesús y a la gente a su alrededor. Alegre y agradecido a Dios, siguió a Jesús junto con la multitud. Ahora no solo podía escuchar, sino también ver al Hijo de Dios. ¡Solo la fe abre el camino para las bendiciones de Dios!

Zaqueo el recaudador de impuestos

En Jericó, Jesús cruzó la ciudad con sus apóstoles. Allí vivía Zaqueo, un hombre muy rico que era el jefe de la administración pública. Ese día intentó a toda costa ver a Jesús, pero no pudo por la multitud y porque era demasiado bajo. De repente, Zaqueo tuvo una buena idea: salió disparado y subió a un árbol para poder ver a Jesús, que pronto pasaría ante sus ojos. Al pasar, Jesús miró hacia arriba y vio a aquel hombre de baja estatura subido en un árbol. Preguntó quién era y, cuando le dijeron, dijo: "Zaqueo, baja rápido, porque hoy me quedaré en tu casa". Zaqueo, feliz y honrado, bajó muy rápido y corrió a preparar su casa. Poco después, recibió a Jesús con toda la alegría del mundo. Muchos de los que vieron a Jesús ir a la casa de Zaqueo susurraron, extrañados, que el maestro pasaría la noche en la casa de un pecador. Zaqueo era un recaudador de impuestos, y a menudo cobraba impuestos muy altos, casi siempre más altos de lo necesario, y muchos

lo aborrecían por esto. En un momento dado, Zaqueo se levantó e hizo una importante declaración: "Señor, daré a los pobres la mitad de mis posesiones materiales. Y si he perjudicado a alguien o cometido cualquier otra injusticia, quiero devolver a esa persona cuatro veces lo que le he quitado". Jesús estaba muy contento con la sabia decisión de Zaqueo, y dijo: "Hoy hubo salvación en esta casa. Zaqueo se arrepintió y ahora él también es un hijo de Dios". A menudo, un pequeño acto de atención es suficiente para ganar un nuevo amigo.

Jesús va a Jerusalén
1 de diciembre

Después de salir de la casa de Zaqueo, Jesús y sus discípulos tomaron el camino a Jerusalén de nuevo. Justo antes de llegar a la ciudad, cerca del Monte de los Olivos, Jesús ordenó a dos de sus discípulos que fueran al pueblo más cercano. Allí debían encontrar un potro, liberar al animal y llevárselo a Jesús. También les aconsejó lo siguiente: "Si alguien les pregunta por qué se llevan el potro, responderán que es porque el Señor lo necesita". Los discípulos obedecieron. No tardaron mucho y encontraron un potro. Mientras lo liberaban, los dueños, sin entender nada, preguntaron: "¿Por qué liberan el potro?". Los discípulos respondieron, con calma: "¡Porque el Señor lo necesita! Lo devolveremos más tarde". Y así, el potro fue llevado a Jesús, quien lo montó, y sus discípulos lo acompañaron. Estaban cerca de la bajada del Monte de los Olivos, y toda la multitud comenzó a alabar a Dios en voz alta. Muchos de ellos creían en Jesús, pues sabían que era el Salvador. Mientras andaban, los discípulos decían: "Bendito sea el rey que viene en el nombre del Señor, paz en la tierra y gloria en lo alto". Al oír esto, algunos fariseos le dijeron a Jesús: "¡Maestro, diga a sus discípulos que se callen!". Pero Jesús respondió: "Si se callan y dejan de dar gloria a Dios, hasta las mismas piedras gritarán". Jesús estaba muy cerca de Jerusalén, y cuando vio la ciudad, lloró. ¡Solo él sabía por qué! Dios siempre sabe lo que está haciendo.

La entrada triunfal de Jesús
2 de diciembre

En la entrada a la ciudad, mucha gente de la multitud arrojó sus mantos para que, estirados en el suelo, formaran una alfombra para que Jesús pasara. Estaban alegres, alababan a Dios con entusiasmo y decían: "¡Alabanza al Hijo de David! ¡Hosanna en las alturas más grandes!

¡Bienaventurado el que viene en nombre del Señor y es rey de Israel!". Hubo un tumulto, y muchos, además de extender sus mantos por donde pasaba Jesús, cortaron ramas de palma y las esparcieron por el camino. Tan pronto como Jesús entró a la ciudad, la conmoción festiva se apoderó de ella. Muchos de los que estaban allí no sabían lo que estaba pasando, y preguntaban: "¿Quién es este hombre?". Y la multitud contestaba: "Este es el profeta Jesús de Nazaret de Galilea". A los fariseos no les gustaba nada ver que Jesús era aclamado como un verdadero rey y que era tan popular entre la gente. Comentaban entre ellos: "¡Nada de esto es real, pero parece que todo el mundo le sigue!". Hay muchos seguidores de Jesús, el Salvador, pero también hay muchos que no creen en el Hijo de Dios. ¡Qué lástima!

Comercio en la casa de Dios

Poco después de haber entrado en la ciudad, Jesús fue al templo. Se llevó una sorpresa al encontrar que había numerosos comercios instalados allí: gente vendiendo y comprando cosas, cambiadores de dinero, aquello se había convertido en un verdadero centro de negocios. Jesús estaba muy disgustado al ver tal descuido en la casa del Señor. Además, muchos de esos mercaderes actuaban de forma deshonesta: hacían trampas con el cambio, falsificaban el peso de la balanza para cobrar más... Todo aquello lo perturbó hasta el punto de que derribó las mesas de los comerciantes. ¡Fue un alboroto! Había mercancías en el suelo, gente gritando en la revuelta... Jesús comenzó a expulsar a todos los que estaban comerciando allí, y dijo: "Está escrito: mi casa será una casa de oración, ¡pero la han convertido en un centro de tramposos!". La gente sabía que lo que hacían estaba mal, así que no discutieron con Jesús. A menudo, ante las actitudes erróneas, es necesario tener la suficiente autoridad para que las personas reconozcan sus errores y los eviten.

Los granjeros malvados

A Jesús le gustaba enseñar a la gente en el templo. Una vez, cuando estaba allí evangelizando, los jefes de los sacerdotes y los escribas, junto con los ancianos, comenzaron de nuevo a criticarlo y a hacerle preguntas. Ese día, Jesús contó la siguiente parábola: "Un hombre plantó un viñedo, lo alquiló a unos granjeros y se fue a vivir a un país lejano". Mucho después, envió a un empleado suyo a recoger uvas como pago por el alquiler de su viñedo, pero los cultivadores golpearon al pobre sirviente y lo despidieron sin nada. El dueño, entonces, envió otro sirviente, que fue golpeado de nuevo sin poder llevarse nada del viñedo. Se envió un tercer sirviente, que también fue herido y expulsado de allí por los granjeros. Finalmente, el dueño del viñedo decidió, como último intento, enviar a su querido hijo, y así tal vez lo respetarían. Pero los granjeros, maliciosos, planearon entre ellos: "Este chico es el heredero. Acabemos con él, y así este viñedo será nuestro".

En este punto de la historia, Jesús se detuvo, y preguntó: "Entonces, ¿qué hará el dueño del viñedo con estos malvados cultivadores?", y él mismo respondió: "Vendrá, los echará y dará el viñedo a otras personas que sean buenas y justas". Con esta historia, Jesús quería enseñar que Dios da a todos varias oportunidades para arrepentirse de sus errores, e incluso envió a su único hijo a la tierra para ayudar a la gente a encontrar el camino del bien, pero quienes no sigan sus mandamientos y sus palabras serán juzgados con justicia.

Preguntas sobre el impuesto

5 de diciembre

Los sacerdotes estaban siempre dispuestos a tenderle una trampa a Jesús, pues querían ver si en algún momento se contradecía en sus actos o palabras. Sabían que Jesús era poderoso y que cada vez llamaba más la atención de la gente, así que enviaron algunos fariseos y no creyentes para hacerle algunas preguntas, e intentar atraparlo hablando mal del gobierno romano. Uno de aquellos hombres le preguntó: "Maestro, sabemos que usted es un hombre, que actúa de acuerdo a la verdad y enseña el camino de Dios. ¿Es correcto pagar los impuestos, o no?". Jesús se dio cuenta de que aquella era una pregunta hipócrita, cargada de maldad, cuya única intención era ponerlo en aprietos: si respondía que no era correcto pagar los impuestos al imperio romano, sería arrestado por instigar al pueblo contra el gobierno, pero si respondía que sí debían pagarse, la gente se decepcionaría, pues era sabido por todos que aquellos impuestos eran profundamente injustos para el pueblo. Entonces, Jesús miró fijamente al hombre y le dijo: "¿Por qué intentas tenderme una trampa? ¡Tráeme una moneda, quiero enseñarle algo a todos ustedes!". Apenas le entregaron la moneda, la sostuvo, se aseguró de que todos lo estuvieran mirando, y dijo: "¿De quién es la imagen y la inscripción que está en la moneda?", a lo que contestaron: "¡Del César!". Entonces, Jesús les dijo: "¡Bien! Pues dar al César lo que es del César, y a Dios lo que es de Dios". Así, nadie pudo encontrar un error en su explicación o contradecirlo.

Las diez vírgenes y sus lámparas

6 de diciembre

La importancia de seguir los mandamientos de Dios desde una edad temprana fue el tema de muchas historias de Jesús, pues quería que todos estuvieran listos, siempre alerta, para el momento de ir al Reino de Dios. Otra de las parábolas que narró Jesús fue la siguiente: "Diez vírgenes debían tomar sus lámparas de aceite e ir a un determinado lugar, donde se reunirían con su prometido (todas eran novias del mismo hombre, pues para la época aquello era lo habitual). Cinco chicas fueron prudentes, y tomaron aceite extra por si llegasen a necesitarlo.

Las otras cinco, sin embargo, fueron descuidadas: sin pensar, tomaron sus lámparas y se fueron sin llevar aceite para reponer. Pero se hizo muy tarde y, como el novio no llegaba, se durmieron. A medianoche se despertaron: querían estar preparadas para cuando llegara el novio, lo que ocurriría pronto. Así que se levantaron, y las vírgenes imprudentes se dieron cuenta de que ya no tenían cómo mantener la llama de la lámpara encendida, por lo que pidieron aceite a sus compañeras. Las que habían sido precavidas se negaron, diciendo: «Si les damos del aceite que hemos traído, pronto nosotras nos quedaremos sin luz». Entonces, las que habían sido irresponsables salieron, desoladas, a comprar más aceite, pero mientras estaban fuera llegó el novio y, al ver solo cinco chicas esperándolo, cerró la puerta del lugar. Cuando las otras volvieron, rogaron que les abrieran, pero el novio contestó: «¡Lo siento, no sé quiénes son ustedes!»". Jesús enseñó que siempre debemos estar preparados y actuar bien, pues no sabemos en qué momento el Señor vendrá a llevarnos con Él.

El gran juicio

Jesús explicó a sus discípulos lo que sucedería cuando él volviera a la tierra. Dijo que regresaría con sus ángeles, y todas las naciones del mundo se reunirían ante él. Entonces, él actuaría como un pastor de ovejas. "Pondré las ovejas buenas a la derecha, y las ovejas malas las separaré a la izquierda", dijo, "entonces, diré a las ovejas buenas: «¡Bienvenidas al Reino de Dios! ¡Entren y disfruten del paraíso que ha sido creado para ustedes desde la creación del mundo! Cuando tuve hambre, me dieron de comer; cuando tuve sed, me dieron de beber; me dieron alojamiento cuando fui forastero; y ropa para vestirme cuando estuve desnudo». Entonces, los justos preguntarán: «Pero, señor, ¿cuándo le hemos visto hambriento, sediento, enfermo o desnudo?», y yo les responderé: «Cada vez que han visto así a uno de sus hermanos, y le han ayudado, es como si lo hubieran hecho conmigo». En cambio, a los malvados les diré: «No se acerquen a mí, pues cuando tuve hambre no me dieron de comer, cuando tuve sed no me dieron de beber, cuando estuve enfermo no vinieron a visitarme, ni me alojaron cuando fui forastero, tampoco me vistieron cuando estuve desnudo», y ellos preguntarán, asombrados: «Señor, ¿cuándo hemos hecho esto?», y yo les diré: «Cada vez que han dejado de ayudar a uno de sus hermanos, lo han hecho conmigo». Los injustos y los malvados serán separados de Dios, pero los justos tendrán vida eterna en mi morada". Todo lo que hacemos al prójimo, sea bueno o malo, lo hacemos a Jesús.

La traición de Judas

Judas Iscariote, uno de los discípulos, fue a hablar con los sacerdotes, pues planeaba entregar a Jesús a los oficiales del gobierno. Nunca había sido plenamente fiel a Jesús, pues era muy codicioso y le importaba el

dinero más que cualquier otra cosa. Judas sabía que los sacerdotes y los fariseos estaban buscando cualquier razón posible para arrestar a Jesús, pero aún no habían encontrado la oportunidad adecuada. También sabía que podría ganar mucho dinero entregando a su maestro, así que un día se les acercó y les dijo: "¿Cuánto me pagarían si les entrego a Jesús?". Le prometieron que le darían treinta piezas de plata, y la oferta fue irresistible: desde ese momento, empezó a pensar cómo llevaría a cabo su plan. ¡Cuando el dinero vale más que el amor, es una señal de que no hay nada bueno en el corazón!

Preparación para la Pascua

La Pascua era una celebración anual muy especial para los judíos, por lo que había muchos preparativos en los días previos. En esa fecha conmemoraban aquel día, hacía muchos años, en que habían sido salvados en Egipto de las injusticias del faraón. Unos días antes, los discípulos le preguntaron a Jesús dónde debían hacer los preparativos para conmemorar la Pascua todos juntos, y él les respondió: "Vayan a la ciudad. Allí saldrá a su encuentro un hombre que llevará una vasija de agua, y deben decirle: «El maestro dice que su hora se acerca, ¿dónde está la habitación donde celebraremos la Pascua?». El hombre les mostrará una habitación espaciosa, arreglada con almohadas: allí deben hacer los preparativos". Los discípulos se fueron, e hicieron todo tal como Jesús les había pedido. ¡Dios es muy feliz cuando la gente se reúne para celebrar fechas importantes! ¡Es incluso más feliz cuando solo hay amor y tranquilidad en estas fiestas!

La última Pascua

Todo fue cuidadosamente preparado para la celebración. Al anochecer, Jesús se sentó a la mesa con sus doce discípulos, e hizo una declaración: "¡Uno de ustedes me traicionará!". Los apóstoles se quedaron inmensamente sorprendidos y tristes, y empezaron todos a preguntar al mismo tiempo: "¿Soy yo, Señor? ¿Soy yo, maestro?". Mientras comían, Jesús tomó una barra de pan y, tras bendecirla, la partió en pedazos. Le dio una porción a cada uno de los discípulos, diciendo: "Tomen y coman: esto es mi cuerpo". Luego tomó una copa y, habiendo dado gracias al Señor, la dio a sus discípulos, diciendo: "Beban todos, pues esta es mi sangre, la sangre del nuevo pacto derramada para que todos se arrepientan de sus pecados. Hagan esto en memoria mía: desde este día en adelante no beberé más de este vino hasta el día en que vuelva a beber con ustedes en el reino de mi Padre". ¡Jesús hizo tanto bien a todos! Vino al mundo para ayudarnos a conquistar el Reino de Dios. ¡Lástima que muchos no lo hayan entendido!

Jesús lava los pies de sus discípulos

En un momento de la cena, cuando el deseo de traición ya estaba en el corazón de Judas Iscariote, Jesús hizo algo sorprendente ante sus discípulos. Se levantó y, tomando una toalla, se la puso alrededor de la cintura. Los discípulos no entendían qué estaba haciendo. Luego puso agua en un recipiente, y lavó y secó los pies de cada uno de ellos. A Pedro, aquella actitud le parecía muy indigna del Señor, por lo que le dijo: "Señor, ¿por qué lavará mis pies? ¡Debería yo lavar los suyos!". Pero Jesús solo respondió: "En este momento no puedes comprender lo que estoy haciendo, pero más tarde entenderás por qué lo hago". Pero Pedro era terco, y pensaba que Jesús no debía rebajarse de aquella manera, ¡lavar los pies a los discípulos! Entonces insistió, diciendo: "Maestro, ¡usted no lavará mis pies!". Jesús le respondió: "Si no lavo tus pies, no tendrás nada que ver conmigo".

Apenas terminó de lavar y secar los pies de cada uno de sus apóstoles, dejó la toalla en un rincón y volvió a la mesa. Entonces, Jesús les preguntó: "¿Comprenden lo que he hecho? Me llaman maestro y Señor, y eso es correcto. Por eso yo, que soy el Señor, he dado el ejemplo, lavándoles los pies para que también ustedes hagan esto los unos a los otros". Con esto, Jesús quería enseñar que siempre debemos estar preparados para ayudar a servir a otros, sin importar quiénes sean. ¡Todos debemos servir a los demás con amor!

El traidor está señalado

Justo después de haberles enseñado aquella lección de humildad, empezó a angustiarse mucho, y dijo: "¡Uno de ustedes me traicionará esta noche!". De nuevo, los discípulos se miraron unos a otros, tratando de imaginar cuál de ellos sería el traidor del que Jesús tanto hablaba. Uno de los discípulos, que estaba sentado muy cerca de Jesús, le preguntó quien sería aquel hombre que lo traicionaría, y Jesús respondió: "Es el hombre a quien le daré el pedazo de pan mojado". Entonces, Jesús tomó un trozo de pan, lo mojó y se lo pasó a Judas Iscariote. Según la costumbre de la época, el anfitrión que ofrecía un trozo de pan a un invitado, después de remojarlo en el plato, mostraba especial estima al que lo recibía. Al hacer aquello, Jesús trataba de mostrarle a Judas lo desleal que era. Sin embargo, ni siquiera este gesto ablandó el corazón de Judas Iscariote, ni le hizo cambiar de opinión. Entonces, Jesús le dijo: "Si tienes algo que hacer, ve y hazlo rápido".

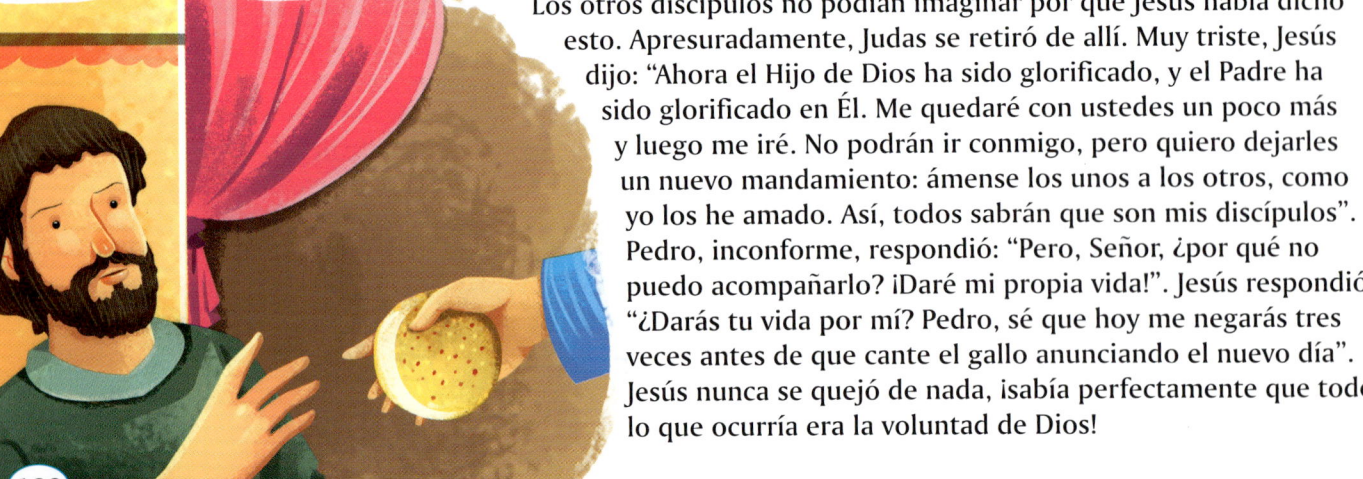

Los otros discípulos no podían imaginar por qué Jesús había dicho esto. Apresuradamente, Judas se retiró de allí. Muy triste, Jesús dijo: "Ahora el Hijo de Dios ha sido glorificado, y el Padre ha sido glorificado en Él. Me quedaré con ustedes un poco más y luego me iré. No podrán ir conmigo, pero quiero dejarles un nuevo mandamiento: ámense los unos a los otros, como yo los he amado. Así, todos sabrán que son mis discípulos". Pedro, inconforme, respondió: "Pero, Señor, ¿por qué no puedo acompañarlo? ¡Daré mi propia vida!". Jesús respondió: "¿Darás tu vida por mí? Pedro, sé que hoy me negarás tres veces antes de que cante el gallo anunciando el nuevo día". Jesús nunca se quejó de nada, ¡sabía perfectamente que todo lo que ocurría era la voluntad de Dios!

Jesús en el jardín de Getsemaní

Entonces, Jesús y sus discípulos fueron a un jardín llamado Getsemaní. Allí, Jesús les pidió a todos que se sentaran mientras Él iba a rezar. Les pidió a Pedro, Santiago y Juan que lo acompañaran, pues ya sabía que pronto tendría que afrontar horas terribles, sufrir muchos dolores y ser maltratado, y todo aquello lo angustiaba. Les dijo: "Mi alma está profundamente triste. Quédense aquí conmigo y vigilen". Luego dio unos pasos adelante y, postrado en el suelo, oró para que, si Dios lo creía posible, le evitara las horas crueles que se avecinaban: "¡Padre, todo es posible para ti! Si es posible, ahórrame este sufrimiento. Pero que no se haga mi voluntad, sino la tuya". Cuando Jesús volvió a donde había dejado a los tres discípulos, vio que estaban durmiendo. "¡Pedro!", dijo Jesús, "¡debes estar atento! Les digo que estén alertas y recen, para no caer en la tentación. El espíritu, en efecto, está listo, pero la carne es débil". Jesús se alejó de ellos otra vez para rezar a solas. Es muy triste sentir que todo el amor dedicado a los demás no es comprendido, no es aceptado... Pero, aun así, Jesús creía que el amor es el mayor bien de la vida.

14
de diciembre

Jesús es arrestado

Cuando Jesús regresó por segunda vez de sus oraciones, vio que los tres se habían dormido de nuevo, porque estaban muy cansados. Cuando se despertaron, avergonzados, no sabían qué decirle a Jesús. Después de eso, una tercera vez Jesús los observo durmiendo. Pero como sabía que había llegado la hora de ser traicionado, les ordenó a los tres que se levantaran. Jesús sabía que su traidor se acercaba. Mientras hablaba con los discípulos, Judas Iscariote apareció con oficiales, sacerdotes, fariseos y soldados. Judas había acordado con estos que besaría a Jesús, para señalarles que ese era el hombre que buscaban. Aquel beso sería la seña de la traición. Cuando Judas se acercó a Jesús, le dijo: "¡Salve, maestro!", y luego lo besó en la mejilla. Jesús, sabiendo lo que pasaba, se adelantó y les dijo: "¿A quién buscan?", y los hombres respondieron: "Buscamos a Jesús, el nazareno", así que les confirmó: "¡soy yo!". Jesús fue tomado prisionero en ese mismo momento. Muy impetuoso, Pedro avanzó contra los soldados con su espada. Jesús, sin embargo, lo calmó: "¡Pedro, cálmate! Aquellos que usan la espada para imponer su poder, ¡por la espada morirán algún día! Además, si quiero, puedo pedirle al Padre que envíe una legión de ángeles para ayudarme. Pero no puede ser así: debo completar la misión que mi Padre ha planeado para mí". Jesús dijo a los que le estaban arrestando: "¿Por qué me arrestan aquí? Podrías haberme arrestado cuando estaba enseñando dentro del templo". Los discípulos de Jesús, con miedo, huyeron del lugar, dejando que se lo llevaran. Jesús tenía un propósito en la vida, y debía cumplirse.

Jesús ante la corte

15 de diciembre

Los oficiales llevaron a Jesús al sumo sacerdote y reunieron a los principales ancianos, escribas y sacerdotes de la ciudad para interrogarlo. Querían, de la forma que fuera, acusarlo de algo ante el pueblo, para poder sentenciarlo a muerte. Pedro estaba muy molesto: siguió a Jesús hasta el interior del patio, donde lo interrogaban, y se quedó allí en medio de otros empleados. Muchos testificaron falsamente contra Jesús, pues querían incriminarlo a como diera lugar. Los testigos dijeron cosas absurdas, y ninguno fue capaz de aportar pruebas a sus acusaciones. Uno declaró: "Escuché a Jesús decir que destruiría el templo, y que en tres días construiría otro que no sería hecho por manos humanas". Entonces, el sumo sacerdote se levantó y, dirigiéndose a Jesús, le dijo: "¿No tienes nada que decir mientras todas estas personas testifican en tu contra?". Pero Jesús permaneció en silencio, no se defendió de ninguna de las falsas acusaciones. Entonces, el sumo sacerdote le preguntó: "¿Eres Cristo, el Hijo de Dios en la tierra?", a lo que él contestó: "¡Sí, soy yo! Verás al Hijo de Dios sentado a la derecha del Todopoderoso, pues regresará con Él al cielo". El sacerdote se dio por satisfecho, diciendo: "¡Muy bien! Este hombre realmente cree que es Hijo de Dios, por lo tanto, será condenado a muerte". En ese momento, algunos empezaron a abuchear a Jesús, le escupieron y le golpearon. Le cubrieron la cara y se burlaron de él. ¡Tanta humillación! ¡Y saber que Jesús solo quería que el amor reinara en la tierra!

Pedro niega a Jesús tres veces

16 de diciembre

Pedro se quedó allí durante mucho tiempo, totalmente perdido y con sus pensamientos trastornados. Momentos después, una criada del sumo sacerdote llegó y lo vio. Entonces, le preguntó: "Tú eres uno de los discípulos que acompañaba a Jesús, el nazareno, ¿no es así?". Pedro, asustado, negó: "No, ni siquiera lo conozco y no sé de qué me estás hablando". Pero la criada dijo, ante los demás sirvientes: "¡Este hombre es

uno de los que estaban con Jesús!". En su debilidad, Pedro negó conocer a Jesús de nuevo. Luego, la gente de allí le dijo: "Tú eres uno de ellos. ¡Se nota que eres de Galilea!". Pedro comenzó a enojarse y, temeroso, juró: "¡No conozco a ese hombre del que me preguntan! ¡Déjenme en paz!". Luego salió al exterior, y el gallo cantó. En ese momento recordó las palabras de Jesús: le había dicho que, antes de que cantara el gallo, Pedro lo negaría tres veces. Cuando se dio cuenta de lo que había hecho, se puso triste y lloró mucho. La debilidad y el miedo son a veces más grandes que la lealtad. ¡Uno debe ser consciente de que una amistad es inestimable!

El inútil remordimiento de Judas

Judas ya había recibido las treinta piezas de plata por traicionar y entregar a Jesús, pero no estaba en paz con su conciencia. Le gustaba mucho el dinero, pero aquel que había recibido por traicionar a Jesús no le daba ninguna alegría. Sabía que había cometido un gran error: su corazón se lo decía a cada momento. Su mente no podía pensar en otra cosa que en lo que había hecho contra su maestro. Tan pronto como Judas supo que Jesús había sido condenado, se arrepintió mucho. Tomó las treinta piezas de plata, las devolvió a los sacerdotes, y ante ellos dijo: "He pecado, he traicionado a uno que es totalmente inocente". Aquellos hombres, sin embargo, ni siquiera se preocuparon en escucharle. "¿Y qué, Judas? ¡Ese problema es solo tuyo!", le dijeron. Pero el cargo de conciencia era enorme, y el arrepentimiento apretó su corazón. Desesperado, Judas salió de allí y, con una cuerda alrededor de su cuello, terminó con su vida. Los sacerdotes sabían que usar aquel dinero en el templo no sería correcto, pues se había utilizado para sobornar a Judas, haciéndole traicionar a su amigo Jesús. Sería dinero manchado de sangre. Así que decidieron comprar tierras y construir un cementerio para los forasteros y los indigentes. Nada en la vida es más doloroso que el remordimiento. ¡Nada en la vida puede compensar una traición!

Jesús ante Pilato y luego con Herodes

Tan pronto como los sacerdotes y líderes religiosos judíos condenaron a Jesús como culpable, lo llevaron ante Pilato, el gobernador romano. "Este hombre está pervirtiendo nuestra nación. También se niega a pagar impuestos a César. Además, afirma ser Cristo, el rey de los Judíos", acusaron. Pilato miró con soberbia a Jesús, y le preguntó: "¿Eres el rey de los Judíos?", a lo que Jesús respondió: "¡Eres tú quien lo está diciendo!". Entonces, Pilato declaró ante los sacerdotes y ante la multitud: "No creo que este hombre haya cometido ningún crimen". Pero los otros insistían cada vez más, diciendo: "Este hombre está agitando al pueblo, evangelizando desde Judea hasta aquí". Pilato quería saber si Jesús era un galileo. Cuando aquello fue confirmado, pensó que lo mejor sería que Jesús se

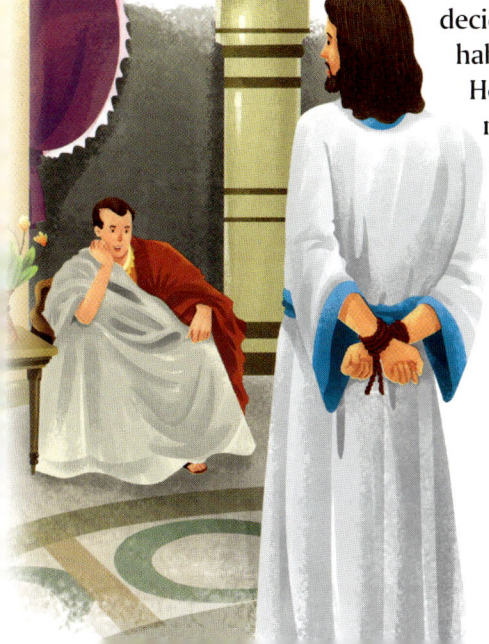

sometiera a las leyes de Herodes, otro gobernador romano que dirigía Galilea, para decidir qué se haría con él. Cuando Herodes vio a Jesús, se alegró mucho, porque había oído hablar de sus milagros y quería verle hacer al menos uno ante sus ojos. Herodes lo interrogó de muchas maneras, pero Jesús permaneció en silencio, mientras los escribas y sacerdotes seguían allí, para asegurarse de que Jesús no se librara del castigo. Lo acusaban con gran fuerza y confianza. A Herodes no le agradó que Jesús no respondiera a sus preguntas, y comenzó a tratarlo con desprecio. Lo puso en ridículo y, finalmente, lo envió de vuelta a Pilato. Pilato no sabía qué hacer, así que reunió a los jefes de los sacerdotes, las autoridades y el pueblo, y declaró: "Han presentado a este hombre ante el gobierno romano como si fuera un agitador. Pero, después de todos los interrogatorios, no se le puede acusar de ningún delito. Ni siquiera Herodes lo encontró culpable, así que lo envió de vuelta. No se descubrió ninguna evidencia real para que le dieran la pena de muerte". El mayor error de la gente es no tener el coraje de tomar sus propias decisiones: esto sucede cuando saben que sus actitudes son malas.

Liberan a Barrabás

19 de diciembre

En aquella época, era costumbre en la fiesta de Pascua el conceder la libertad a un prisionero y perdonarle su error. Pilato quería liberar a Jesús, pues no le parecía correcto arrestar injustamente a un hombre. Pero los sacerdotes, los escribas y mucha más gente querían que Jesús fuera sometido a la pena de muerte, por lo que empezaron a gritar: "¡Fuera el nazareno! ¡Suelten a Barrabás!". Barrabás era un criminal que había sido encarcelado por haber participado violentamente en una revuelta en la ciudad. Sin embargo, Pilato todavía tenía la intención de liberar a Jesús, por lo que insistió. Pero la gente gritaba, cada vez más fuerte: "¡Crucifíquenlo! ¡Crucifíquelo! ¡Liberen a Barrabás!". Pilato, tratando de disuadirlos, dijo que no creía que Jesús mereciera la pena de muerte, con castigarlo sería suficiente. Aquello no sirvió de nada: la gente gritaba eufórica, pidiendo que Jesús fuera crucificado. Entonces, Pilato pidió que le trajeran agua y, lavándose las manos, dijo: "Soy inocente de derramar la sangre de este hombre justo. ¡Este caso será decidido por ustedes!", a lo que el pueblo respondió: "¡Que su sangre caiga sobre nosotros y sobre nuestros hijos!". Así, Pilato ordenó la liberación de Barrabás, y Jesús fue azotado y entregado para ser crucificado. Dejar un problema para que otros lo resuelvan es un signo de debilidad. Muchas injusticias pueden evitarse si cada uno asume sus responsabilidades con amor y fe en Dios.

Jesús es entregado a los soldados

20 de diciembre

Los soldados llevaron a Jesús a la sede del gobierno. Allí lo cubrieron con una capa roja y le pusieron una corona de espinas. Para burlarse de él, se arrodillaron ante él y dijeron: "¡Salve, rey de los Judíos!". ¡Fueron tan crueles con él! Escupieron a Jesús, lo golpearon con un palo, lo empujaron... ¡Pura maldad! Cuando se cansaron de burlarse, le quitaron la capa escarlata y lo dejaron con su propia ropa. Después de esto lo llevaron a ser crucificado: trajeron una cruz de madera para que Jesús la llevara cargada, pero estaba tan débil que no podía llevarla sobre sus hombros. Como había allí un hombre llamado Simón de Cirene, los soldados lo obligaron a ayudar a Jesús a llevar la pesada cruz. Así, Simón acompañó a Jesús hasta el lugar de la crucifixión.

La crucifixión de Jesús

Cuando llegaron al Calvario, un lugar a las afueras de Jerusalén donde se llevaría a cabo la crucifixión, los soldados le dieron a Jesús vino con hiel para que lo bebiera. Pero Él, al probar un poco de aquella bebida, no quiso beberlo. Los soldados pusieron a Jesús en la cruz que estaba en el suelo y, con enormes clavos, le clavaron las manos y los pies. Levantaron la cruz y la fijaron, de pie en el suelo. Además, para burlarse de él, colocaron una pequeña placa en la parte superior de la cruz, que decía: JESÚS NAZARENO, REY DE LOS JUDÍOS. Junto a la cruz de Jesús había dos ladrones, que también estaban siendo crucificados. Todavía tratando de burlarse de Jesús, los soldados se acercaban y le decían: "Si eres el rey de los Judíos, ¡sálvate!", y se reían. Uno de los ladrones crucificados junto a Jesús le dijo: "¿No eres tú Cristo? ¡Entonces sálvate a ti mismo y sálvanos a nosotros también!". El otro ladrón, más comprensivo, reprendió al primero, diciendo: "¡Ni siquiera temes a Dios! Nosotros merecemos este castigo, es incluso justo por nuestras acciones, pero Jesús no hizo ningún daño". Luego le dijo a Jesús: "¡Maestro, acuérdese de mí cuando entre en su reino!", y Jesús le aseguró: "Hoy estarás conmigo en el paraíso".

El día se oscureció cuando Jesús murió

Clavado en la cruz, en un gran sufrimiento, Jesús vio a los soldados que le habían causado tanto dolor. Estaba muriendo, pero no sentía rabia hacia los que lo habían clavado en la cruz, sino que los perdonó. "¡Padre, perdónalos, porque no saben lo que hacen!", imploró. Junto a la cruz de Jesús estaban también María, su madre, una mujer llamada María Magdalena y la esposa de Cleofás. Jesús vio cuánto lloraba su madre y también vio a los demás llorando allí. Vio a Juan, el discípulo que tanto amaba, de pie cerca de su madre. Jesús le dijo: "Juan, cuida

de mi madre como si fuera tu propia madre", y, mirando a María, le dijo: "Madre, cuida de mi buen amigo Juan como un verdadero hijo tuyo". El dolor de Jesús era insoportable, y sabía que pronto entregaría su alma a Dios. Entonces, gritó en voz alta pidiendo a Dios que no lo abandonara, aunque sabía que su sacrificio era para la salvación de la humanidad. Algunos, al oír lo que había dicho, pensaron que Jesús estaba llamando a Elías. Uno de los presentes en la multitud mojó una esponja en vinagre y, poniéndola en la punta de una caña, se la acercó a los labios de Jesús. Al sentir el sabor agrio del vinagre, comprendió que su misión había llegado a su fin, y dijo en voz alta: "¡Todo ha terminado!". Eran las tres de la tarde cuando Jesús entregó su alma al Santo Padre. En ese mismo instante, hubo un gran terremoto, y muchas rocas se rompieron. Aunque todavía era temprano, una intensa oscuridad descendió sobre la tierra. Solo entonces muchos reconocieron que aquel hombre era en verdad el Hijo de Dios. ¡Los malentendidos son casi siempre la causa de las grandes tragedias del mundo! ¡Y es tan fácil ser comprensivo: es suficiente con amar!

El entierro de Jesús

Jesús murió un viernes, pero como los soldados querían divertirse el sábado, hicieron todo lo posible para acelerar el trabajo del entierro. Para asegurarse de que Jesús estaba realmente sin vida, un soldado tomó una lanza e hirió su pecho. De la herida fluyó sangre y agua. José, un hombre bueno y justo de la ciudad de Arimatea, era uno de los seguidores de Cristo, así que fue a Pilato y le pidió el cuerpo de Jesús para enterrarlo. Con el consentimiento de Pilato, José fue al lugar de la crucifixión y, muy tristemente, bajó a Jesús de la cruz de madera, lo enrolló en una sábana de lino y lo puso en una tumba abierta sobre una roca. María Magdalena, María y la madre de José de Arimatea también vieron el lugar del entierro, y

regresaron a sus casas para preparar aceites y perfumes especiales que serían colocados en el cuerpo de Jesús solo después del sábado, pues aquel era el día sagrado y, como se sabe, todos descansaban de acuerdo al mandamiento. Entonces colocaron una gran piedra en la entrada de la tumba de Jesús, para bloquearla y evitar que alguien se acercara. ¡Los amigos fieles nunca son abandonados!

¡Jesús está vivo!

Tras la crucifixión, los sacerdotes y los fariseos se reunieron y fueron a hablar con Pilato: "Estamos aquí para recordarle que ese engañador, mientras vivía, siempre decía que después de tres días se levantaría de nuevo. Ordene que su tumba sea vigilada de cerca por soldados hasta el tercer día: así ninguno de sus seguidores podrá robar el cuerpo y luego inventar que ha resucitado". Pilato accedió, diciendo: "¡Está bien! Tomen a los soldados y hagan lo que quieran". Los sacerdotes y los fariseos fueron con los soldados a la tumba y ordenaron su vigilancia día y noche. Además, sellaron la piedra y dejaron un escolta allí para que nadie violentara la tumba. Al amanecer del primer día de la semana, hubo un gran temblor en el lugar de la tumba, porque un ángel del Señor bajó del cielo y quitó la piedra que la cerraba. El ángel brilló con fuerza y se paró sobre la piedra. Aterrorizados, los guardias no pudieron hacer nada: solo miraban la escena con asombro en sus ojos. Poco después, cuando llegaron María Magdalena, Salomé y la madre de José de Arimatea, vieron, con sorpresa, que la piedra había sido removida. Entonces, el ángel les dijo: "No tengan miedo. Sé que vinieron aquí para ver el cuerpo de Jesús, pero su tumba está vacía. Ha resucitado, como le había dicho a todo el mundo. ¡Vengan y vean con sus propios ojos que el lugar donde su cuerpo fue puesto está vacío!". Así que entraron corriendo a la tumba. Tenían miedo, pero también estaban muy contentas. ¡Ciertamente, en el cielo, Jesús y el Padre ya estaban muy cerca!

Jesús se aparece a las mujeres

Las mujeres seguían desorientadas por aquel maravilloso acontecimiento. Salieron corriendo y no dijeron nada a nadie al principio. Más tarde, Jesús se le apareció a María Magdalena, que había regresado a la tumba. Le pidió que les dijera a los discípulos que pronto volverían a estar juntos. Ella fue rápidamente a la casa de Pedro y, muy eufórica, le dijo que la tumba ya no contenía el cuerpo de Jesús. Le contó sobre la aparición y le dio el mensaje del maestro. ¡Pedro pensó que aquello era muy extraño! Las otras mujeres que habían estado en la tumba caminaban hacia sus casas cuando, en ese claro amanecer, la figura de un hombre apareció ante ellas. "¡Salve! No tengan miedo", les dijo Jesús, "corran y digan a mis seguidores que pronto nos encontraremos". ¡Las mujeres conocían muy bien aquella voz! Casi sin poder creer lo que habían visto y oído, se pusieron de pie ante Jesús y se arrodillaron a sus pies en adoración. Poco después, fueron a contar a sus amigos y conocidos que habían visto a Jesús,

y también les dijeron que él pronto estaría con ellos. Pero lo que las mujeres dijeron a los discípulos no los convenció. Todo era muy extraño, ¡no parecía ser verdad! Aquellas palabras eran como un sueño de fantasía, y los discípulos no creyeron. Pedro, más curioso que los demás, se levantó y fue a la tumba. Miró dentro, y no había nada más que las sábanas de lino que habían sido usadas para envolver el cuerpo de Jesús. ¡Jesús siempre quiere estar entre los que le aman!

Jesús camina con dos discípulos hacia Emaús

Ese mismo día, dos de los discípulos de Jesús fueron a una ciudad llamada Emaús. Mientras hablaban y discutían todo lo que había sucedido, el mismo Jesús se acercó a ellos y comenzó a caminar a su lado. Ellos no lo reconocieron, entonces, Jesús les preguntó: "¿De qué hablan tanto? ¡Parecen estar muy tristes!". Uno de ellos respondió: "¿No lo sabes? ¿No has oído hablar de los acontecimientos en Jerusalén en los últimos cuatro días?". Jesús fingió no saber nada, y siguió haciéndoles preguntas. Los discípulos le contaron lo que había pasado: le hablaron de Jesús, lo que había hecho en la tierra, sus milagros, cómo había sido crucificado injustamente. También le dijeron que algunas mujeres habían ido a la tumba después de tres días y habían visto un ángel. Según ellas, el ángel había afirmado que Jesús estaba vivo, pero los discípulos dijeron que aquello era muy difícil de creer. Entonces, Jesús les dijo: "¡Cuánto tiempo les toma creer todo lo que los profetas han dicho! ¿No dice en las

Sagradas Escrituras que era necesario que Jesús pasara por todo aquello?". Cuando ya estaban cerca de la ciudad de Emaús, los dos discípulos invitaron a su compañero de viaje a quedarse con ellos, ya que se hacía tarde para que se fuera solo. ¡Los verdaderos amigos nunca se separan en sus corazones!

Jesús reunido con los discípulos

En Emaús, Jesús se quedó con ellos para comer. Cuando todos estaban sentados a la mesa, Jesús tomó el pan, lo bendijo, lo partió en pedazos y se los dio. Los dos observaron muy bien aquel gesto y, asombrados, se dieron cuenta de que era Jesús su misterioso compañero de viaje. ¡Por fin lo habían reconocido! Pero, en ese mismo instante, Jesús desapareció de su presencia. Apenas podían creer lo que había pasado. Se miraron y se dijeron: "Por eso sentimos, en el camino, que nuestros corazones latían cuando nos hablaba de las escrituras". Después de aquello, volvieron a Jerusalén, donde encontraron a los discípulos reunidos con otros hombres. Jadeando de cansancio, los dos dijeron: "¡El Señor ha resucitado y se ha presentado ante nosotros!". Todo el mundo tenía curiosidad por conocer, en detalle, aquella historia. Los discípulos contaron todo lo que había pasado entre ellos y Jesús. Mientras estaban hablando, Jesús se apareció entre ellos, diciendo: "¡La paz sea con ustedes!". Todos estaban sorprendidos y asustados, pues no entendían lo que estaba pasando. Apenas podían creer lo que veían. Jesús, siempre comprensivo, les pidió que se mantuvieran tranquilos y no tuvieran miedo. Les pidió que lo tocaran, para que sintieran su cuerpo y supieran que era realmente Jesucristo. ¡Es tan bueno ver a un gran amigo de nuevo! ¡Y qué mejor amigo que Jesús!

Tomás no cree

Uno de los discípulos de Jesús, llamado Tomás, no estaba presente cuando Jesús se apareció a los demás. Más tarde, los otros le contaron lo que había pasado, pero Tomás no podía creerlo. Tenía tantas dudas sobre aquella historia que incluso llegó a decir: "¡Si no veo la marca de los clavos en las manos de Jesús, y no pongo mi mano en su herida del pecho, causada por la lanza del soldado, no lo creeré!". Ocho días después, los discípulos estaban juntos de nuevo, y Tomás también estaba presente. Las puertas del lugar donde se habían reunido estaban cerradas con llave, pero Jesús se les apareció en un abrir y cerrar de ojos y les dijo: "¡La paz sea con ustedes!", y luego le dijo a Tomás: "Ven, coloca tu dedo en mis cicatrices. ¡Pon tu mano aquí, donde me han clavado la lanza!". Tomás estaba asustado, y apenas podía pronunciar: "¡Mi Señor y mi Dios!". Jesús le respondió: "¿Ahora crees, porque has visto? ¡Bienaventurados los que creen sin ver, pues son fieles!". Mucha gente realmente solo cree lo que ve. ¡Eso entristece al Señor cuando se trata de tener fe!

Una gran pesca

Un día los discípulos, como de costumbre, salieron con el bote a pescar, pero aquel día no había peces. Lo intentaron de todas las maneras posibles: echaron sus redes, pusieron carnadas, pero no lograban pescar nada. El día estaba casi terminando, y la red aún estaba vacía. Desanimados, pensaron en volver. Mientras se preparaban para su regreso, vieron a un hombre parado en la playa a lo lejos, pero no lo reconocieron ni imaginaron que era Jesús. "¿Han pescado algo de comer?", gritó el hombre, para que pudieran escucharlo. Los pescadores respondieron, tristemente: "¡No, nada!". "¡Tiren sus redes a la derecha de la barca y pescarán muchos peces!", les indicó Jesús. Así lo hicieron y, para sorpresa de todos en el barco, comenzaron a tirar de la red, que estaba llena de peces. ¡Era una cantidad enorme! En ese momento, Pedro recordó que algo similar ya había sucedido hacía mucho tiempo, y exclamó: "¡Es el Señor! ¡Es Jesús!". Pedro, muy valiente, pronto se lanzó al agua y se fue nadando hasta la playa. Los otros fueron en el barco, tirando de la red con los peces. Todos bajaron del barco y, allí en la playa, encontraron un fuego encendido y la comida lista. ¡Todo había sido preparado por su buen amigo Jesús! Después de satisfacer su hambre, Jesús le preguntó a Pedro: "¿Realmente me amas?", a lo que el otro respondió: "Sí, Señor, sabe que sí". Jesús le hizo la misma pregunta tres veces, y Pedro las respondió de la misma manera. Pedro sabía que cada respuesta que afirmaba su amor por Jesús anulaba la que había dado antes, negándolo. Jesús quería que su evangelio fuera predicado a todas las personas, y que los discípulos continuaran siguiendo las enseñanzas que él les había dejado.

La ascensión de Jesús

Como Jesús había pedido, los discípulos fueron a Jerusalén. Allí tenían que esperar un evento especial: el descenso del Espíritu Santo. "Juan bautizó con agua, pero ustedes pronto serán bautizados con el Espíritu Santo", les dijo Jesús. Muchos de ellos querían saber cuándo volvería a reinar sobre la tierra, a lo que Jesús respondió: "No les corresponde a ustedes saber esto. El Padre reservó este día de acuerdo a su voluntad, y lo entenderán todo a su debido momento. Serán mis testigos aquí en Jerusalén, en toda Judea, en Samaria y en los confines de la tierra". Y, tan pronto como dijo aquello, Jesús ascendió al cielo ante los ojos de sus discípulos, y una nube lo cubrió. Ellos se quedaron mirando al cielo mientras Jesús subía, y vieron dos ángeles vestidos de blanco, uno a cada lado del Señor. Los ángeles les dijeron: "Hombres, ¿por qué miran hacia arriba? Es solamente Jesús, a quien acaban de ver ascender al cielo. Volverá algún día".

El descenso del Espíritu Santo

Los discípulos permanecieron en Jerusalén esperando que el Espíritu Santo viniera, como Jesús les había prometido. Un día, se reunieron en un lugar para celebrar Pentecostés: era el día en que se celebraba la cosecha y el aniversario de la entrega de la ley a Moisés. De repente, del cielo se oyó un ruido similar al del viento impetuoso, y ese sonido llenó toda la casa donde los discípulos estaban reunidos. Entonces, pequeñas lenguas de fuego flotaron hacia arriba: se extendieron entre ellos, y cada una se posó sobre uno de los discípulos. Todos se llenaron del Espíritu Santo, y de repente tenían la capacidad de hablar en otros idiomas que nunca habían aprendido antes. Hablaban otras lenguas para que todos, sin importar su nación, pudieran entenderles. Una multitud que escuchó aquellas voces se quedó asombrada, pues cada extranjero escuchó a los discípulos hablando en el idioma de su propia tierra.

Se preguntaban: "¿Cómo es posible? ¡Estos hombres son todos galileos! ¿Cómo es que de repente empiezan a hablar en otros idiomas?". Muchos empezaron a dudar y a pensar que estaban borrachos, pero Pedro se levantó y les habló, diciendo que los discípulos habían recibido el don del Espíritu Santo. Les habló de Jesús y de las maravillas del amor de Dios. Entonces, varias personas reconocieron que estaban distantes de Dios y necesitaban un cambio. Es a través de Jesús que la gente puede llegar a Dios, siguiendo el ejemplo de amor que nos dejó. Ese día, casi tres mil personas aceptaron la palabra de Dios y fueron bautizadas, porque creyeron en el Salvador, Jesucristo. Así, la primera iglesia surgió después de la resurrección de Cristo. Y, después de algún tiempo, la gente que cree en Jesucristo comenzó a ser llamada cristiana.